나를 발견하는 시간

나를 발견하는 시간

하버드· MIT 석학 16인의 강의실 밖 수업

양영은

생각정원

추천사

고수라야 고수를 끌어낸다

책은 아무나 쓸 수 있지만 인터뷰는 아무나 할 수 있는 게 아니다. 요즘은 '자기만의 책'을 만들어주는 인터넷 사이트까지 등장하여 너도나도 책을 쓸 수 있는 시대가 되었다. 별 내용이 없어도 된다. 모든 책이 완벽해야 하는 건 아니지만, 때론 그저 신변잡기 수준의 글을 엮은 책들도 독자의 마음을 사로잡아 불티나게 팔리는 걸 보면 신기할 따름이다.

인터뷰는 다르다. 인터뷰이의 삶과 사상에 대해 속속들이 알아야 한다. 〈뉴욕타임스〉 칼럼니스트 클라이드 헤이버맨Clyde Haberman의 말대로 "철저한 준비와 연구가 성공적인 인터뷰의 기본이다." 양영은 기자가 이 책에서 인터뷰한 인물들은 노엄 촘스키Noam Chomsky에서 네리 옥스먼Neri Oxman에 이르기까지 그야말로 이 시대를 가로지르는 '창의성 드림팀Creativity Dream Team'이다. 양영은이 해낸 엄청난 숙제의 양에 우선 입을 다물지 못했다. 철저한 준비로 다듬어진 좋은 질문을 통해 인터뷰이의 사상과 삶을 한눈에 이해할 수 있는 훌륭한 답변을 이끌어낸 것은 물론이고 인터뷰이에게 '당신에 대해 충분히 알고 있으니 허튼 답변은 삼가주세요'라는 은근하지만 강한 메시지마저 느껴진다.

개인적으로 나는 양영은에게 한 차례 인터뷰를 '당해본' 경험이 있는 사람이고, 그가 세계적인 침팬지 연구가이자 환경운동가인 제인 구달Jane Goodall을 능숙하게 요리하는 현장을 목격하기도 했다. 일 년 365일 중 300일 이상 백여 곳을 방문하며 자연 보전의 메시지를 전달하느라 구달이 매년 소화하는 인터뷰는 족히 천 번도 넘을 것이다. 지난 십여 년 동안 그런 인터뷰 현장에 수없이 함께 있어 본 사람으로서 나는 인터뷰를 시작할 때 구달이 흔히 짓는 특유의 표정을 알고 있다. '어서 빨리 그 구태의연한 질문거리를 꺼내놓으라'는 표정을 말이다. 그런 구달의 얼굴에서 연신 환한 미소와 간헐적인 단호함을 이끌어낸 사람이 바로 양영은이다. 이 책에 소개된 대가들이 그랬듯이 그의 앞에 앉으면 자신도 모르게 유쾌한 발가벗김을 당한다.

그의 인터뷰에는 전체를 관통하는 주제 혹은 스토리라인이 있다. 멍석을 깔아준다고 모두 굿판을 펼치는 게 아니다. 논리의 끈을 거머쥐고 집요하게 매달려야 두고두고 인용할 명구가 나오는 법이다. 이 책은 삼성의 천재 디자이지니어 프라나브 미스트리Pranav Mistry로부터 "나에게는 '변화한다'는 것만이 변하지 않는 것이다"라는 명언을 이끌어내고 있다. "생각의 렌즈 너비를 조절하라"라는 MIT 미디어랩 옥스먼 교수의 충고를 듣다 보면 진짜 '호기심을 화폐처럼 주고받는' 세상이 올 것만 같다. 미국 대학들은 졸업식은 거창하게 해도 입학식은 대체로 하지 않는데, 드루 파우스트Drew Faust 총장은 하버드대 최초의 여성 총장이기도 하지만 입학식 전통을 새롭게 세우고 있는 점에서도 주목받고 있다. 몇 년 전 졸업생 자격으로 하버드대 입학식 명예 진행요원marshal 역할을 한 적이 있는데, 그때 파우스트 총장이 축사에서 언급했던 이른바 '주차장 이론'에 대해 이 책을 통해 명확하게 이해하게 되어 기쁘다. "더 앞으로 가면 주차할 자리가 없을 것 같아서 가고자 하는 목표 지점으로부터 멀리에 차를 세우지 마라. 일단 가고자 하는 지점에까지 가봐라. 뒤로 돌아오는 건 언제든지 가능하다." 확실한 이유나 증거 없이 너무 일찍 포기하거나 타협하지 말라는 가르침이다. 이는 타협이란 애당초 하지 않는 게 제일이라는, 경영학의 구루 클레이튼 크리스텐슨Clayton Christensen 교수의 멋진 충고로 이어진다. "100%보다 98%가 훨씬 더 어렵다"라고 말이다.

"창의적인 어른은 살아남은 아이"라던데 이젠 제법 우리 사회도 우리 아이들에게만큼은 창조적인 환경을 제공하기 시작했다. 그러나 정규 교육의 축복(?)을 받기 시작하면 그만 창의성에 저주의 비가 퍼붓는다. 이 책에는 그런 검은 빗줄기를 피할 수 있는 대가들의 훈수들이 널려 있다. 사실 그들의 가르침을 얻으려면 그들의 책을 읽으면 된다. 그들의 강연을 들으면 된다. 하지만 훌륭한 인터뷰는 책과 강연에서 접하지 못한 내면 깊숙한 곳 또는 아예 마음 뒤편에 있는 이야기를 끄집어낸다. 그러자면 때론 각본에 있는 질문이 아닌, 엉뚱하고 불편한 질문을 던져야 한다. 주류 엘리트 집단에 속하길 거부하는 우리 시대 대표 반골 촘스키 교수에게 양영은이 던지는 질문 —"외롭지 않으세요?"

고수라야 고수를 끌어낼 수 있다.

최재천

이화여대 에코과학부 교수

국립생태원 원장

하버드대 생물학 박사

서문

평범한 가치는 어떻게 특별해지는가?

"왜 유학을 가려고 해요?"

직장인 8년 차가 되던 해, 맡고 있던 뉴스 앵커라는 중책을 내려놓고 MIT 슬론 경영대학원으로 유학을 결정하자 많은 분들이 의아해했다. 더 넓은 곳에서 새로운 지식을 습득하며 세상을 바라보는 보다 성숙한 시각을 가져보고 싶다는 생각은 오래 전부터 가지고 있었지만, 그러한 생각이 MBA(경영학 석사) 유학이라는 선택에 이르기까지는 '사람에 대한 호기심'이 중요한 역할을 했다.

MIT에서 2년, 하버드에서 1년. 나는 3년이라는 짧지 않은 시간을 미국 보스턴-케임브리지에서 보냈다. 세계적인 대학들이 자리한 그곳은 '세상에서 가장 지적인 도시'로도 불린다. 유학 초기에는 학업과 낯선 곳에서의 생활 적응이라는 도전의 연속 가운데 하루하루가 그보다 더 치열할 수 없었다. 대학 졸업 8년 만에, 그것도 인문학 전공자로서 개론 한 번 들어보지 않은 경제학과 경영학 과목들을 영어로 배우고 따라가고 토론한다는 것. 그것은 말 그대로 '퍼펙트 스톰perfect storm'과도 같았다. 후에 알게 된 사실이지만 MIT와 하버드에서는 '어차피 다 해낼 수 없는 양의 과제와 요구 사항을 내주는 것'이 일종의 교육 방침이라고 한다. 폭풍처럼 몰아치는 상황을 겪고 이겨내면서 학생들이 시간을 경영하는 법과 삶에서 우선순위를 정하는 법을 몸소 터득할 수 있게 해준다는 의미이다.

기자에서 학생이 된 나는 날마다 시험과 과제의 압박 속에, 또 한편으로는 캠퍼스 어딘가에서 매일같이 펼쳐지는 석학과 대가들의 강연을 하나라도 더 듣고 싶어 편하게 다리 뻗고 잠자리에 드는 날이 없을 정도였다. 보스턴-케임브리지에서는 정말, 마음만 먹으면 찾아가 들을 수 있는 세계적인 석학들의 강의가 날마다 펼쳐졌고, 가만있어도 세계적 대가들이 캠퍼스로 찾아와 열띤 강연을 했으며, 때로 스쿨버스를 타러 가는 길에, 거리를 걸어가다가, 교회에서 마치 동네 주민을 만나듯 유명 인사를 맞닥뜨리게 되는 경우도 많았다. 누군가의 말처럼 그곳에서는 '무엇을 할까가 고민이 아니라 무엇을 하지 말까가 고민'이었고, 그 만남들을 통해 배우고 얻은 것에 있어서도 '전달할 때 무엇을 취할까가 아니라 무엇을 버릴까가 고민'이었다. 그만큼 보스턴-케임브리지에서의 3년은 배움과 통찰로 가득 찬 시간이었고 그래서 매 순간 더없이 소중했다.

MIT에서 석사과정을 마치고, 운 좋게 하버드에서 1년 더 연구를 할 시간이 주어졌을 때, 나는 비로소 본격적으로 유학의 이유가 되었던 '사람에 대한 호기심'을 발동할 여유가 생겼다. 그리고 용기를 내어 인터뷰를 요청하기 시작했다. 나에게 그곳에서 만난 사람들은 인생에서 '자기 자리를 찾은 사람들', 그래서 '행복하고 만족스러운 삶을 살고 있는 사람들'로 보였다. 세계 최고의 대학이라는 하버드와 MIT에서 교수로서 학생들을 가르치거나, 또는 직업을 가지고 프로로 활동하면서 후배들에게 영감을 주는 연사로 초청을 받을 만큼 자기 분야에서 일가를 이루고 있었기 때문이다. 그렇다면 그들은 어떻게 성공했을까? 그들이 걸어온 길과 지금 하고 있는 생각, 그리고 꾸고 있는 꿈은 무엇일까? 무척 궁금했다.

감사하게도 저 멀리 한국에서 온 기자이자, 학생 또는 연구원 신분인 나에게 그들은 기꺼이 시간을 내줬고, 나는 세상에서 가장 지적인 사람들에게 보편적이고 인간적인 질문들을 던지며 그들의 삶의 비결과 갈망하는 세계를 들여다볼 수 있었다.

생각의 렌즈를 조절하라.

나를 가장 두렵게 만드는 도전을 하라.

'대의' 앞에서 기꺼이 위험을 감수하라.

시도하기를 멈출 때까지 실패란 없다.

100%보다 98%가 더 어렵다.

세계적인 석학들과 대화를 주고받는 가운데 느낀 그들의 타오르는 눈빛과 확신에 찬 이 가치들은 어떻게 그들이 지금 그 자리에 올랐는지 명쾌하게 설명해줬다.

여기 소개된 인터뷰이의 면면은 다채롭다. 노엄 촘스키, 드루 파우스트, 클레이튼 크리스텐슨, 조지프 나이 교수 등 저명한 학자들이 대부분이고, 에릭 슈미트, 앤 스위니 등 하버드와 MIT의 요청으로 특별강연을 한 사람들도 있다. 더불어 네리 옥스먼, 프라나브 미스트리, 니코 멜레 교수처럼 떠오르는 샛별이자 신진 석학들도 포함했다. 우리나라 독자들에게 알려진 또는 아직 알려지지 않은, 저마다 '보석' 같은 사람들로부터 '그들만의 드라마'를 끌어내려 노력했다. 그들이 사는 방식, 사고하는 방식, 그리고 무엇보다 기본에 충실하면서 '평범한 가치를 특별하게 실천하는 삶'을 담고자 했다.

그리고 그 시간은 나에게 '나를 발견하는 시간'이 되었고, 그들 역시 인터뷰를 통해 자신을 돌아보면서 '그들을 발견하는 시간'이 되었으리라 믿으며, 이제는 그 이야기를 나누어 독자 여러분께 '자신을 발견하는 시간'이 되기를 바란다.

끝으로 더 넓은 세상에서 보고 배울 수 있도록 인도하시는 하느님과 언제나 믿고 지원을 아끼지 않으시는 부모님과 가족, 항상 도전을 격려하고 지혜를 기꺼이 나눠주시는 인생의 멘토들과 지인들, 3년이라는 시간을 학생으로서 보낼 수 있도록 배려해준 회사와 동료들께 깊은 감사와 사랑의 마음을 전한다.

2016년 1월

양영은

contents

2부 세상과 함께 어우러지다

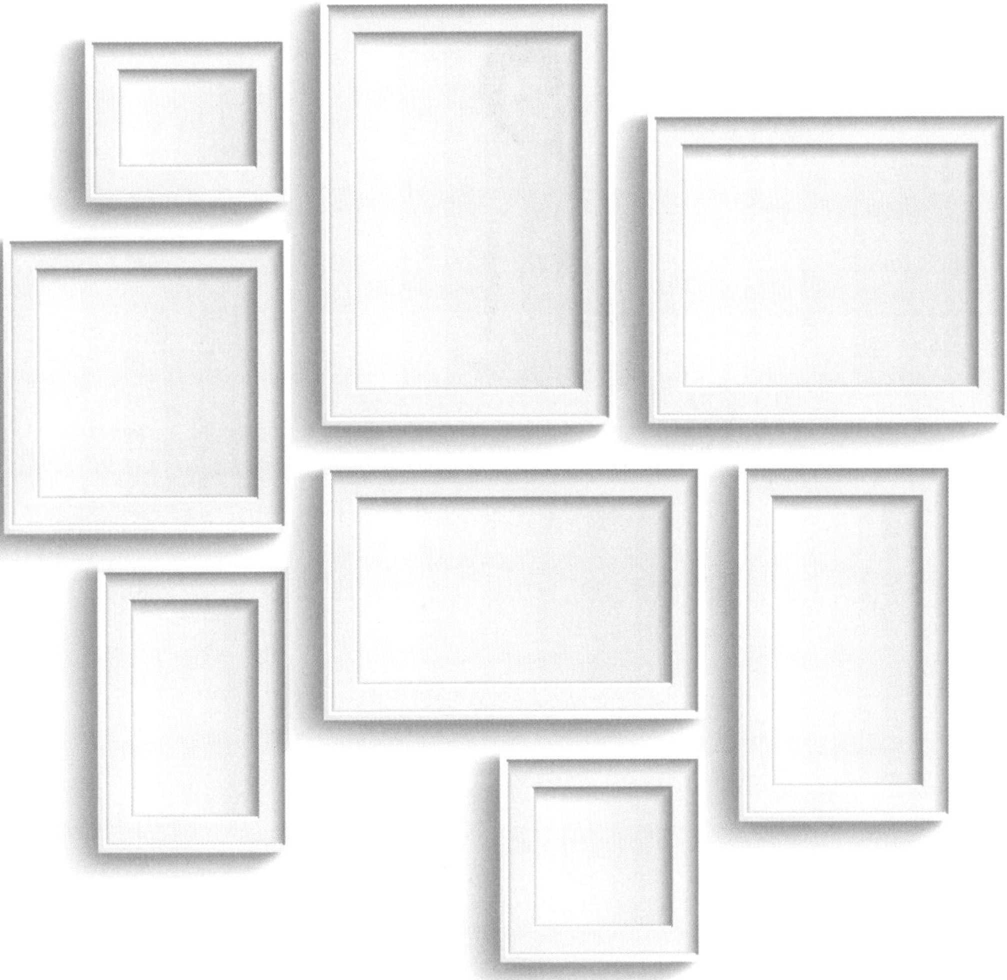

1부
나만의 가능성을 발견하다

© Tom Allen

호기심

A Curious Mind

Neri Oxman

네리 옥스먼
MIT 미디어랩 교수

'생각의 렌즈'를 조절하라

호기심은 어떻게 창조로 이어지는가?

"호기심을 화폐처럼 주고받는 세상이 될 수 있다면
분명히 지금보다 훨씬 더 나은 세상이 될 것이다."

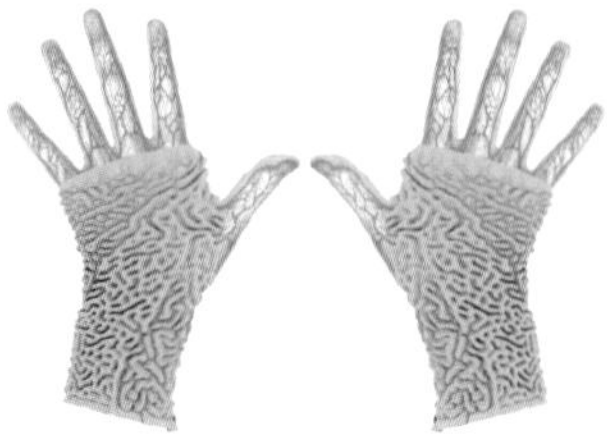

옥스먼 교수를 처음 알게 된 건 MIT MBA 1학년을 마치고 방학 동안 인턴십을 하기 위해 캘리포니아로 가던 도중 공항의 한 서점 가판대에서였다. 관심 깊게 읽던《패스트 컴퍼니Fast Company》란 잡지에 눈이 별처럼 빛나는 너무나 매력적인 여성이 당당한 모습으로 표지를 장식하고 있었다. 모델인가 싶었는데, 그의 사진 옆에는 '업계에서 가장 창의적인 젊은이 100인'이라는 문구가 큼지막하게 쓰여 있었다. 나의 호기심은 곧 잡지 구매로 이어졌고, 놀랍게도 그가 나와 같은 MIT 재학생이라는 사실을 알고는 가슴이 두근거렸다. 그리고 '인턴십이 끝나고 학교로 돌아가면 꼭 만나봐야지'라는 기대에 잔뜩 부풀었다.

그로부터 일 년 뒤 그를 두 번째로 마주친 곳은 다름 아닌 졸업식장에서였다. 학위 수여식 때 내 호명 순서를 기다리며 앉아 있는데 박사 학위 졸업장을 받아 들고 당차게 단상을 걸어 내려오는 그가 눈에 띄었고, 일 년이라는 시간이 흘렀건만 멀리서도 그의 눈빛을 한눈에 알아볼 수 있었다. 자신감이 가득 차 있으면서도 마치 꿈을 꾸듯 해맑은 그 눈빛을, 바라보고만 있어도 빨려 들어갈 것 같은 그 눈빛을 말이다. 그리고 일 년이 더 지나 마침내 그와 인터뷰를 할 수 있는 시간을 갖게 되었다. 이제 그는 학생이 아니라 교수 네리 옥스먼이 되어 있었다.

창의적인 생각은 어디에서 오는가?

옥스먼 교수의 첫인상은 이미 《패스트 컴퍼니》 기사가 결정지어 버렸으므로 나는 우선 그에게 기사 제목에 있던 '창의성'에 대해 물었다.

노력해서 창조적이 된다는 게 과연 가능한가요?

이 막연한 질문에 그는 부드럽게 웃으며 감탄사로 이야기를 시작했다.

"와!(웃음) 음, 제 생각엔 말이죠, 사람이란 원래부터 '창조적인 존재'예요. 우리 모두가 그렇죠. 독일의 베르너 헤어조크Werner Herzog 감독의 〈잊혀진 꿈의 동굴Cave Of Forgotten Dreams〉이라는 영화가 있는데 꼭 한번 보세요. 프랑스 남부에서 발견된 어느 동굴에 관한 이야기인데 그 동굴에서 처음으로 구석기 시대의 '채색' 벽화가 발견되었죠. 무려 3만 2천 년 전에 매머드나 코뿔소 등 동물들을 입체적으로 표현한 벽화를 그린 거예요. 인류에게는 그 동굴 벽화가 창조성의 첫 산물이었던 셈이죠. 그런 사실을 알게 되고 나서 저 역시 창조성의 원천에 대해 궁금증을 갖게 되었고, 인간이라는 존재는 원래 창조적이라는 사실을 깨달았답니다.

창조성을 만들어내기 위한 과정이 있는 것 같지는 않아요. 창조성이란 '호기심, 그리고 세상을 대하는 열린 마음'과 관계가 있을 뿐이죠. 당신이 그 호기심을 잘 키우고 대우해준다면 일에서나 삶에서나 사람 사이의 관계에서나 창조적이 될 수 있을 거예요. 저에게 있어서도 '호기심'이 창조성을 발휘하는 데 가장 중요했어요. 그래서 무엇을 대하든 그냥 그러려니 하지 말고 궁금증을 가지라고 권하고 싶어요."

늘 호기심을 가지라는 것 또한 말처럼 쉽지는 않아 보이는데요?

"아이들을 보세요. 아이들은 궁금해하기 때문에, 즉 호기심이 있기 때문에 창조적이죠. 아이들은 위험을 감수하는 걸 두려워하지 않고, 실수하는 것도 두려워하지 않으며, 다른 방식으로 세상을 그리고 상상합니다. 그것만 봐도 호기심을 유지해가는 것이 창조적이 될 수 있고, 또 인간 본연의 창조성을 발휘할 수 있는 최선의 방법이라고 할 수 있지 않을까요?"

하지만 여전히 궁금증이 남았다. 사람이 원래부터 창조적으로 태어났다면 왜 어떤 사람은 창조적이고, 어떤 사람은 그렇지 않을까? 호기심을 유지하고 발산하라고 했으므로 다시 물었다.

그렇다면 창조적인 사람과 그렇지 않은 사람의 차이는 어디에서 비롯될까요?

"각자의 삶에서 개개인의 인생이 어떻게 펼쳐지느냐, 다시 말해 살면서 어떤 상황을 맞닥뜨리게 되느냐가 중요할 겁니다. 물론 사람마다 삶에서 처하게 되는 환경이나 받게 되는 교육 등이 다 다르죠. 그래서 환경과 개인의 상호 작용으로 어떤 사람은 변호사가 되고, 어떤 사람은 작가가 되고, 어떤 사람은 화가가 되고, 그렇게 무엇이라도 될 수 있는 것 같아요. 그러니까 스스로 자신을 만들어가는 창조자로서의 인간과 그 인간이 지닌 호기심을 잘 키워주고 지지해줄 수 있는 환경이 만났을 때 비로소 창조성이 꽃피게 되는 거죠."

당신의 경우엔 어떤 환경이 창조성을 꽃피우게 했는지 궁금하네요.

"저는 어렸을 때부터 창조성을 계발시켜주는 환경에서 자랐어요. 항상 스스로 결정을 내려야 했고, 부모님은 한 번도 저에게 '이런 상황에선 이렇게 해야 한다'라고 말씀하지 않으셨죠. 그분들은 언제나 가능성과 개연성을 보여주신 다음에 제가 선택하게 하셨어요. 아주 어린 시절부터 그랬던 것 같아요.

그리고 물리적인 환경의 영향도 컸는데, 건축가셨던 아버지 덕분에 어렸을 때부터 여기저기 건축 현장들을 돌아다녔어요. 제 어린 시절은 이 건물에서 저 건물로 세계 일주를 하는 것과 같았죠. 마치 이 박물관에서 저 박물관으로 구경을 다니는 것처럼 느껴졌어요. 그 영향을 아직까지도 항상 받고 있다고 느껴요."

옥스먼 교수의 부모는 두 분 다 건축가였고, 결국 그 피는 딸에게 이어졌다. 그런데 옥스먼 교수는 기존의 건축가와는 다른 점이 많다. 그런 특징과 개성을 인정받아 보스턴과학박물관에도 그의 작품이 전시되었고, 뉴욕현대미술관MOMA에도 그의 작품들이 영구 전시되었다. 또한 프랑스 파리의 퐁피두센터 전시에도 초대받았기에 그런 이야기들을 두루 꺼내면서 작품에 대한 설명을 부탁했다.

"뉴욕현대미술관에 전시된 작품은 열 가지 모형과 다섯 개의 설치 프로젝트인데 모두 공통점이 있어요. '디자인이란 반드시 어떤 형태로 미리 정형화될 필요는 없다'라는 아이디어를 구현한 거죠. 먼저 '이 물질은 환경에 어떻게 반응할까?'를 생각한 후, 그 물질을 환경에 노출시켜 물질과 환경이 상호 작용해 형태를 만들어내게 하는 식으로요. 형태를 먼저 생각하고 그것을 이룰 물질을 나중에 생각하는 게 아니라, 먼저 물질을 생각하고 그 물질과 환경의 상호 작용으로 비로소 형태가 나오게 되는 거예요.

파리 퐁피두센터 전시는 산업사회의 미래와 그 미래를 만들어갈 새롭고 창의적인 도구들을 함께 선보이는 자리인데, 이를 위해 주최 측은 기술과 예술이 만나는 접점에서 활발하게 활동하고 있는 젊은 디자이너들과 그들의 프로젝트를 순차적으로 초대했어요. 저는 맨 첫

"디자인이란 반드시 어떤 형태로 미리 정형화될 필요가 없어요.
먼저 물질을 생각하고 그 물질과 환경의 상호 작용을 생각하면 비로소 형태가 나오죠."

순서로 초대받게 되었고, 전시 제목은 '아직 상상 속의 존재들Imaginary Beings: Mythologies of the Not Yet'로 지었습니다. 인체를 형상화한 18개의 새로운 작품들을 3D 프린터를 이용해 만들었는데 앞으로 4D 프린팅 시대로의 발전 방향까지 느껴볼 수 있도록 했어요."

그는 어떻게 이런 생각을 하게 되었을까? 그의 꿈이 원래부터 이런 독특한 디자이너, 건축가였는지를 생각하다 '인체를 형상화했다'는 대목에서 의대를 다녔던 이력이 떠올랐다.

"나는 풀리지 않는 '영원한 문제'들이 궁금하다."

당신의 작품은 생물학, 생태학, 디자인, 건축, 공학 등 여러 분야가 서로 연관된interdisciplinary 것처럼 보이는데 처음엔 의사가 되려고 하셨다죠?

"예. 그런데 의대를 들어가고 나서 제 길이 아니라는 것을 알게 되었어요. 행복하지 않았거든요. 그걸 깨닫게 되기까지 3년이라는 시간이 걸렸죠. 하지만 돌이켜 보면 그 어떤 경험도 지적으로 성장하는 데 도움이 되지 않는 건 없어요. 후에 다른 상황, 다른 곳에 꼭 쓰이게 되더라고요. 제 경우에도 의과학을 공부했던 게 비록 의사가 되어서 의술을 행하는 데 쓰이고 있지는 않지만, 세상을 바라보는 관점과 시스템을 분석하는 능력을 갖추게 된 데 그리고 어떤 분류 체계를 고안해내는 데 지대한 영향을 주고 있습니다. 저는 이제까지 살아오면서 배운 모든 것들이 다 쓰이고 있다고 느껴요. 예를 들면

뼈를 이용한 작업이나 자연환경을 중시하는 철학 같은 생물학적인 면들이 한때 의사를 꿈꾸며 공부했던 그 시절의 영향을 받았다고 보면 될 거예요."

그 경험들이 MIT 미디어랩 교수가 되신 것과도 연관되나요?

"MIT 미디어랩은 다양한 학문 분야의 최첨단 융합 연구가 이뤄지는 곳이에요. 물론 요즘에는 미디어랩이 나아갈 방향이나 먼 미래에 대한 고민도 많긴 하지만요. 저는 제가 하는 새로운 시도들이 전에 없던 분야를 개척해간다는 점을 인정받아 졸업과 동시에 귀한 자리를 허락받았지만 유행에 치우친 기술 개발에만 몰두한 나머지 근본적이고 궁극적인, 풀기 어려운 문제들을 도외시해서는 안 된다고 생각해요. 그런 문제들이란 '인간이란 무엇인가?', '왜 아프게 되는가?', '건강하다는 건 무엇인가?', '즐겁게 산다는 건 무엇인가?', '환경을 보전한다는 건 어떤 의미인가?'와 같은 물음들을 말해요. 우리가 세상을 떠난 뒤에도 후세에게 계속해서 물음으로 남을 그런 문제들을 끊임없이 연구할 때 우리가 지금 여기서 하고 있는 연구들도 비로소 의미 있어지죠. 만약 미디어랩에서 다루고 있는 문제들이 우리가 사는 동안에 모두 풀리고 해결될 수 있는 것들이라면, 우리 같은 사람들이 지금 이곳에 있어선 안 될 거예요.

'쉽게 답을 찾을 수 없는 항구적인 문제들'을 풀어보려고 노력하는 교수와 학생들의 자세는 언제까지나, 항상 필요합니다. 반면 바로 다음 세대에 나올 발명품이나 디자인, 인터페이스 같은 것들에 대한 연구는 일시적인 것일 테죠. 하지만 만약 누군가가 현재 새로운 패러다임을 정의하고 있다면, 다시 말해 DNA를 이용한 3D 프린팅 기술을 정의한다거나, 그런 기술을 활용해 삶이 앞으로 어떻게 달라질지를 연구하고 있다면 그 또한 인간의 삶, 나아가 창조성의 본질에 있어 영원히 풀리지 않고 있는 문제를 해결하려 하고 있는 거예요.

저도 누구나 풀 수 있는, 바로 다음 차원의 문제를 해결하는 경우엔 별로 만족을 느끼지 못해요. 그래서 좀 더 크고, 보다 근본적인 문제들을 푸는 것을 목표해야 한다고 생각하죠. 미디어랩의 존재 이유와 힘, 살길도 바로 그러한 풀리지 않는 근본적이고 궁극적인 문제들을 해결하려는 데 있는 것이지, 단순히 바로 다음 세대를 선도하고 가까운 미래에 쓰일 제품들을 연구하고 만드는 데 있지 않아요."

그가 재직 중인 MIT 미디어랩은 기존 학문 간 경계를 허무는 융합과 혁신을 통해 미래형 삶의 기술을 개발할 뿐만 아니라 가치를 창조하는 세계적인 연구소이다. 건축학과 의학, 생물학과 도시공학 등을 두루 섭렵한 옥스먼 교수는 이곳에서 자신의 타고난 능력에 더해 지금까지 배운 모든 것을 활용해 이제까지 없던 새로운 영역을 개척하고 있다.

'시공을 초월한 영원한 문제들'은 어떻게 생각해내나요? 답을 찾기 이전에 그런 질문들을 찾아내는 것 또한 매우 어려운 일이지 않을까요?

"물론 아주 어려운 일이죠. 그게 바로 제가 〈잊혀진 꿈의 동굴〉 같은 영화를 생각하게 되는 이유이기도 하고요. 그런 '영원한 질문들'을 발견하고 묻기 위해선 누구든지 아주아주 먼 과거와 아주아주면 미래 사이에 자기 자신을 놓아야 해요. '기억'을 예로 들어볼까요. 기억이라는 개념은 우리가 이 지구 상에 존재하기 시작했을 때부터 존재해왔어요. 그리고 그때부터 계속 연구의 대상이었고요. 그래서 우리는 오늘날 프로그래밍이나 컴퓨팅을 통해 기억을 발명해내고, 기억을 다운로드하는 등의 기술을 생각할 수 있게 되었죠. 합성생물학Synthetic Biology이나 프랑켄슈타인도 바로 우리가 영원한 질문을 묻고 답하려 하는 가운데 나온 산물이에요. 태곳적으로 거슬러 올라갈 수 있으면서도 미래에 그것이 어떻게 다뤄질지 생각해보는 것이 중요합니다. 영원한 질문에는, 또는 그것을 묻고 찾아내는 데는 아주 원시적이고도 미래적인 면이 동시에 존재하죠."

때에 따라 요구되는 창조성이 다르다

어떻게 이런 생각을 할 수 있을까? 옥스먼 교수의 말 한마디 한마디, 생각의 단편 단편에서 범상치 않음이 묻어났다. 책을 무척 많이 읽지 않을까, 경험의 폭과 정도가 예사롭지 않을 것 같았다. 그래서 취미를 묻자 선뜻 답을 하지 못했다. 그래서 나는 다시 이렇게 물었다.

그런 영원한 질문들을 떠올리는 당신의 삶이, 그러니까 평소에 뭘 하며 지내시는지가 궁금하군요.

"음, 일을 제외하면……, 일이 아주 큰 부분이고 음악도 제 삶의 아주 큰 부분이에요. 실은 남편이 작곡가라서 — 음악은 언제나 제 삶의 큰 부분이었지만 — 그이를 만나고 나서는 음악이 그 어느 때보다도 더 큰 제 삶의 일부가 되었죠. 그리고 예술도요.

저는 또 자연 속에 있는 걸 즐기고, 반대로 박물관에 가는 것도 즐거워요. 한쪽은 아주 야생적이고 가꿔지지 않은 환경인 반면, 다른 한쪽은 아주 정제되어 있고 준비되고 조직화된 환경이죠. 이렇게 자연과 문화 사이에서 비롯되고 느껴지는 '대조와 대비, 긴장'을 사랑합니다. 그리고 자주 야외로 나가요. 시간이 날 때면 케임브리지 근교의 월든 폰드(Walden Pond, 헨리 데이비드 소로Henry David Thoreau가 1845년부터 2년 간 월든 호숫가 오두막에 혼자 살면서 《월든》을 집필한 곳으로 케임브리지 근교 콩코드 지역에 있다)에 가서 걷거나 수영을 하거나 음악을 들어요. 이렇게 말하니 제 삶은 예술의 조합이라고 해도 되겠네요."

그는 혼자만의 시간을 더 즐기는 편일까?

"학생 때는 새벽 두 시에 온전히 혼자 있는 시간을 즐겼어요. 요즘은 그럴 때도 있고 아닐 때도 있죠. 하지만 여전히 아침 일찍 일어나서 일하는 걸 좋아해요. 인생에서 어떤 시기에 있느냐에 따라 일하는 시간이 조금씩 변하곤 했는데, 박사 논문을 쓸 때는 매일 새벽 네 시에 일어나 정오까지 썼어요. 그러고 나서 나머지 시간 동안에 다른 일을 했죠. 일어나자마자 글을 쓰는 데 시간을 할애한 이유는, 저는 항상 일찍 일어나는 편이어서 아침 시간에 글이 제일 잘 써졌기 때문이에요. 반면에 무언가를 만들고 모델링하는 건 늦은 시간에 더 잘되죠."

논리적인 일을 하기에는 아침 시간이 더 좋다는 뜻인가요?

"서로 다른 종류의 창조라고 생각해요. 글쓰기가 요구하는 기술은 그림을 그리고 모델을 만들고 형태를 생각해내는 데 필요한 기술과는 달라요. 정말 신기하게도 마치 우리 뇌에 있는 서로 다른 회로들처럼 말이죠. 다시 말해 제가 어떤 주장을 세우고 독자들을 그 생각으로 초대하고 논리적으로 의견을 전개해나갈 때와 새로운 물건이나 건물을 디자인할 때는 각기 다른 종류의 창조성이 요구돼요. 그래서 글을 써야 할 때는 보통 일찍 일어나곤 했지만, 모델링을 할 때는 늦게까지 안 자고 깨어 있는 편이었어요. 뉴욕현대미술관 전시 준비를 할 때는 거의 매일 밤을 새워 일했죠."

창조성, 렌즈의 너비를 조절하라

MIT에는 '너드 프라이드nerd pride'라는 게 있다. 우리말로 풀면 '범생이로서의 자부심'이랄까. 원래 '너드'라고 하면 자신의 전문 분야에서는 독보적이지만 사회생활에 있어서는 우둔하고 어딘가 부족한 듯한 사람을 일컫는데 MIT 학생들은 오히려 이것을 자랑스럽게 여긴다는 뜻이다. 여러 방면에 다재다능하고 관심이 있으면서도 자기만의 확고한 초점을 잃지 않는 옥스먼 교수. 조금 실례됐지만 나는 그에게도 너드라는 말이 적용되는지 궁금했다.

스스로 너드 또는 괴짜라고 생각하시나요?

"저는 우리 모두에게 '렌즈'가 있다고 믿어요. 은유적 또는 개념적 렌즈 말이에요. 미하이 칙센트미하이Mihaly Csikszentmihalyi의 책 《몰입》을 보면 이런 말이 나오죠. '우리는 도전과 능력이 완벽하게 조화를 이룰 때만 몰입 상태에 이를 수 있다.' 도전은 있지만 능력이 안 되면 좌절하게 돼요. 반대로 능력은 넘치는데 그에 상응한 도전이 없다면 권태롭고 지겨울 거예요. 그 둘 사이에 있을 때 사람은 창조적이 되고 비로소 몰입하게 됩니다. 즉, 창조성에 있어서 생산적이 된다는 뜻이죠. 또 어떤 프로젝트를 수행하느냐에 따라 다른 종류의 몰입이 요구되는데 어떤 때는 아주 광범위한 개념의 능력을 써야 해요. 사회적 능력이나 수학적 능력, 컴퓨터 능력 같은 것 말이에요. 이때는 능력이라는 개념의 범위도 넓고, 도전도 매우 광범위하죠. 또 어떤 때는 도전이 특정 기하학을 이해하고 특정 수학적 원리를 쓰는 데 국한돼요. 이럴 때는 매우 제한적인 능력이 사용되죠. 그래서 머리를 쓸 때 저는 스스로 그 렌즈의 너비를 조절한다고 생각해요. 어떤 때는 '아, 지금은 렌즈 너비를 줄여 이 문제에 집중해야겠구나'라고 생각하면서, 그에 맞춰 능력과 도전을 정의하고 오로지 거기에만 집중하는 거예요. 반대로 매우 폭넓고 종합적으로 통섭적인 사고를 해야 할 때도 있는데 그럴 때는 기존의 사고방식이나 제작방식에서 과감히 탈피하죠. 예를 들어볼까요?

여기 새하얀 슬레이트가 있다고 가정해보죠. 우리의 DNA로 물건을 만든다면 무엇을 어떻게 만들 수 있을까요? 지금껏 아무도 해보지 않았던 일이기 때문에 전례가 없죠. 하지만 이럴 경우 사고를 광

“렌즈를 최대한 넓히면 어느 순간 갑자기
새로운 것들이 나타나기 시작하고
통섭과 융합이 일어나요.”

장히 크게 한다면, 즉 렌즈를 최대한 넓힌다면 어느 순간 갑자기 새로운 것들이 나타나기 시작하고, 통섭과 융합이 일어나요. 결국은 렌즈의 너비를 조절하는 문제인 거죠."

내 앞에 놓인 과제의 종류와 성격에 따라서 '사고의 렌즈' 너비를 조절하는 '렌즈의 비법'이라……. 옥스먼 교수가 팔방미인이면서도 삶의 초점을 잃지 않는 비결을 알 수 있을 것 같았다.

호기심, 내 삶의 변화에서 시작된다

앞으로 당신이 나아갈 방향과 꿈이 궁금하네요.

"저는 건축을 하고 싶어요. 제가 제품 디자인 분야에서 연구하는 원리들이 진짜 건물로 실현되는 걸 보고 싶거든요. 그렇기 때문에 제 꿈은 궁극적으로 그런 아이디어들을 실제 건물로 만드는 거라고 할 수 있겠네요. 비유하자면 차세대 피라미드를 짓는 겁니다.

그럼 미래의 피라미드들은 어떤 모습일까요? 제 꿈은 건축가 가우디Antonio Gaudi, 그리고 그의 작품인 바르셀로나의 '사그라다 파밀리아 성당'이라고도 말할 수 있어요. 그는 일생을 하나의 건물을 위해 바쳤죠. 그런 사람이 몇 명 더 있지만 다양한 것들을 아우르는 가우디만의 접근 방식은 건물을 짓는 데 있어서 완전히 새로운 기술과 형태에 관한 참신한 사고방식을 가능하게 했답니다. 그리고 그것은

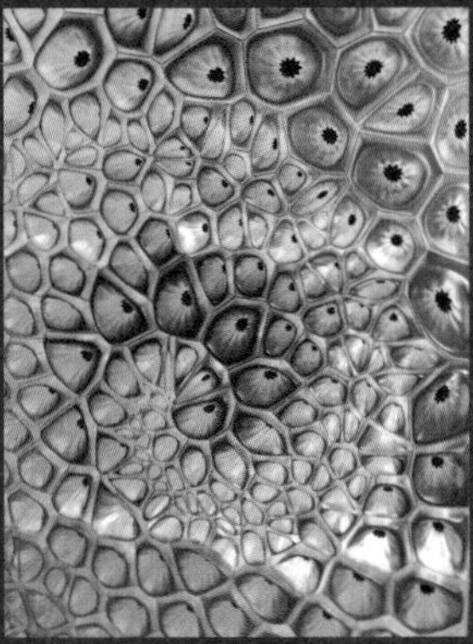

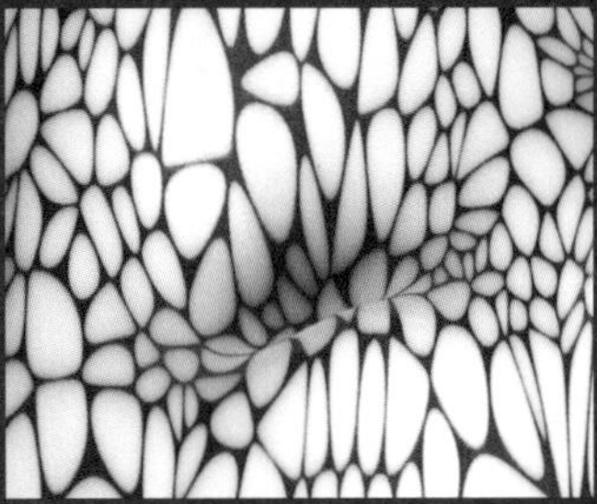

© Tom Allen

네리 옥스먼은 생물학, 생태학, 디자인, 건축, 공학을 토대로
자연의 근본적인 작동 원리를 탐구하고
그 변화와 적응의 프로세스를 디자인 오브제로 풀어낸다.(《월간 디자인》 2014. 2.)

오늘날에 이르러서야 비로소 이해받게 되었고요. 가우디가 세상을 떠난 지 90년이 다 되어가는 현재도 그 건물은 여전히 지어지고 있어요. 그는 정말 믿을 수 없을 정도로 예지력 있는 사람이었죠.

저도 그런 사람이 되고 싶어요. '비전가'요. 지금 작업하고 연구하는 것들이 사그라다 파밀리아 성당처럼 큰 규모의 건물에 적용되는 걸 보고 싶고, 그것이 제 일생을 통틀어 단 하나의 건물을 디자인하는 것일지라도 족해요. 저는 천생 건축가이고, 항상 건축이 그리워요."

'일생을 통틀어서도 완성되지 못할 건물을 디자인하는 것'이 꿈이라니……. 대개 사람들은 꿈이라고 하면 죽기 전에 이루고 싶은 것을 말하는데, 가우디처럼 자기가 죽은 뒤에도 후세들에 의해 계속해서 지어지고 한참 뒤에야 완성될 건축물을 설계하는 것이 꿈이라고 이야기하는 그를 보면서 '꿈의 정의'가 새롭게 다가왔다.

곧 그 꿈을 위해 건축을 시작하게 되시지 않을까요?

"그렇게 되겠지요? 제가 능력을 발휘할 수 있는 많은 분야들이 있지만, 제 가장 중심에는 건축가로서의 정체성이 있고 그래서 저는 건물을 짓고 싶어요. 가능한 한 빨리요. 그리고 이런 꿈 때문에 항상 젊게 살 수 있는 것 같아요.

당신이 무언가를 만들고 있지 않아도, 쓰고 있지 않아도, 찍고 있지 않아도, 조각하고 있지 않아도, 그리고 있지 않아도, 세상에 대해 호기심만 있다면 당신은 계속 젊음을 유지할 수 있을 거예요. 저는 친구들과 늘 농담처럼 이야기하곤 해요. '호기심이 통화currency가 되어야 한다, 돈이 아니라. 다시 말해 우리는 호기심을 화폐처럼 교환할 수 있어야 한다, 달러가 아니라. 그리고 그런 세상이 될 수 있다면 분명히 지금보다 훨씬 더 나은 세상이 될 것이다'라고요."

'호기심'이라는 말에 나도 다시 한 번 호기심을 발동했다.

호기심을 유지하려면 구체적으로 어떻게 해야 하나요?

"'변화change'요. 모든 일에 있어서 기존의 것들을 있는 그대로 받아들이기를 멈추고 언제나 '초심'을 지키세요. 이제 갓 시작하는 사람의 마음으로 되돌아가 보세요. 그러면 언제나 신선한 생각을 갖게 될 겁니다. 식당에 가서도 늘 시키는 음식이 아닌 새로운 걸 주문하고, 의자를 생각할 때 시트를 빼고 그려보거나 빛에서부터 시작해 의자를 그려보거나 하는 식으로요.

무언가를 특정한 방법으로 하는 데 익숙해졌다면 방법을 바꿔보세요. 범위scale도 바꿔보고요. 토요일 아침에 박물관에 가곤 했다면 박물관 대신 공원에 가보는 거예요. 그러면 세상에 대해 생각하는 방식이 달라질걸요. 물론 변화가 항상 내키는 것만은 아니에요. 하지만 일부러라도 자신이 하고 싶지 않은 일을 해보면 하고 난 뒤에는 그에 대한 생각이 달라지게 돼요. 이것이 호기심을 유지하는 법과 관련해 제가 해줄 수 있는 조언입니다. 방법이나 범위, 환경을 바꾸는 것. 무슨 일을 하건 초심을 돌이키고 돌아가 보는 것. 일상에서도 일에서도 말이죠."

원래 30분 정도로 예정했던 인터뷰가 한 시간 가까이로 늘어났지만 이야기를 나누면 나눌수록 헤어지기가 더 아쉬웠다. 그래서 이 말이 진심으로 우러나왔다.

"꼭 다시 만날 수 있으면 좋겠네요."

"저도요. 그리고 그렇게 될 거라고 마음으로 믿어요."

사실 연구실에 들어갔을 때 옥스먼 교수는 울고 있었다. 큰 두 눈에 눈물을 그렁그렁하게 담은 채. 어리둥절해하는 나에게 그는 "지도교수님이 얼마 전 돌아가셨는데 오늘 그분의 손녀가 태어났다"라며 눈물의 이유를 친절히 설명해줬다.

'천재'라고밖에는 달리 표현할 길이 없을 것 같은 '난사람'이지만 그는 단순히 일만 하는 일벌레도, 자기만 아는 젊은 엘리트도 아니었다. 겸손하고 상냥하며 남을 배려할 줄 아는, 돌아가신 은사의 새로운 가족의 탄생에 기뻐하고 그의 부재를 안타까워하는, 그리고 그런 모습까지 솔직하게 소통하고 이해를 구할 줄 아는 따뜻한 마음의 소유자였다. 인터뷰를 마치고 나서야 나는 그의 눈이 왜 그토록 빨려 들어갈 듯이 맑고 깊게 빛나는지 비로소 그 이유를 알 것 같았다.

Neri Oxman _네리 옥스먼

네리 옥스먼은 MIT 미디어랩의 교수이다. 1976년생인 그는 박사 졸업과 동시에 미디에이티드 매터 그룹(Mediated Matter Group, 물질과 환경 사이에 놓인 사물이 환경에 적응하기 위해 자신을 어떻게 변화시키는지 그 본능적인 대처 능력에 주목하는 연구 팀)을 이끄는 교수로 임용되었다. 이 같은 전격 발탁의 배경에는 옥스먼의 연구가 MIT에서도 아주 특이하고 창의적이라는 점이 크게 작용했다. 그는 스스로를 건축가이자 디자이너로 정의하는데 물질생태학Material Ecology, 즉 자연에서 영감을 얻은 디자인 원리를 디지털 디자인 기술에 적용함으로써 자연환경과 인공 건축 사이의 상관관계를 높이고 새로운 시스템을 발명하고자 한다. 따라서 디지털 산업 디자인과 건축 영역까지 광범위하게 관여하고 있으며 이런 창의적인 시도를 인정받아 그의 작품은 뉴욕현대미술관과 보스턴과학박물관 등지에서도 만날 수 있다. 뉴욕현대미술관의 한 큐레이터는 "옥스먼의 작업은 단순히 아름다운 조각품, 그 훨씬 이상이다. 지난 천 년 동안 인류가 계속 갈망해온 일을 해내고 있기 때문이다"라고 극찬했다. 옥스먼은 테크니온 이스라엘 공과대학에서 도시 설계와 건축학을, 예루살렘 헤브루대학교에서 의과학을 공부한 후 건축으로 유명한 영국 AA스쿨을 거쳐 MIT에서 디자인 컴퓨테이션design computation으로 박사 학위를 받았다.

사진 제공 : Pranav Mistry

변화

Change

Pranav Mistry

프라나브 미스트리

삼성전자 최연소 임원 | 삼성전자 실리콘밸리 연구소 싱크 탱크 팀 팀장

시도하기를 멈추지 않는다면 실패는 없다

어떻게 상상을 현실로 만들 수 있을까?

"나에게는 '변화한다'는 것만이 변하지 않는 것이다."

○
○
○

2014년 12월 삼성 그룹 인사에서 최연소 임원이 된 만 33세의 인도 과학자가 있다. (그는 스스로를 '강인하고 자부심 강한 구자라트인'이라고 부른다.) 인사 발표가 있은 다음 날 신문에 대문짝만하게 실린 기사를 스마트폰으로 찍어 축하 인사와 함께 보냈더니, 그로부터 '임원으로 승진한 것보다 최근에 아빠로 승진한 게 더 기쁘다'는 답장이 왔다. 프라나브 미스트리, 삼성전자 실리콘밸리 연구소의 싱크 탱크 팀Think Tank Team 창설자이자 책임자이면서 이제는 삼성의 최연소 상무까지 된 이 천재는 그렇게 인간적이다. 마늘종 무침을 좋아하고, 한국과 중국 등 동아시아 문화에 깊은 관심을 갖고 있으며, 차를 즐겨 마시고, '서양의 위대한 저서Great Books of the Western World' 시리즈 같은 깊이 있는 책들을 탐독하는 그는 또 그래서 분명히 남다른 면이 있다. 언젠가 그가 한국에 잠시 출장을 왔을 때이다. 미풍에 잎이 떨리는 나무 아래서 "요즘은 식물에 관심이 간다"라며 나무들도 서로 대화하는 걸 아냐고 묻기에 '이 친구가 또 무슨 이야기를 하려고 이러지?' 하며 귀를 쫑긋 세우고 있었다. 그랬더니 "인류가 지금까지 발명한 최첨단 기술 가운데 하나인 블루투스보다 더 진화된 소통 방식을 나무들은 이미 가지고 있다"고 말해 적잖이 놀랐던 적이 있다. 최신 기술을 다루고 고안하는 이 시대 최고의 천재가 한 그루의 나무에 그토록 겸허한 태도를 보이는 것이 흥미로워서다.

미스트리는 최근에야 우리나라에 이름이 알려지기 시작했지만 세계적으로는 벌써 오래 전부터 유명 인사다. 그는 지난 2009년 테드TED 강연에서 지도교수인 패티 메이즈Pattie Maes와 함께 '식스센스Sixth Sense'라는 혁신적인 웨어러블wearable 기기를 선보이면서 일약 스타가 되었다.

미스트리는 인도의 한 작은 도시에서 태어났다. MIT에 처음 왔을 때는 영어 한마디 제대로 하지 못하고, 얼마 되지 않는 연구비마저 아껴서 가족에게 송금하며 생활해야 하는 고학생이었다고 했다. 내가 그를 알게 되었을 때는 이미 유명해진 다음이었지만, 그래도 같은 MIT 기숙사에서 친구들과 회덮밥을 만들어 먹으며 친해진 사이기에 오늘날 그의 성공은 더 흐뭇하게 다가온다.

미스트리가 마이크로소프트나 구글 같은 세계적 기업들의 러브콜을 마다하고 삼성 입사를 결정하고 난 후, 처음 한국에 출장을 왔을 때 비로소 나는 그동안 기다려온 '기자 대 전도유망한 디자이지니어

(desigineer : 디자이너designer와 엔지니어engineer의 합성어)'로서의 인터뷰를 요청했고, 된장찌개 점심을 먹으며 인터뷰가 시작되었다.

:

문제를 발견하고 풀어낸다는 것

사람들이 당신을 많이 알지만, 또 많이 모릅니다. MIT에서도 가장 창의적인 사람으로 뽑혔는데 어떻게 그렇게 될 수 있었나요?

"저는 인도의 매우 작은 도시, 팔란푸르Palanpur에서 태어나고 자랐어요. 물론 모국어도 영어가 아니죠. 12학년까지는 구자라트어로 수업을 받았고 공학을 전공하기 전에는 건축학을 배웠어요. 집안 배경하고 상관이 있는데 제 성姓인 미스트리Mistry는 포르투갈어로 '무언가를 옮기고 건물을 짓는 사람'이라는 뜻이에요. 실제로 아버지를 비롯해 가족 대부분이 건축이나 토목 쪽에 종사하고 있습니다. 그래서 제 속에도 무언가를 만들고, 세우고, 자유롭게 사고하는 정신이 흐르게 된 것 같아요. 그런 일상에서 자연스럽게 건축 학교에 진학했고 항상 1등이었어요. 그런데 어느 순간 제 모습에서 아버지가 보이더라고요, 제가 아니라……. 저는 그냥 그렇게 아버지처럼 되기보다는 저를 찾아보자고 생각했어요. 일단은 건축 말고 다른 걸 해보자는 생각이 들었죠.

그랬더니 공학이 눈에 들어왔습니다. 무언가를 만들고 부수고 하는 공학 말이에요. 그래서 건축 학부를 그만두고 공대에 들어갔죠. 어렸을 때부터 컴퓨터에 관심이 많았는데, 제가 어릴 때 인도에서 컴퓨터라는 것은 거의 꿈이나 다름없었어요. 그 시절엔 텔레비전이 꿈일 정도였으니까요. 운 좋게도 저희 집에는 컴퓨터가 있었고 그걸로 초등학교 1학년 때 처음 코딩을 했어요. 영어를 하나도 모르면서 《애플의 베이직 프로그래밍 언어Apple's Basic Programming Language》라는 소책자를 키보드로 무작정 따라 쳤지요. 300줄 정도 치고 나서 런RUN 키를 눌렀을 때 형형색색 그림이 나타났던 순간이 아직까지도 생생히 기억나요. 물론 작은 실수로 실패한 적도 많았지만요. 그렇게 몇 날 며칠을 모니터 앞에서 보내곤 했는데 그때부터 컴퓨터와의 관계가 시작되었어요.

그리고 한 가지 더, 제 고향은 파키스탄 국경 가까운 곳인데 예전엔 텔레비전 채널이 단 하나뿐이었어요. 그나마도 방송 수신을 위해선 금속 안테나를 잘 설치해야 했는데 방향을 조금만 바꾸면 파키스탄 방송도 볼 수가 있었죠. 인도 방송에서는 별로 재미있는 게 없어서 아버지가 종종 여러 부품들을 이용해 파키스탄 방송을 잡아주셨어요. 그런 걸 보면서 세상을 바라보는 시각을 배웠습니다. '스스로 문제를 발견하고, 배워서 스스로 그 문제를 푸는 것이다'라는 것이었죠. 아버지는 제가 원하는 것을 바로 주시기보다 그걸 만들고 실현할 수 있는 도구들을 쥐여주셨지요. 그런 가르침 덕분에 마침내 저는 정보통신기술IT 쪽으로 진학하겠다고 결심하게 되었습니다."

인도에서 IT 전공 입학은 5수를 해도 모자랄 정도로 어렵다는데요?

"맞아요. 그런데 제 경우엔 일이 신기하게 풀렸어요. 앞서 말했듯 저는 늘 IT에 관심이 많았고 그러다 보니 학교에서 수업을 따라가는 것보다 집에 와서 무언가를 만드는 걸 더 즐겼습니다. 학부 때 만든 것 중에 '손장갑'이라는 게 있었는데(미스트리가 나중에 발표한 식스센스 기기에도 비슷한 개념이 나온다) 당시만 해도 쌍방향의 인터랙티브 제스처interactive gesture는 사용은커녕 아무도 생각조차 못 하고 있을 때예요. 1999년에 제가 처음으로 그런 제스처 디바이스를 만들었는데 그걸 보신 어머니의 반응이 '넌 공대생이니, 재봉사니?'였어요. 하지만 그렇게 말씀하시면서도 부모님은 때때로 이상한 기기들을 만드는 제 모습을 지켜봐 주셨습니다. 그러던 중에 어떤 큰 기술 학회에 제가 만든 작은 장치를 하나 출품하게 됐어요. 당시 심사위원은 인도에서 매우 저명한 과학자였는데 그분이 제 프로젝트를 눈여겨보아 1등상을 타게 되었죠. 아주 싸구려, 단순한 장치로 말이에요. 그리고 그 결과로 뭄바이에 있는 인도공과대학IIT, Indian Institute of Technology에 진학했고 거기서 4년간 공부했습니다."

언젠가 MIT 미디어랩 수업 '미디어 벤처스Media Ventures' 시간에 미스트리의 발표를 들으며 요즘 말하는 '통섭 교육'의 살아 있는 예라고 생각한 적이 있다. 마치 '갈 지之' 자 걸음으로 이것저것 공부하면서 그렇게 배운 모든 것들을 새로운 분야로 수렴시키며 전에 없던 무언가를 창조해가는 것처럼 느껴졌기 때문이다.

컴퓨터 공학 외에 디자인도 전공하지 않았나요?

"첫 번째 석사 학위는 디자인으로 받았어요. 디자인을 전공할 때 좋은 선생님들을 만나서 사고방식이 많이 바뀌었는데 지금 하는 일에도 그때의 영향이 커요. 공학이 기술skill을 배우는 과정이었다면 디자인 공부를 하면서는 레오나르도 다빈치Leonardo da vinci의 사고방식을 동경하며 공부했죠. 지금도 저는 누군가가 '세상에서 가장 뛰어난 천재가 누구라고 생각하냐'고 물으면 주저 없이 레오나르도 다빈치라고 이야기해요. 왜냐하면 그는 한 가지 분야만 섭렵한 게 아니라 이 분야 저 분야를 마음대로 넘나들 수 있었으니까요. 생물학에서 미술까지 무엇이든지요. 그는 정말 창조적인 천재였습니다. 그래서 저도 다빈치 같은 사고를 하려고 노력했어요. 건축, 디자인 그리고 엔지니어링 등등을 넘나드는 사고 말이에요."

미스트리는 레오나르도 다빈치를 동경하는 데서 그치지 않고 닮으려고 노력했다. 그런 마음이 있었기에 관심이 가고 필요하다고 생각되는 다양한 방면들을 두루 공부하려 노력했고 결국 MIT 미디어랩에 진학하게 된 것이다.

MIT 미디어랩에는 어떻게 들어가게 되었나요?

"디자인을 공부하면서 비주얼커뮤니케이션에 관심이 많아 다수의 애니메이션 작품을 만들었어요. 인쇄·출판 매체 디자인에도 관심이 많았고, 인도 뭄바이에서 쓰는 기차표를 디자인하기도 했죠. 아주 흥미로운 작업이었어요.

저는 '미디어'가 좋아요. 지금 쓰고 있는 책도 첫 장의 제목이 '차세대 미디어는 무엇일까'예요. 미디어에 관해서는 여러 가지 다양한 정의가 있을 수 있는데 제 생각에 미디어란 '추상적인 것들이 현실화될 수 있는 공간, 즉 통로'입니다. 추상적인 것들이란 정보나 음악 같은 것들인데 예를 들어 제가 기분이 좋아서 신나는 음악을 튼다고 가정해볼까요? 음악 미디어는 그 기분을 전달할 수 있어야 되겠죠? 따라서 미디어의 궁극적인 목적은 누군가의 추상적인 감정이나 사고의 둥지가 되는 거예요.

인도에서 석사과정을 마치고 여러 가지 일을 했는데 그때도 기술을 이용해 인도의 낙후된 지역을 발전시키는 데 관심이 많았어요. 목장에서 일할 땐 사람뿐 아니라 동물들을 위한 기술도 제안했죠. 그러면서 MIT 미디어랩과의 인연도 시작되었어요. 당시 미디어랩에서는 인도에 '미디어 이노베이션Media Innovation'이라는 벤처 회사를 운영하고 있었는데 저는 거기에 들어갔고 MIT 교수님들을 만나게 되었습니다."

인생을 바꾼 멘토의 한마디

미스트리는 스스로를 인복이 많은 사람이라고 했다. 그러면서 자신의 인생을 바꾼 멘토의 이야기를 들려줬다.

"저는 살면서 다른 사람들 덕을 참 많이 입었어요. 모두가 다른 방식으로 다양한 도움을 주었지만 인도 마이크로소프트의 회장이었던 한 멘토의 가르침이 결정적이었어요. 그분은 아주 중요한 말씀을 해주셨는데 '너는 지금도 훌륭하지만 정말로 세상에 큰 영향을 끼치고 싶다면 스케일이 중요하고 그러려면 너만의 업industry, 業이 필요하다'라는 것이었죠. 그때까지만 해도 저는 이제 갓 학교를 졸업한, 엉뚱한 상상들로만 가득 찬 어린아이 같았는데 그 말씀을 듣고 팀이라는 걸 꾸리게 되었습니다. 그분은 '네가 스스로 팀 이름을 짓고, 하고 싶은 것을 한번 맘껏 해봐라'라고 격려해주셨어요. '적어도 너는 필요한 게 무엇이고, 어떻게 해야 되는지는 알잖니. 나머지는 내가 도와줄게. 우리 엔지니어들이 너를 도와줄 거다. 다만 그 엔지니어들이 무엇을 해야 하는지는 네가 정해라'라고 하시면서요.

그래서 그 팀의 이름을 '인도 인큐베이션 팀India Incubation Team'이라고 지었어요. 인도에서 나고 자랐으니 제가 인도에 어떤 문제점들이 있는지 짚어내는 건 아주 쉬운 일이었기 때문에 먼저 인도를 성장시키고 발전시키는 일을 하자고 생각했습니다. 그렇게 팀을 시작하고 실제로 많은 변화들을 이끌어냈지요. 가장 큰 변화 중 하나는 인도어에 관련된 것이었는데 지금도 인도 휴대전화 시장에서 인도어 입력 방식은 대부분 그 팀에서 디자인했던 것들이에요."

미스트리는 이 대목에서 굉장한 자부심을 보였다. 그리고 이어서 또 하나의 일화를 들려줬다.

"하루는 아주 감동적인 일이 있었어요. 뭄바이 지하철역에서 집에 가려고 열차를 기다리는데 제 옆에 있던 사람이 다가오더니 함박웃음을 지으며 '이제 우리 지방 말로도 문자를 할 수 있어요!'라며 감격해하는 게 아니겠어요? 인도는 지역마다 언어가 달라서 휴대전화로 문자를 쓰는 데 어려움이 많거든요. 그 사람은 이제 더 이상 휴대전화를 사용할 때 문맹 취급을 받지 않아도 된다면서 무척 행복해했어요. 많은 인도인들이 영어를 몰라서 기술의 혜택을 누리지 못하고 있었는데 저희 팀 덕분에 이런 사람들도 자신이 쓰는 말로 친척, 친구들과 문자를 주고받을 수 있게 된 겁니다. 그 사람의 눈에서 진정으로 행복해하는 것이 느껴졌을 때 그것이 제가, 아니 저희 팀이 한 일이라는 생각에 눈물이 나왔고, 그 순간은 지금까지도 제 인생에서 가장 보람되고 행복한 순간으로 기억되고 있어요."

이 대목에서 미스트리는 감정이 북받치는 듯 갑자기 울음을 터뜨렸다. 언제나 여유 있고 자신만만하며 좀처럼 개인적인 감정을 드러내지 않는 그가 감정을 주체하지 못하고 눈물을 보이자 나는 다소 당황스럽기까지 했다.

사람들의 삶을 변화시키는 데 기여했다는 이유에서인가요?

"정말 너무 행복하고 감격스러운 순간이었어요. 제가 세상에 그런 변화를 가져오고 같이 살아가는 사람들에게, 그들의 삶에 그런 영향을 줄 수가 있다니……. 저는 낙후된 시골에 사는 사람들처럼 기술의 혜택을 많이 누리지 못하는 이들에게 도움이 될 때 더 행복해요. 기술과 새로운 미디어가 해결할 수 있는 문제들이 아주 많기 때문입니다. 삼성 갤럭시 새 버전을 만드는 것과는 다른 차원의 일이지만 더 기본적이고 근본적으로 필요한 일이죠. 아직까지 기술이 뭔지조차 모르고 사는 사람들의 3분의 2 정도만이라도 기술의 혜택을 누릴 수 있도록 도와줄 수 있다면, 그것 또한 우리가 해결해야 할 문제라고 생각합니다. 사람뿐만 아니라 살아 있는 모든 생명체들이 당면한 문제를 해결하고 싶어요."

사람뿐 아니라 살아 있는 모든 생명체가 당면한 문제라……. 이 말에서 미스트리의 사고의 폭과 깊이, 그리고 포부의 크기를 여실히 느낄 수 있었다.

'세상에 대해 사고하는 방식'에 대해 생각하다

기술의 발달이 가지고 올 수 있는 폐해에 대한 생각도 궁금합니다.

"새로운 기술이 발명되면 새로운 문제들도 생겨나게 마련이에요. 사람들을 더 '사회적social'으로 만들기 위해 소셜 네트워크social network가 등장했지만 지금은 오히려 그로 인해 사람들 사이에 대화가 단절된 측면도 있듯이 그런 일들은 앞으로도 계속 일어날 겁니다. 그렇기 때문에 '디자인'이 점점 더 중요해져요. 디자인이란 아주 멀리 내다보고 크게 생각하는 것이니까요. 어떤 일이 일어나면 그다음엔 또 무슨 일이 일어나게 될 것인지까지를 포함해서 말이에요. 그런 게 바로 좋은 디자인이죠. 좋은 디자인이란 아이폰을 만들어서 '와우!' 하는 감탄을 연발시키는 게 아니라 보이지 않게 삶 속에 스며드는 겁니다. 모든 것이 아주 이상적인 상태로 잘되어 있다면 문제점도 생겨나지 않아요. 튀는 게 아니라, 마치 공기처럼 없을 때 비로소 부재를 느끼게 되는 그런 게 바로 좋은 디자인이죠."

미스트리는 지난 2013년 삼성의 스마트 손목시계인 갤럭시 기어를 세상에 소개한 장본인이기도 하다. 미스트리는 당시에도 자신이 만들어서 이끌고 있는 삼성전자 실리콘밸리 연구소 싱크 탱크 팀의 팀장이었는데 나는 갤럭시 기어에도 그런 그의 디자인 철학이 반영되었는지 궁금했다. 그리고 또 한 가지, 구글이나 마이크로소프트 같은 기업들의 제의를 마다하고 삼성을 선택한 이유도 꼭 물어보고 싶었다.

다른 기업들에서 매력적인 제안도 많았을 텐데 왜 삼성을 택했나요?

"그건 고국 인도와 관련이 깊어요. 인도는 중국이나 다른 나라들과 비교해 현재 경제적으로 그렇게 잘 운영되고 있진 않죠. 그렇지만 성공을 위한 모든 요건을 갖추고 있어요. 마찬가지로 삼성도 세계적으로 성공한 위대한 기업이 될 자질이 충분하고, 세계에서 가장 혁신적인 회사가 될 수 있는 요건을 충분히 갖췄다고 봅니다. 다만 그렇게 되기 위한 방법이 필요한데 그런 측면에서는 변화와 정련精鍊, 규율이 필요해요. 제 판단이 틀렸을 수도 있지만 그런 점은 제가 시도해보고 싶은 것들이기도 했어요. 그리고 그것이 삼성에서의 제 임무가 '생각하는 것thinking'이기도 한 이유예요. 새로운 상품에 대해서뿐 아니라 '세상에 대해 사고하는 방식'에 대해 생각하는 거죠."

© Rainer Jensen [Hello Photo]
2013년 독일에서 삼성 갤럭시 기어를 발표하는 프라나브 미스트리

'세상에 대해 사고하는 방식에 대해 생각하는 것'이라니, 나는 또 한 번 놀랐다. 미스트리가 자신의 팀 이름을 왜 '싱크 탱크 팀'이라고 지었는지도 알 수 있었다.

"단순히 회사의 비전을 세우고 제시하는 것뿐 아니라 어제의 자신과 비교해 더 나아지려고 노력하는 것, 바로 그것이 삼성뿐 아니라 모든 사람들이 해야 할 일이라고 생각해요."

대화가 사뭇 진지해지자 나는 아껴둔 질문을 하나 더 꺼냈다.

당신을 일약 스타로 만든 테드 강연 얘기를 하지 않을 수 없군요. 어떻게 참가하게 되었나요?

"저는 새로운 매체를 통해 새로운 방식으로 소통하는 데 관심이 많아요. 그래서 어떤 아이디어가 있으면 그걸 표현하고 전달하는 데 있어 새로운 매체를 사용할 방법이 없을까 늘 고민하죠. 여기에는 또 다른 현실적인 이유가 있었는데, 테드에 참가하기 전에는 미국에 온 지 얼마 안 된 때라서 영어가 진짜 약했거든요. 작문이 전혀 안 될 정도였으니까요. 그래서 글을 쓰는 대신 비디오를 만들기 시작했어요. 디자인과 필름 메이킹(영상 제작) 기법을 최대로 활용하고, 때론 만화와 말풍선 등을 섞어서 아이디어를 전했죠. 그렇게 해서 만든 첫 프로젝트 비디오가 유명해지면서 언론의 주목을 받게 되었고 제 유튜브 채널도 유명해졌습니다. 바로 그다음 프로젝트가 '식스센스'였어요. 역시 같은 방식으로 비디오를 만들어 유튜브에 올렸는데 처음에는 별다른 반응이 없다가 테드가 그 프로젝트를 주목하게 되었고, 또 제 지도교수님인 패티 메이즈가 테드 쪽과 친했기 때문에(메이즈 교수는 테드가 대중에게 공개되기 훨씬 전에 테드에서 강연을 한 적이 있다) 그들이 메이즈 교수님에게 연락해서 제 프로젝트를 테드에서 소개하게 된 겁니다.

여기에도 실은 숨은 이야기가 있는데, 처음 테드 측의 연락을 받았을 때 식스센스가 절반 정도밖에 완성되지 않은 상태라서 강연 날짜를 맞추기 위해 잠도 자지 않고 열심히 해야 했어요. 그렇게 겨우다 만들어서 테드에 가져갔는데 발표 하루 전날 리허설 때까지만 해도 멀쩡히 잘 작동하던 것이 발표를 한 시간 정도 앞두고 갑자기 작동되지 않는 거예요. 청중들이 막 입장을 시작하고 있었던 때라 고치는 것도 불가능했죠. 그래서 그날은 발표를 하지 않고 대신 청중들에게 상황을 설명했습니다. 테드 측은 그런 상황에도 불구하고 그다음 번 인도에서 열릴 예정이던 강연에 와서 다시 발표를 해달라고 부탁했어요. 저는 또 같은 불상사가 일어날까 봐 염려되었지만 사람들은 프로젝트 자체보다도 거기에 담긴 제 생각을 듣고 싶어 했기 때문에 받아들였습니다."

그 강연으로 세계적인 스타가 되었는데 이후 삶이 많이 바뀌었나요?

"테드로 얻은 것도 많지만 잃은 것도 많죠. 예를 들어 테드는 저를 애매한 유명 인사로 만들어서 때때로 사람들이 지나가다가 저를 알아보기도 합니다. 안경을 써봐도 소용이 없어요. 많은 사람들과 쉽게 친해질 수 있게 되었다는 점에서는 좋지만, 16시간씩 비행기를 타고 난 뒤 부스스한 모습일 때 난데없이 사진을 찍어달라는 요청을 받으면 달갑지만은 않겠죠. 언젠가는 이른 아침에 통신 케이블을 설치하는 기사가 집에 찾아와서, 잠옷 바람으로 문을 열었는데 저를 알아보고 반갑다고 인사해서 무척 난감했던 적도 있어요. 그런 건 좋기도 하지만 나쁘기도 하죠.

얻은 것이라면 테드가 많은 사람들에게 희망과 영감을 주는 역할을 하니까, 그런 맥락에서 저 같은 개인도 세상을 흔들 수 있다는 사실을 다른 사람들에게 일깨워준 점이에요. 꼭 거대 기업만 다음 세대를 뒤흔들 대단한 기술을 발명할 수 있으란 법은 없다는 점을 말이에요. 저는 그것을 '기술 세상에서의 민주주의'라고 부르는데, 교수가 아니라 학생도 힘이 있을 수 있다는 걸 보여준 거죠. 정말 뛰어나다면 학생 신분이라고 해도 업계 전체의 판도를 바꿀 수 있어요. 식스센스를 발표하고 나서 바로 얼마 후인 2010~2011년 무렵에는 전 세계의 학생들로부터 하루 150통 정도의 이메일을 받았어요. 지금은 셀 수조차 없고요. IT 업계 사람들뿐만 아니라 의료계, 금융계 등 직종을 막론하고 사람들로부터 '당신의 사고방식에서 영감을 얻어 우리도 위에서 맡긴 일 말고 무언가 위대한 일에 도전해보고 싶다'라는 메일이 옵니다. 또 그렇게 해서 제가 배울 수 있는, 다른 분야의 대단한 사람들도 많이 만나고 사귀게 되었어요. 대통령이나 예술가 등 평소 마음속으로만 존경하던 사람들을 말이죠. 이제 그들과 '친구'로서 서로 연락하고 지낼 수 있다는 건 정말 신나는 일이에요. 기술 쪽 사람들뿐만 아니라 영화, 음악, 디자인 등 정말 많은 사람들을 알게 되었고 친해졌어요."

사진 제공 : Pranav Mistry
프라나브 미스트리의 식스센스

"나에게는 '변화한다'는 것만이 변하지 않는 것이다."

당신이 만든 '식스센스'는 쉽게 말해 어떤 프로젝트인가요?

"차세대 미디어, 즉 미래의 매체라고 보면 될 듯해요. 기술이 새로운 건 아니에요. 다만 다른 장소와 다른 용도로 같은 기술과 같은 부품들이 사용된 건데 바로 그 점이 특이하죠. 실제로 시장에 나오는 새로운 기술의 속을 들여다보면 대부분 기본적인 부품이나 재료들은 비슷합니다. 다만 문제 해결을 위해 제작자가 어떤 상상력을 발휘해서 그 기술을 쓰느냐가 중요한데, 그래서 '공학은 엔지니어링'이라고 하는 거예요. 다시 말해 새로운 걸 발견해낸다기보다 기존의 것들을 조합해 새롭게 쓰는 것, 식스센스도 그런 차원에서의 노력입니다. 전통적 의미에서 '르네상스적 인간'이 되어야 장치도 발전시킬 수 있는데 인간의 능력이 먼저 향상되어야 한다는 뜻이에요. 바로 그게 식스센스가 구현하려고 하는 바인데, 단순히 빨리 가게 하는 것이 아니라 아예 다른 경로로 가게 하려는 거죠."

미스트리는 식스센스로 빌 클린턴 전 미국 대통령이나 제임스 카메론 영화감독 등과 어깨를 나란히 하고 강의를 하기도 했다. 그는 이렇게 될 줄 상상이나 했을까. 그리고 이제 어떤 삶을 살아가고 싶을까.

"말했듯이 처음 미국에 유학 올 때만 해도 영어도 제대로 못했어요. 그리고 학교에서 장학금을 받으면 일부를 꼬박꼬박 인도에 있는 가족들에게 보내야 했죠. 그러면서 세상의 다양한 색깔을 경험해야 한다는 걸 깨달았어요. 여기서 아이러니는 저는 색약이라는 사실이에요. 때때로 적색과 녹색을 구별하지 못하는 '행운아' 중 한 명이죠.(웃음) 제 인생의 목적은 나라를 구하거나 권력자가 되거나 이런 거창한 데 있지 않고, 제가 가진 것을 함께 '나누는' 거예요. 그러면서 세상에 대해 알게 되는 겁니다. 그러면 그것은 온전히 자기 것이 되고 사라지지 않아요. 레오나르도 다빈치의 〈모나리자〉를 보세요. 다빈치는 〈모나리자〉를 남겼지만 사실은 〈모나리자〉 속에 담겨 있는 '사고의 과정'을 남긴 겁니다. 전화기를 발명한 벨Alexander G.Bell도 마찬가지고요. 누가 무엇을 제일 처음 만들었는지보다 훨씬 더 중요한 게 있어요. 바로 그 속에 담긴 사유와 철학입니다. 굴리는 바퀴를 예로 들어보면 '둥근 것은 굴러갈 수 있다'라는 깨달음, 그러한 지식은 변치 않는 거죠. 우리는 그런 항구적인 지식과 진리의 발견에 이바지해야 합니다. 돈을 얼마나 버느냐 같은 문제는 그다음 일이에요. 인생의 목적은 성스러울 정도로 세상에 정말 좋은 영향을 미치는 것으로 진정한 흥미를 불러일으킬 수 있어야 한다고 생각해요. 그러면 삶의 많은 문제들이 풀릴 겁니다.

사람들은 가끔 제게 신을 믿는지 묻는데 물론이에요, 저는 분명히 우리가 의지하는 어떤 종류의 힘이 있다고 생각합니다. 인간은 신이 가지고 있는 지식의 표면만을 건드리고 있을 뿐이에요."

나는 미스트리가 이런 생각을 갖게 만든 환경이 궁금했다.

“인간은 신이 가지고 있는
지식의 표면만을 건드리고 있을 뿐이에요.”

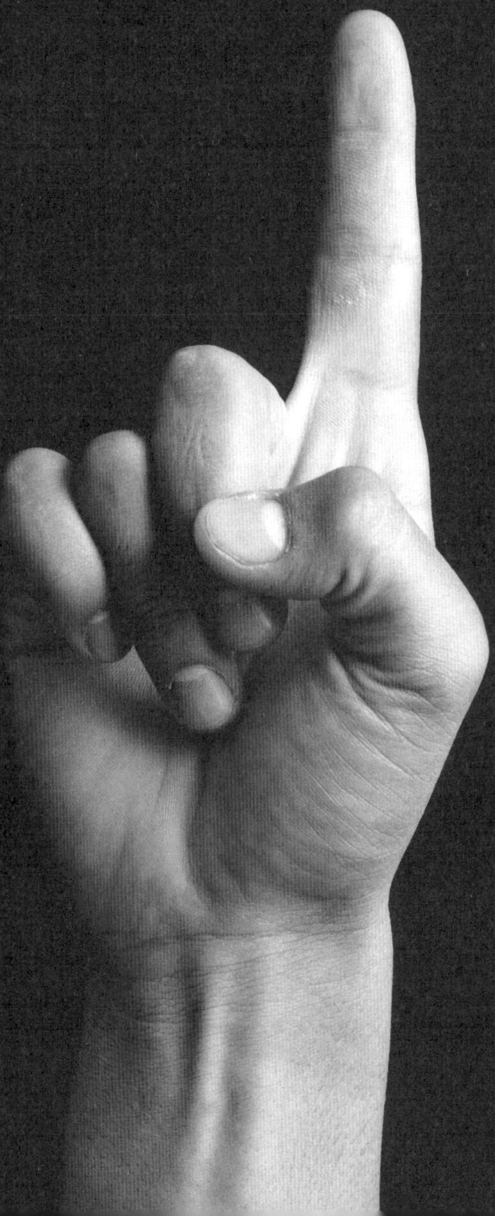

자라면서 누구의 영향이 가장 컸나요? 또 지금은 어디서 영감을 얻나요?

"세상에 대한 저의 이런 관점은 많은 사람들의 도움을 받으며 만들어졌어요. 우선 부모님, 특히 아버지는 '어떻게 배워야 하는지'를 가르쳐주셨죠. 사람뿐 아니라 세상의 모든 만물이 — 작은 곤충들까지도 — 당신을 가르쳐줍니다. 예를 들어 컵은 '열린 사고와 자세'를 가르쳐주고 수저는 '다른 사람이나 사물로부터 무언가를 얻어 와 내 것으로 만들라'고 가르쳐주죠. 그렇게 도처에 배울 것이 참 많아요. 가족이나 친구는 물론이고 음악도 저에게 많은 영향을 미쳤어요. 제 역할 모델은 '자연'이에요. 그냥 보는 것만으로도 정말 많은 걸 느끼고 배우게 되죠. 자연을 스승 삼는 것으로 충분합니다."

미스트리는 가장 존경하는 인물로 마하트마 간디Mahatma Gandhi를 꼽았다.

"간디는 그 어느 누구에게도 무엇을 하라고 이야기하지 않았어요. 그저 스스로 실천했습니다. 그런 점을 이 시대가 생각해봐야 해요. 자랑을 하는 게 아니라, 저 역시도 간디처럼 스스로 더 의미 있고 다채롭게 살아서 다른 사람들에게 본보기가 되고 싶어요. 결국 우리는 각자 자신이 처한 상황과 역할 속에서 살지만 모두가 합쳐져서 하나를 이루는 원자들이니까요. 각자의 사명과 가진 능력, 이성을 활용해 자신에게 맡겨진 역할을 최대한 잘, 충실히 수행한다면 세상은 분명히 더 나은 곳이 될 겁니다. 물론 그러면서도 저에게 가장 중요한 것은 '제 주변에 있는 존재들'이에요. 그리고 '행복'도 결코 빼놓을 수 없죠. 세상의 다양한 색을 경험하는 것도 함께요."

미스트리의 SNS 대문글은 '시도하기를 멈추지 않는다면 실패는 없다We fail only when we stop trying'이다. 그렇다. 끊임없는 '혁신'으로 우리에게 닥칠 미래를 고민하고 창조하는 이 젊은 '디자이지니어'는 우리가 흔히 두려워하는 실패의 위험을 감수하면서 계속해서 노력하고, 도전하고 또 도전한다.

그런 그의 샘솟는 영감과 거침없는 삶의 방식을 어떻게 지켜갈 수 있는지 궁금해 좌우명이 있는지 물었다. 그랬더니 '변화'란다. 그래도 무언가 삶에서 변하지 않는 철학 같은 게 있지 않느냐고 다시 물었더니 그 또한 '변화'란다.

"저에게는 '변화한다'는 것만이 변하지 않는 겁니다."

끊임없이 변화를 추구하기에 그에게 있어 변하지 않는 것은 없다는 뜻이다. '변화한다'는 것만이 변하지 않는 것이라는 이 역설……. 끊임없이 변화를 모색하고 그 변화의 이유가 '세상 만물을 위한 보다 나은 삶'이라고 이야기하는 미스트리. 이 젊은 천재는 앞으로 어떻게 계속 변화할까? 그에 대한 기대를 게을리할 수 없는 이유다.

Pranav Mistry _프라나브 미스트리

프라나브 미스트리는 2014년 만 33세의 나이에 삼성전자 상무로 승진해 국내외를 통틀어 삼성의 최연소 임원이 되었다. 1981년생인 그는 2009년 《MIT 테크놀로지 리뷰》가 선정한 '세계에서 가장 영향력 있는 젊은 과학자 35명'에 뽑히기도 했다. MIT 미디어랩에서 박사과정을 마쳤으며 마이크로소프트와 구글, 나사NASA, 유네스코에서 일했다. 인도 구자라트 북부의 팔란푸르라는 작은 도시에서 태어난 그는 뭄바이에 있는 인도공과대학에서 디자인 석사 학위를 받았고 그 전에는 인도 니르마 공대NIT에서 컴퓨터 공학을 전공했으며 건축학도 공부했다. 그는 특히 2009년 세계적 명사들이 자신의 혁신적인 생각을 공유하는 테드 콘퍼런스에서 양손의 엄지와 검지만으로 스마트 기기를 작동시키는 '식스센스' 기술을 발표해 세계적인 유명 인사가 되었다.

디자인과 기술은 물론 예술과 심리학에도 관심이 많은 그는 디자인의 관점에서 기술을 보고 기술의 관점에서 디자인을 보는 스스로를 '디자이지니어'라고 소개한다.

© Ulf Andersen [Getty Image]

실천

Action

Noam Chomsky

노엄 촘스키

MIT 인스티튜트 프로페서 | 언어학자 | 사상가

치열한 고민과 근거에 입각한 사고

나를 넘어 모두를 위한 삶은 어떻게 만들어가는가?

"이 세상에는 정말 심각한 문제들이 많다.
진정 의미 있게 살고 싶다면 그 문제들을 조금이라도 해결하기 위해서
내가 할 수 있는 걸 고민하라."

학교의 행사 일정을 챙겨 보던 어느 날 무척 낯익은 이름이 눈에 띄었다. 노엄 촘스키 특별강연. '촘스키? 바로 그 촘스키?' 설레는 마음으로 시간을 쪼개고 쪼개어 달려갔지만 수업 시간과 겹쳐 강연이 끝나기 몇 분 전에야 간신히 도착할 수 있었다. 강연은 거의 듣지 못하고 질의응답 시간에만 겨우 참석했기에 아쉬움을 잔뜩 안고 나오는데 기숙사로 향하는 복도 저 앞에서 한 노인이 길을 잃은 듯 헤매는 모습이 보였다. "도와드릴까요?"라고 물어보려던 찰나, 그가 다름 아닌 촘스키 교수라는 사실을 알고 놀란 가슴을 진정시켜야 했다.

"교수님, 어디를 찾으세요?"

"연구실로 돌아가려는데 길이 복잡해서 어느 쪽으로 가야 할지 잘 모르겠네요."

"제가 연구실까지 모셔다드릴까요?"

"그래주면 고맙겠어요."

이렇게 해서 말로만 듣던 그 촘스키 교수를 초면에 연구실까지 모셔다드리는 '영광'을 안게 되었다. 덕분에 촘스키라는 대大학자의 연구실 구경도 하고, 고맙다는 인사도 듣고, 가는 동안 독대하며 질문할 기회도 얻었다. 이 시대 최고의 지성을 지닌 석학에게 나는 당시 가장 관심을 두고 있었던 SNS와 사색의 상관관계에 대해 물었다.

"교수님은 SNS나 그로 인한 정보의 홍수에 대해 어떻게 생각하세요? 혹시 생각의 넓이가 느는 대신 깊이가 얕아지는 건 아닐까요? 어차피 시간은 한정되어 있는데 사색할 시간이 너무 부족해지니까요."

"저는 이메일 말고는 SNS를 하지 않아서 뭐라고 말하긴 그렇지만, 이런 생각은 들어요. 우리 때는 SNS가 없던 시대였지만 요즘 젊은 이들은 상황이 그렇지 않죠. 그런데 만약에 정보를 어떻게 가려내고 취하고 이용할지에 관한 틀, 즉 프레임워크framework에 대한 확고한 사전 교육을 받지 못한 채 범람하는 정보에 노출된다면 아주 혼란스러울 거예요. 그래서 SNS를 접하고, 정보의 홍수를 맞닥뜨리기 전에 반드시 제대로 된 프레임워크에 대한 교육이 이뤄져야 한다고 생각합니다."

"말씀 고맙습니다, 교수님! 또 뵐 수 있으면 좋겠네요."

이처럼 뜻밖에도 이 위대한 교수와의 첫 기억은 연구실로 돌아가는 길을 찾지 못해 헤매는 평범한 노인으로 각인되었다. 그리고 너무나도 편안하게 질문을 받아주고 스스럼없이 의견을 말해주는, 그런 열린 태도의 소유자였다.

MIT와 하버드에서 공부하던 3년 동안 촘스키 교수를 다섯 번 정도 만날 기회가 있었는데 두 번은 특별강연장에서, 한 번은 그룹 세미나에서, 또 한 번은 연구실에서 인터뷰를 하면서 그리고 'MIT의 보물이자 시대의 거인'인 촘스키 교수에게 헌정된 악곡 〈촘스키 모음곡the Chomsky Suite〉(촘스키 교수에게서 영감을 얻어 컴퓨터 공학자이자 작곡가인 MIT 미디어랩 '오페라 오브 더 퓨처' 그룹의 토드 매코버Tod Machover 교수가 편곡한 곡으로 촘스키와 음악의 관계, 음악이 촘스키의 삶에 미친 영향 등을 탐색했다)의 연주 초연회장에서였다. 그 몇 차례의 만남을 통해 가장 신기했던 것은, 시차를 두고 이어진 만남이었지만 그가 때와 장소를 불문하고 늘 같은 옷차림을 하고 있었다는 점이다. 하늘색 셔츠 위에 짙은 감색 스웨터. 같은 옷을 여러 벌 가지고 있는 건지, 옷차림에 신경 쓸 시간마저 아까워서인지, 마치 스티브 잡스가 그랬듯 그러나 그보다 훨씬 더 오래 전부터 촘스키 교수는 늘 동일한 (또는 거의 비슷한) 옷차림을 하고 있었다.

그리고 점차 만남을 거듭하면서, 또 인터뷰를 통해 촘스키 교수를 인간적으로 알게 되면서 나의 마음은 '신기함'에서 차츰 '연민(?)'으로 바뀌어갔다. 자세한 이유는 알 수 없지만, 또 그럴 만큼 그를 잘 안다고도 할 수 없지만, 남달리 치열하게 고민하며 세상을 살아가는 '시대의 지성'에 대한 경의와 함께 그런 뛰어난 사람이 숙명처럼 감

© Nader Daoud [Hello Photo]

“정보의 홍수에 맞닥뜨리기 전에
우리는 제대로 된 프레임워크에 대해 배워야 합니다.”

내해야 하는 '외로움'이 전해졌기 때문이다.

지적으로 완벽히 합리적인 비판

MIT를 졸업하고 하버드 연구원으로 한 학기를 보낸 후 촘스키 교수에게 이메일로 인터뷰를 요청했다. 그리고 성탄절 날 답장이 도착했다. '조교에게 연락해 약속을 잡으세요'라는 한 줄짜리 짤막한 답이었지만 학생의 이메일에 일일이 직접 답장을 해준다는 사실만으로도 놀라웠다. 그것도 성탄절 날 말이다. 비디오카메라와 녹음기를 들고 찾아간 연구실. 30분 단위로 인터뷰나 면담 약속이 줄줄이 잡혀 있는 촘스키 교수의 연구실 앞에서 기다리는 동안 조교는 한없이 밝고 따스한 웃음으로 맞아줬다. 드디어 세계가 자문을 구하는 대지성과의 인터뷰다.

MIT에서도 가장 유명하신 분을 만났습니다. 교수님의 일과는 어떻게 되나요?

"맨 처음 MIT에 왔을 때가 1955년이었는데 그때와 별로 다를 게 없습니다. 대부분 일하면서 보내죠. 우선 개인적인 일들이에요. 전에는 대부분 편지에 답장하는 것이었는데 언제부턴가 이메일로 바뀌었네요. 이메일을 읽고 답장을 하다 보면 하루 평균 대여섯 시간은 그냥 가버리는 것 같아요. 주로 밤에 그 일을 하죠. 나머지는 언어학과 철학, 인지과학 그리고 정치나 사회 참여 분야의 일을 조화롭게 하면서 글을 쓰고, 말로 전하고, 인터뷰나 강연 요청에 응하면서 보내고 있습니다. 요즘은 정치나 사회 참여와 관련된 쪽에 더 많은 시간을 쓰는 것 같네요."

학자로서 학문에 매진하는 것보다 정치나 사회 참여 쪽에 더 많은 시간을 쓰시는 이유가 있나요?

"저는 대공황 시기를 겪으며 자랐습니다. 그래서 삶의 어려움을 잘 알지요. 제 가족은 대부분 소속이 없는 노동자였고, 그러다 보니 어렸을 때부터 경제적 어려움으로 고생하는 사람들을 많이 봤어요. 공장 밖에서 시위하는 노동자들이 두들겨 맞는 걸 직접 봤고, 유럽에서 파시즘이 태동해 사회를 위협했던 그 시절을 비록 어린아이로서였지만 몸으로 경험했죠. 제가 1939년 열 살 무렵에 초등학교 4학년이 보는 신문의 칼럼에 쓴 제 맨 처음 글도(촘스키 교수는 이 신문의 독자가 자신과 어머니뿐이었다며 자신은 그 신문의 편집인이었다고 회고한다)스페인 공화국이 붕괴된 직후 파시즘의 확장과 관련된 내용이었던 걸로 기억하는데 그때부터 계속되어 온 거죠."

그때랑 지금은 시대도, 사회도 정말 많이 달라졌는데 오늘날 젊은 세대가 당면한 상황이나 과제는 어떻다고 보세요?

"우선 오늘날 젊은 세대들에겐 어마어마한 기회들이 있지요. 이전과는 비교가 안 될 정도로요. 경제적으로도 대단히 발전했잖아요. 물론 불행히도 모두가 그 혜택을 누리고 있지는 않습니다만, 많은 사람들이 경제적으로는 전보다 훨씬 더 풍요로워졌죠. 기술의 혜택은 또 어떻고요. 게다가 사회적으로도 많은 투쟁 끝에 크나큰 진보들이

© 양영은
촘스키 교수의 연구실이 있는 MIT 스타타 센터(MIT Stata Center)

이뤄졌습니다. 예전 젊은이들의 노력을 바탕으로 오늘날 젊은이들은 앞으로 나아갈 수 있는 토대를 갖게 되었죠. MIT만 봐도 그렇잖아요? 1955년 제가 처음 이곳에 왔을 때는 학생들이 항상 정장만 입었어요. 물론 백인 남성들이 대부분이었죠. 옷차림은 단순히 상징적인 의미만 갖지는 않습니다. 그 안에 관계의 변화도 담겨 있죠. 그만큼 오늘날에는 관계가 더 격의 없어졌다는 뜻이에요. 그리고 학교 내 곳곳에서 정치, 환경, 국제 문제와 관련한 동아리 활동들이 진행되고 있고요. 커리큘럼도 엄청나게 달라졌어요. 1960년대 말 소수의 학생들만이 관심을 가지고 활동했던 게 오늘날 이렇게 커졌습니다. 국가적 차원으로 봐도 마찬가지예요. 한국도 그렇죠? 나라마다 정도의 차이는 있겠지만 분명히 전과 비교해 많이 발전했고 그 과정에서 젊은이들이 큰 역할을 했죠. 1970년대에는 그런 움직임이 엘리트와 기득권층을 위협하기도 했어요. 특히 1970년대 초반에는 '민주주의가 지나친 것 아니냐'는 우려의 목소리가 나오기도 했죠. 기득권층이 원하는 민주주의는 '시민들이 수동적이고 순종적이고 조용한 것'이었으니까요. 우습죠?"

슬슬 촘스키 교수 특유의 세상에 대한 비판이 나오기 시작했다. 그리고 그의 비판은 유려한 언변에 힘입어서라기보다는 엄청나게 차근차근한, 촘촘하게 짜인 '지식'에 근거하고 있었다.

"1970년대 초반에는 정말로 국가가 지나치게 민주화되는 게 아니냐는 우려, 특히 젊은이들에 대한 걱정이 컸어요. 당시 글들을 보면 눈에 띄는 것이 학교가 학생들을 길들이지 못하고 있다는 지적이죠. 1950년대처럼 학생들을 순종적이고 수동적이고 조용하게 만들어야 하는데 그러지 못하고 있다는 거였어요. 그래서 급기야 실질적인 조치들이 시행되었는데 그중 하나가 등록금 인상이었습니다. 사실 등록금이 이렇게까지 높아야 될 하등의 이유가 없거든요. 미국과 국경을 맞대고 있는 멕시코를 보면 고등교육 시스템이 무척 잘되어 있는데 무상교육이에요. 훌륭하죠. 미국에서 등록금을 인상시키는 방법은 꽤 기술적이었습니다. 학생들이 졸업하고 사회로 나올 때 이미 5만 달러 정도의 빚이 있다고 생각해보세요. 그럼 일단 어떤 덫에 걸려 있는 거나 다름없죠. 당시 도입된 또 다른 조치는 하급 학교들에 '시험을 위한 교육'을 보급한 거예요. 즉, 독립적인 사고와 창의력 그리고 아이 저마다의 천부적 관심사에 대한 추구를 장려하는 대신 마치 해병대를 훈련시키듯 교육하는 거죠. 오늘날 그것은 '어떤 아이도 뒤처지지 않게 한다No Child Left Behind'라는 그럴듯한 구호로 포장되어 있어요. 한국도 그럴 것 같은데 학생들이 A학점을 받기 위해, 오로지 시험을 위해 공부하고 두 주쯤 지나면 몽땅 잊어버리잖아요. 그것은 결코 올바른 학습 방법이 아닙니다.

이 밖에도 미국과 다른 나라들에서 공립학교를 위협하려는 시도가 끊임없이 이뤄지고 있죠. 잘 굴러가고 있는 공공 제도를 파괴하는 가장 기본적인 기술이 뭔지 아나요? 돈줄을 끊는 거예요. 자금 지원을 중단하면 더 이상 제대로, 잘 운영될 수가 없죠. 공공으로 양질의 혜택을 볼 수 없게 되면 사람들은 불만에 가득 차서 민영화를 생각하게 돼요. 그런데 민영화가 이뤄지면 어떻게 될까요? 돈 많은 사람들에게는 좋을지 몰라도 공립학교에는 결코 좋을 수가 없어요. 그런데 미국 공립학교들에서 그런 일들이 계속 일어나고 있습니다. 갈수록 재정이 악화되고 있죠. 학급 규모는 늘고, 시설은 열악해지고, 교사들의 봉급 수준도 위협받고 있고, 그러다 보니 직업의 안정성도 보장되지 않고, 그러면서 서서히 나빠지는 거예요. 시험을 위한 교육도 상황을 더 나쁘게 만들고 있죠. 그것은 '교육'이 아니라 '일'이 늘어나는 거니까요. 그리고 교육이 갈수록 자기중심적으로 되어서 다른 사람에 대한 '배려'에는 무관심해지고 있어요."

한창 세상을 향해 던져지던 이 노老학자의 신랄한 비판과 쓴소리는 '배려'라는 따뜻한 단어로 수렴되었다. 씁쓸함이 가득 묻어났지만 결코 회의적인 비난이나 체념이 아니라 세상을 향한 따뜻한 격려이고 진심 어린 충고였던 것이다.

"저를 예로 들어볼게요. 저에게는 더 이상 학교에 갈 만한 나이의 자녀들이 없으니 제 위주로만 생각한다면 옆집 아이가 학교에 갈 수 있도록 세금을 낼 필요가 없겠죠? 그럼에도 불구하고 세금을 내겠다는 생각과 행동은 '내가 아니라 공동체를 위한다'는 개념이 있을 때만 가능해져요. 그리고 인간으로서 실은 그것이 정말 중요한 생각이자 태도죠."

촘스키 교수는 다시 비판을 이어갔다. 무책임하게 늘어놓는 푸념이 아닌, 상세한 지식에 입각한 이야기들이 어찌나 물 흐르듯 술술

이어지는지 중간에 다른 말을 꺼내기가 어려울 정도였다.

"예를 하나 더 들어볼까요? 〈뉴욕타임스〉에 이런 기사가 난 적이 있어요. 위스콘신 주에서 실직한 노동자들이 공립학교 3학년 담임 선생님들의 수입 수준에 분개했다고요. 그러면서 모두가 희생을 같이 감당해야 한다고 촉구하는 내용의 기사였는데, 상황이 왜 이렇게까지 악화되었을까요? 이렇게 된 데는 2000년대 금융 위기의 주범 가운데 한 명이라고 할 수 있는 골드만삭스 투자은행 회장 로이드 블랭크페인Lloyd Blankfein이 한 해 보너스로 1,250만 달러를 받고 자신의 기본급을 세 배나 올리면서도 어느 누구하고도 그 돈을 나누지 않아도 되는 현실들이 누적되어 있습니다. 상징적인 예를 들었지만 전 세계 인구의 1% 최상층부에는 지난 세대 동안 어마어마하게 부를 축적한 사람들이 있지요. 우연히도 아니고, 시장의 법에 의해서도 아니고, 국가의 세금과 기업 정책 때문이에요. 그렇지만 정작 이런 문제에 관심을 가지는 사람들보다 소방관이나 도서관 사서 같은 사람들의 수입이나 연금에 관심을 두는 사람들이 더 많습니다."

냉철하게 말을 이어가던 촘스키 교수는 다시 한 번 대중의 무지無知에 대해 이야기하기 시작했다.

"저를 포함해 사회적 현상의 본질에 대해 문제를 제기하고 이야기하는 사람들이 소수 있지만 일반 대중은 전혀 모르는 경우가 많아요. 그리고 미국에서는 — 대중이 제대로 된 의식을 가지고 본질을 파악했을 때 — 민주주의가 지배층의 특권을 위협할 수 있기 때문에 위험하다고 여기는 거죠. 그래서 학생들이 자유를 얻어서 독립적이 되고, 자주적으로 생각하게 되는 걸 막기 위한 시도들이 계속되는 겁니다. 하지만 그에 대항한 학생들의 투쟁이 성공했기 때문에 우리가 전보다 나은 세계에서 살고 있는 거예요. 그것들은 꽤 성과가 있었고 문명화의 수준을 높여줬습니다. 그래서 당신들이 이제 '다른 문제들'로 넘어갈 수 있게 해줬죠."

그럼 오늘날 우리가 당면한 '다른 문제들'로는 어떤 게 있을까요?

"오늘날의 도전들은 실로 엄청납니다. 예를 들면 지난 70년 동안이나 핵전쟁의 위협이 계속되어 왔잖아요. 무시무시한 일이죠. 우리는 자신의 어떤 행동들이 핵전쟁의 위험을 증가시키는지 그 인과관계를 깨닫지도 못한 채 핵전쟁이나 핵무기에 의한 위협을 키워가고 있습니다. 그리고 환경 파괴 문제도 있지요. 특히 기후 변화는 아주아주 심각한 문제입니다. 지구 상 모든 생명체의 멸종을 의미하는 것이나 다름없어요. 그런데 더 큰 문제는 그런 기후 변화를 해결할 힘을 가진 사람들이 문제의식을 갖지 못한 채 기후 변화를 제대로, 정확히 인식조차 하지 못 하고 있다는 거죠. 한 초선 하원의원은 '지구온난화는 없을 겁니다. 왜냐하면 하느님께서 그냥 놔두지 않으실 것이기 때문이죠. 하느님께서 노아에게 더 이상 홍수는 없을 거라고 말씀하셨고 그렇기 때문에 지구온난화는 문제가 되지 않을 겁니다'라고까지 말하더군요. 이런 사람들이 세계에서 가장 힘센 나라에서 권력과 결정권을 지니게 되면 세상은 무척 어려운 상황

© Ulf Andersen [Getty Image]

“이건 먼 미래의 이야기가 아니에요.
당장 당신 세대에 닥칠 문제일 수도 있고
아이들 세대의 이야기가 될 수도 있어요.”

에 처하게 됩니다. 이런 사람들은 기후 문제를 논의하고 해결하기 위해 노력하는 단체들에 대한 자금 지원을 당장 중단해버리죠. 하지만 기후 문제에 있어서 중요한 일들을 미국이 하지 않으면 아무것도 달라지거나 나아지지 않을 거예요. 세계에서 가장 부자이고 힘센 나라가 지구온난화를 부정해버리는 셈이니까요. 그 여파는 아주 엄청날 겁니다. 그리고 이건 먼 미래의 이야기가 아니에요. 당신 세대에 닥칠 문제일 수도 있고, 아이들 세대의 이야기가 될 수도 있어요. 그렇기 때문에 매우 심각한 문제입니다."

촘스키 교수는 2014년에도 이런 위험을 경고했다. 지구 상 모든 종種의 멸망을 가져올 수 있는 핵전쟁과 환경 파괴는 그가 항상 경고하는 바이다. 아울러 그런 위협들을 경감하기 위한 노력들에 대해 자금 지원이 중단되는 걸 가장 큰 문제로 지적한다. 촘스키 교수에 따르면 '어리석은 사람들'이 힘과 권력을 지니고 결정을 내리기 때문에, 그리고 그 사람들은 치열한 고민이나 충분한 근거도 없이 무조건적으로 '효율적 시장 가설'을 믿어버리기 때문에 '하느님께서 노아에게 다시는 홍수가 없을 것이라고 약속하셨으므로 지구온난화는 있을 수 없다'는 식의 터무니없는 주장들까지 나온다는 것이다.

교수님은 판단의 근거가 되는 사실이나 지식들을 어떻게 가려내시나요?

"요즘 사람들은 누구나 너무 바쁘다고 느끼죠. 하지만 좀 의아해요. 저는 젊은 이들로부터 정말 많은 이메일과 편지를 받는데 학생들이 종종 이런 내용을 보냅니다. '교수님, 내일 프랑스혁명에 관한 보고서 마감인데 너무 바빠서요. 뭘 써야 할지 교수님께서 좀 알려주실 수 있으세요?' 글쎄요, 그 친구들이 과연 얼마나 바쁠까요? 또 이런 질문들도 있어요. '제가 어디서 정보(출처source)를 얻을 수 있을까요?', '인터넷에서 교수님 인터뷰를 많이 봤는데 교수님께서 말씀하시는 정보들은 어디 가면 찾을 수 있나요?'"

그렇다. 촘스키 교수는 이런 질문을 얼마나 자주, 얼마나 많은 사람들로부터 받아봤을까? 그럼에도 불구하고 일일이 인터뷰 요청에 응하고 답장해주는 그 인내심과 성의가 정말 대단하다는 생각이 새삼 들었다. 똑같은 질문을 받고 또 받고, 똑같은 답을 하고 또 하다 보면 지겨울 만도 한데 말이다. 게다가 촘스키 교수는 올해 우리 나이로 89세이다.

"거기에는 사실 쉬운 답이 있습니다. 책을 한 권 골라서 주석을 보세요. 그럼 출처가 뭔지 다 알려줄 거예요. 하지만 사람들은 그렇게 하지를 않죠. 그저 인터넷 유튜브에 떠 있는 인터뷰를 보는 정도인데 그런 인터뷰는 당신에게 출처를 알려주지는 않습니다. 하지만 사람들은 인터넷을 서핑하느라 아주 바쁘죠. 물론 그 자체가 잘못된 것은 아닙니다. 그러나 진정으로 배우기 위한 방법은 아니지요. 예전 대공황 시기에는 사람들이 먹고살기 위해서 바빴지만 지금은 적어도 밥상에 올릴 음식을 구하기 위해 바쁜 건 아니잖아요. 다만 더 많은 기회가 있기 때문에 바쁜 거죠. 지식을 쌓기 위해, 제대로 된 판단

기준과 근거를 갖추기 위해 무엇을 할 것인가에 대한 답은 아주 분명합니다. 누구에게든, 특히 학생으로서는 너무나도 당연히 할 수 있어야 하는 그런 종류의 일이 필요하고 요구될 뿐이에요. '지금 당장 걸어서 도서관에 가라'고 이야기해주고 싶네요."

어쩌다가 이런 상황이 되었을까. 우리는 시대의 지성으로부터 "인터넷에 의존하지 말고 도서관으로 가라"라는, 너무나 기본적이고 지극히 당연한 조언을 듣고 있다. 하루가 다르게 발전하고 지식이 넘쳐나는 세상에 살면서 말이다. 그야말로 갈수록 넓이는 커지지만 깊이는 줄어드는 데 대한 우려와 같은 맥락이었다. 이런 현실이 개탄스럽고 부끄러운 마음이 들어 착잡해진 채 대화를 이어갔다.

인생은 선택이다

어떻게 하면 항상 깨어 있을 수 있을까요? 교수님은 어떻게 열정과 지성을 유지하시나요?

"제 답은 아주 평범합니다. 저도 다른 사람들과 마찬가지죠. '선택을 해야 한다'는 겁니다. 예를 들면 당신은 인터넷을 하는 데 시간을 쓸 수도 있고, 영화를 보러 갈 수도 있죠. 삶에는 순간순간 많은 옵션이 있지만 어쨌든 선택을 해야만 합니다. 지금 가장 마음이 쓰이는 게 무엇인지, 자신에게 정말로 중요한 게 무엇인지 항상 생각해야 하는 겁니다. 당신의 아이들이 이 세상을 물려받아 누리는 것이 중요합니까? 그런 건 전

어쩌다가 이런 상황이 되었을까.
우리는 이 시대의 지성으로부터
"인터넷에 의존하지 말고 도서관으로 가라"라는,
너무나 기본적이고 지극히 당연한 조언을 듣고 있다.

혀 상관하지 않는다면 그저 삶을 즐기면 되겠지요. 그게 아니라면 당신이 지금 내리는 하나하나의 결정에 대해 조금 더 신중해져야 합니다. 그리고 그런 노력을 방해하는 환경이나 도전들을 극복하도록 모두가 함께 노력해야 합니다. 우리가 살고 있는 이 세상에는 정말 심각한 문제들이 많아요. 진정 의미 있게 살고 싶다면 그 문제들을 조금이라도 해결하고 세상을 보다 나은 곳으로 만들기 위해서 자신이 할 수 있는 일을 고민해보세요. 자기의 삶을 명예롭게 사는 것만 고민하지 말고요."

몇 가지 질문을 하지도 못한 채 어느새 30분이라는 시간이 지나버려 여기에서 인터뷰를 마무리해야 했다. 미안한 마음이 가득 느껴지는 조교의 재촉에 못 이겨 연구실 밖으로 나오니 한눈에도 영세해(?) 보이는 한 인터넷 라디오 기자가 다음 순서를 기다리고 있었다. 중국계 일인 미디어라고 하는데 촘스키 교수는 연구실 밖으로까지 나와 배웅을 하면서 이렇게 말했다.

"그런데 봐요. 주류 언론은 제 말에 귀 기울이거나 다뤄주지 않아요. 그래서 찾아오는 모든 매체에 응하면서 제 이야기를 세상에 알리고 있죠."

쓸쓸한 듯 그러나 담담하게 말하는 촘스키 교수의 모습에 의아한 생각과 존경스러운 마음이 동시에 들었다. 왜 주류 언론은 그의 목소리를 담지 않는 것인지, 시대의 지성으로 추앙받는 학자가 이처럼 자신에게 찾아오는 사람들을 일일이 맞으며 이야기해야만 목소리를 들리게 할 수 있다는 현실을 이해하기 어려웠다. 그리고 이런 현실에 분개하기보단 자신에게 찾아오는 사람들을 열린 마음으로 정성껏 맞으며 세상을 향해 소통하기를 멈추지 않는 그의 태도를 더욱 우러러보게 되었다.

외롭지 않으세요?

그로부터 한 학기가 지나고 생각지 않게 촘스키 교수를 한 번 더 뵐 기회가 생겼다. 이번에는 하버드대에서 MIT까지 모셔다드리는 차 안에서였다. 나는 맨 처음 촘스키 교수를 만났을 때 그랬던 것처럼 이번에도 오랫동안 품어온, 꼭 하고 싶었던 질문을 던졌다.

"외롭지 않으세요?"

"네? 외롭지 않냐고요? ……. 글쎄요, 분명히 저는 주류 엘리트 집단에 속하지는 않습니다. 하지만 괜찮아요. 그 일원이 되고 싶지도 않으니까요. 집에 가면 매일 여기저기서 강연을 해달라는 요청과 수천 통의 메일, 편지가 쌓여 있지요. 많은 사람들이 저를 직접 만나 이야기를 듣고 싶어 하지만 극히 일부밖에 수용하지 못하고 있어요. 한국에도 한번도 못 갔죠. 개인적인 이야기를 했습니다만 글쎄요, 외로운 것 같지는 않은데요."

"그럼 하나만 더 여쭤볼게요. 우리는 일반적인 통념을 의심해볼

줄 아는 태도를 가져야 할까요?"

"그건 순전히 자기 자신의 선택이죠. 우리에겐 생각할 자유가 있잖아요. 우리는 자유로운 사회에서 자유롭게 사고하고 행동할 수 있습니다."

비록 촘스키 교수는 스스로 외롭지 않다고 말했지만 차에서 내려 연구실로 들어가는 뒷모습에선 뭐라 말할 수 없는 쓸쓸함이 묻어나는 것 같았다. 나만의 착각이었을까. 어쩌면 구순九旬을 바라보는 나이 때문일 수도 있고, 주류 엘리트 집단으로부터 떨어져서 다른 목소리를 내고 있기 때문일지도 모른다. 아니 어쩌면 그러면서도 말하는 것을 멈추지 않고 있기 때문인지도 모른다. 촘스키 교수는 그 나이에도, 자신이 응대하는 매체가 아무리 미미한 영향력을 지녔을지라도 더 나은 세상을 위해 꿋꿋이 소신을 밝히고 있으니 분명 그것이 '지성인으로서의 실천'이라고 믿고 있는 것이리라.

이웃집 할아버지와의 정담처럼 두런두런 편안한 분위기였지만 탄탄한 지성을 근거로 세상의 불합리함을 조목조목 지적하고 비판함으로써 사람들에게 경종을 울리고, 그러면서도 열린 마음으로 자신에 대한 비판마저 보듬어 안는 촘스키 교수. 그 여유로운 모습은 진정한 대가다웠다. 그러면서도 '강남스타일 MIT 캠퍼스 편'에서 "오빤 촘스키 스타일!"을 외치며 우정 출연한 그 익살스러움은 〈촘스키 모음곡〉이 헌정될 때, 연주하던 실내악단 사이에 앉아 음악에 얽힌 추억을 이야기하고 자신은 악기를 잘 다룰 줄 모른다며 허점을 있는 그대로 드러내 학생들에게 웃음을 선사하던 바로 그 넉넉한 모습과 같았다.

학자로서 세상을 더 나은 곳으로 만들기 위해, 아니 세상이 더 나빠지지 않도록 하기 위해, 절박하게 느껴질 정도로 지식에 기초한 합리적인 비판을 하는 데 여념이 없고 그로 인한 외로움조차 마다하지 않지만, 일상에서는 열린 마음과 웃음으로 자신을 찾는 누구든 따뜻하게 맞아주는 진정한 지성인이자 실천가 촘스키 교수……. 다섯 차례의 만남을 통해 깨달은 인간 촘스키의 모습이었다.

Noam Chomsky _노엄 촘스키

노엄 촘스키는 유대계 러시아 이민자 2세로 1928년 미국에서 태어났다. 펜실베이니아대학교에서 학부(언어학, 철학, 수학 전공)와 대학원을 다녔고 1955년 언어학으로 박사 학위를 받았다. 1951년부터 1955년까지는 하버드대 주니어 펠로 장학생으로 있으면서 학위 과정을 마쳤다. 박사 학위를 받은 해 MIT에 합류, 1961년 언어학과 교수로 임용되었고 1976년에 MIT 교수로서는 최고 직위이자 명예인 인스티튜트 프로페서(Institute Professor, MIT 전체에서 12명 이하로 임명되는 최고의 교수직. 강의나 논문 같은 모든 의무에서 벗어나 마음대로 연구하고 가르칠 수 있도록 최대한의 자유가 보장된다)에 추대되었다. 이 시대 최고의 언어학자인 촘스키는 철학과 인지과학, 역사, 시사, 국제 문제와 정치, 미국의 외교정책 등과 관련해서도 해박한 지식을 가지고 있으며 이를 바탕으로 미국의 베트남전쟁, 강대국의 횡포, 신자유주의를 강하게 비판하는 목소리를 내면서 '실천하는 지성', '행동하는 진보적 지식인'의 대명사로 통한다. 《촘스키, 사상의 향연》, 《그들에게 국민은 없다》, 《지식인의 책무》 등 100권이 넘는 저술 활동과 강연 역시 활발하게 해오고 있다.

© 양영은

원칙

Principle

Clayton Christensen

클레이튼 크리스텐슨

하버드 경영대학원 교수

100%보다 98%가 더 어려운 이유

어떠한 삶을 살 것인가?

"당장 눈앞의 성과보다는 눈에 보이진 않지만
더 중요한 것에 관심을 가졌으면 한다."

○
○
○

사람들은 대개 98%를 달성하는 것보다 100%를 달성하는 게 훨씬 어려울 거라고 생각한다. 뭔가 미진한 듯 아쉬운 상태나 상황을 표현하는 "2%가 부족하다"는 말도 괜히 나오지는 않았을 것이다. "다 좋은데 뭔지 모르게 2%가 부족해"라는 그 마지막 2% 말이다. 이렇게 사람들은 완벽을 기한다는 것, 완벽해진다는 게 얼마나 어려운지 강조하곤 한다. 하지만 크리스텐슨 교수는 오히려 100%가 98%보다 훨씬 더 쉽다고 말한다. '2%만' 부족한 건 현실에선 더 일어나기 힘들다는 논리이다. 50%라면 몰라도……. 이 말이 선뜻 이해되지 않는다면 그의 이야기에 조금 더 귀를 기울여보자.

크리스텐슨 교수의 강의는 MBA 졸업을 앞두고 마지막 학기에

MIT 경영대학원 학생회 초청 특강 형식으로 이뤄졌다. 경영학계에서 워낙 널리 알려져 있는 대가guru의 수업을 듣게 되어 설레는 마음을 가득 안고 들어간 강의실. 그런데 연단에 선 그의 모습은 한눈에 보기에도 무척 안쓰러웠다. 오랜 투병 생활로 머리카락은 없었고, 마르고 큰 키에, 피부는 거칠었으며, 두 시간에 걸쳐 열변을 토하던 끝부분에 가서는 목소리가 잘 나오지 않아 자꾸만 침을 삼켰다. 그렇게 건강이 좋지 않은 상황이었음에도 불구하고 크리스텐슨 교수는 전부터 학생들과 한 약속을 지키기 위해 약해질 대로 약해진 몸을 이끌고 강단에 선 것이다. 게다가 '파괴적 혁신disruptive innovation' 등 경영학 이론과 사례를 설명한 후 맨 마지막 15분 동안 펼친 강의는, 모든 학생들이 기립 박수를 쳤을 만큼 감동을 주는, 마음을 울리는 가르침이었다.

마음을 울린 마지막 15분 강의

"자, 경영학과 관련된 강의는 이만하고 마지막 남은 시간은 졸업을 앞둔 여러분에게 제 이야기를 들려주는 데 쓰도록 하죠. 지금까지 여러분에게 설명한 저의 이론과 경험을 바탕으로 경영학 지식을 제 개인 이야기에 적용해보겠다는 뜻입니다. 놀랐죠?"

크리스텐슨 교수가 던진 질문 세 가지의 내용은 이러했다.

나는 어떻게

1. 직업인으로서(일로써) 행복하고 성공할 수 있었으며
2. 감옥에 가지 않고(스스로에게 떳떳하게) 살 수 있었으며
3. 무엇보다 가족으로 인해 행복할 수 있는가?

"첫 번째 물음에 대해 저는 여러분에게 자신이 하고 싶은 가장 이상적인 일에 대해 숙고해볼 것을 권합니다. 자기가 어떤 사람인지, 자기가 원하는 게 뭔지, 어떨 때 행복하고 보람을 느끼는지 등을 먼저 파악하고, 자기가 생각하는 일이나 직업이 그런 것들을 만족시켜주는지 찬찬히 파악해보라는 말입니다. 저는 예전에 잠자리에 들기 전 매일 밤 11시부터 12시까지 한 시간 동안 기도하고 사색하는 시간을 가졌던 시기가 있었습니다. 그리고 매일 밤 스스로에게 계속해서 이런 물음을 던졌습니다. '나는 왜 이 세상에 태어났을까? 내 삶의 목적은 무엇일까?' 그렇게 저 자신의 삶의 목적에 대해 끊임없이 질문하고 답을 구했습니다. 그런 시간을 어느 정도 가지니 삶에서 제가 우선시 해야 할 것들을 알겠더군요. 그래서 저는 여러분에게 졸업하기 전에, 다시 사회로 돌아가기 전에 꼭 그런 시간을 가질 것을 권합니다. 비단 졸업을 앞둔 학생들뿐 아니라 인생의 전환점에 서 있는 많은 사람들에게도 통용될 수 있을 겁니다.

지나고 보니 저는 컨설팅 회사에서 중간 관리자로서 일할 때가 가장 이상적인 직업을 가졌던 때인 것 같습니다. 저는 다른 사람들이 성과를 내고 커리어를 쌓아가는 걸 보면서 저 스스로도 성취감과 보람을 느끼고 행복해하는 사람이기 때문이죠. 그래서 지금도 '그때가

참 좋았구나!'라는 생각을 자주 합니다.

두 번째로 말하고자 하는 것은 제가 어떻게 감옥에 가지 않고 무사(?)할 수 있었는지에 대한 답입니다."

우리는 모두 이 대목에서 그가 왜 이런 특이한 질문을 던졌으며 어떤 답이 나올까 궁금해하며 기다렸다. 크리스텐슨 교수는 하버드 MBA 재학 시절 친구들 이야기로 그 질문에 대한 답을 시작했다.

"제가 MBA 과정을 밟고 있을 때 같이 학교를 다녔던 두 급우의 이야기를 하겠습니다. 한 명은 후에 하원 의원이 된 아주 똑똑한 친구였고, 다른 한 명은 여러분도 잘 아는 엔론Enron 사를 이끌었던 친구입니다. 그 둘은 나중에 감옥신세를 지게 되었지만 — 정계에 진출한 친구는 16세 자원봉사자와 불륜을 저질러서, 엔론 사 임원을 지낸 친구는 부정으로 — 학생 때는 모두 다 착하고 좋은 사람들이었습니다. 감옥에 갈 정도로 성품이 이상한 사람들이 아닌 '보통 사람들'이었다는 거죠. 그래서 저는 여러분에게 '100%보다 98%가 훨씬 더 어렵다'는 이야기를 하고 싶습니다.

왜 100%보다 98%가 더 어려울까요? 여러분이 보다시피 저는 키가 무척 큽니다(크리스텐슨 교수는 2미터가 넘는 장신이다). 그러다 보니 어려서부터 가장 잘, 또 자주 할 수 있는 스포츠가 농구였죠. 그런데 저는 열여섯 살 때 하느님과 약속을 했습니다. 주일에는 절대 농구를 하지 않기로 말이죠. 저는 옥스퍼드대에서도 농구팀에 들었는데 한번은 저희 팀이 어느 대회의 결승전까지 올라가게 되었죠. 그런데 그

경기가 하필 일요일에 치러지게 된 거예요. 저는 팀원들에게 '일요일에는 농구를 하지 않는다'라고 했습니다. 그러자 그들의 반응은 어땠을까요? '무슨 소리냐? 결승전인데 이번 한 번만 예외로 하자. 그러고 나서 고해성사를 하면 되지 않겠냐?'라는 것이었습니다.

엎친 데 덮친 격으로 하필이면 저랑 같은 포지션을 맡고 있던 친구가 연습 중 잘못 넘어지는 바람에 정말 제가 아니면 그 자리가 텅 비는 상황이 되었습니다. 유혹은 더 심해졌죠. 팀원들의 간곡한 부탁으로 한참을 고민하다 자기 전에 기도를 하려고 앉았습니다. '주님, 이번 한 번만 예외로 하면 안 될까요? 딱 한 번인데…….' 그랬더니 곧 깨달음이 오더군요. '넌 이미 답을 알고 있으면서 왜 기도를 하려고 하느냐.' 그래서 '나는 도저히 못 뛰겠다'라고 이야기했습니다. 경기 결과는 어땠느냐고요? 다행히 저희 팀은 저의 참가 여부와 상관없이 우승을 했습니다. 그래서 저는 결국 팀에 별로 중요한 사람이 아니었던 것으로 판명이 났죠, 하하! 이런 일은 이 한 번뿐이 아니었습니다.

컨설팅 회사에서 일할 때도 비슷한 갈등이 있었어요. 중요한 프레젠테이션이 월요일에 잡혔었죠. 그래서 팀장이 전날인 일요일에 전체 미팅을 잡았습니다. 역시 '주일은 하느님께 드렸다'라면서 못 나오겠다고 하니까 막 화를 낸 후 나가버리더군요. 그래서 '저 자신과의 약속이자 철칙입니다. 받아들이면 여기서 일하고 아니면 더는 일을 못 합니다'라고 했더니 그럼 토요일에 하자고 바꿔줬습니다. 그런데 토요일은 가족과 함께하기로 아내와 약속을 한 상태여서 또 안 된다고 했습니다. 그는 엄청 황당해했죠. 하지만 결국 그 미팅을 금요일로 옮겨줬습니다.

이렇게 애초에, 아예 타협을 하지 않으면 '저 사람은 그런가 보다' 하고 으레 주변에서도 존중해주고 결국은 협조해줍니다. 그렇지만 찔끔찔끔 상황에 따라 타협을 하면 '에이, 왜 그래. 저번에도 그랬잖아. 그러니까 이번 한 번만.' 이러면서 협조를 잘 안 해주지요. 이것이 100%보다 98%가 더 어려운 이유입니다.

퇴근 시간도 마찬가지입니다. '조금만 더, 조금만 더' 이러면서 계속 퇴근을 미루다 보면 결국은 아내로부터 의지박약이라는 비아냥만 듣게 되지요. 제가 그랬습니다. 그래서 저는 이런 사태를 아예 근원부터 봉쇄하기 위해 '나는 꼭 몇 시에 통근 기차를 타야만 한다'고 회사에 선언한 적도 있습니다. '이번 한 번만'의 유혹을 피하기 위해 제도적인 방책을 마련한 거죠.

사람들은 대개 '이번 한 번만'의 한계비용은 적고 그걸 통해 얻을 수 있는 이익은 크다고 생각합니다. 하지만 사실은 그 반대입니다. 한계비용은 엄청나게 크고 이익은 정말 적죠. 뭐든지 '처음 한 번이 어렵다'는 건 여러분도 잘 알지 않나요. 범죄를 저지르는 것도 마찬가지죠. 그래서 우리는 '이번 한 번만, 한 번쯤은 괜찮겠지'라는 유혹을 피하기 위해 스스로 나만의 원칙을 정하고, 그것을 절대 어기지 말아야 합니다. 그럴 수 있도록 스스로 또는 신과 약속하십시오. 그리고 어떤 상황에서든 100% 지켜내십시오. 그렇게 하지 않으면 '이번 한 번만'의 유혹으로 어느새 선을 넘게 되기 쉽습니다."

여기저기서 탄성이 터져 나왔다. 나에게도 진한 깨달음이 왔다.

'아, 그런 뜻이었구나! 한 번 무너지면 와장창 무너져서 50%가 되기 쉽지, 한 번 또는 두 번만 무너져 98%가 된다는 건 있을 수 없는 일이구나…….' 곰곰 생각해보면 '딱 한 번만'을 말한 적은 많지만 정말 '딱 한 번'이었던 적이 얼마나 되는가. 대개의 경우 딱 한 번은 금세 두 번이 되고, 세 번이 되어버린다. 그 결과 우리는 자신도 모르는 사이에 그동안 어렵게 지켜왔던 삶에서, 꿈꾸던 미래에서 멀어지게 된다.

"마지막으로 가족과 관련된 이야기를 하겠습니다. 저는 아내와 결혼한 지 30년이 넘었는데, 지금까지 제 인생에서 가장 보람 있었고 지금까지도 행복을 주는 것이 '가족들과의 친밀함'이라고 말할 수 있습니다.

사람들은 흔히 시간을 투자하면 성과나 보상이 바로바로 눈에 보이는 커리어 같은 쪽에 더 많은 시간과 에너지를 쏟으려고 합니다. 그런데 아이들이나 아내 같은 경우는 어떻습니까? 아무리 아이들에게 시간을 투자해도 갈수록 말도 잘 안 듣고, 배우자도 내 뜻대로 되지 않죠. 이러니 가족들에 대한 투자가 마치 밑 빠진 독에 물 붓는 것처럼 느껴지고 자꾸 소홀히 하게 됩니다. 하지만 가족들에 대한 투자야말로 인생에서 가장 소중하고 값진 것입니다.

요즘 사람들이 이혼을 많이 하는 이유가 무엇인지 아나요? 자기를 기쁘게 해줄 사람을 배우자라는 자리에 고용하기 때문입니다. 결혼이란 반대로, 자신을 희생해 행복하게 해줄 수 있는 사람을 배우자로 맞겠다는 마음가짐으로 해야 하는데 말이죠. 저도 아내와 힘든

"지금까지 제 인생에서 가장 보람 있었고
지금도 행복을 주는 것이 '가족들과의 친밀함'입니다."

시기가 있었습니다. 가장 힘들었을 때가 '왜 저 사람이 나를 행복하게 해주지 않고 이렇게 더 피곤하게 하나?'라는 생각이 들었을 때였죠. 그러다 '어떻게 하면 내가 저 사람을 더 행복하게 해줄 수 있을까?' 하고 마음을 바꿔먹으니 점차 관계가 나아지더군요. 이처럼 여러분은 기꺼이 자신을 희생해서 행복하게 만들어주고 싶은 사람, 그런 사람을 배우자로 '고용'하십시오. 다시 강조하지만, 결혼할 배우자를 고를 때 내가 희생할 수 있는 사람을 고르세요. 그리고 사회로 다시 나가기 전에 자신의 인생의 목적이 무엇인지 숙고하고 찾아낼 시간을 꼭 가지길 바랍니다. 이것이 제가 여러분에게 반드시 전하고 싶은 메시지입니다.

여러분, 저는 비록 암과 싸우고 있지만 스스로 축복받은 사람이라고 생각합니다. 하느님의 은총이 여러분과 함께하기를, 그리고 여러분 모두가 성공한 삶을 살게 되기를 진심으로 바랍니다."

그러고는 역시 유머를 잃지 않았다.

"제 이번 강의는 여러분들이 MBA에서 배우는 여느 강의들과 많이 다르다는 걸 잘 알고 있습니다. 하지만 종신교수의 장점 가운데 하나가 아무 얘기나 마음대로 해도 잘릴 위험이 없다는 거죠, 하하!"

MBA 과정을 밟으면서 '최고경영자의 관점CEO perspective'이라는 유명 기업 리더들의 강연 수업이나 학장 초청 연사 특강Dean's Innovative Speakers Series 같은 자리에서 제너럴 일렉트릭GE의 최고경영자 제프리 이멜트Jeffrey Immelt나 당시 포드자동차 최고경영자였던 앨런 머랠리Alan Mulally 등 경영 대가들을 만나며 느꼈던 공통점이 그들은 하나같이 여유 있고 유머러스하다는 점이었다. 청중들을 무장해제시키는 무언가가 있었는데, 그것은 어쩌면 인간적인 매력일지도 모르겠다. 크리스텐슨 교수도 그런 강연자였다. 하지만 그는 혼신의 힘을 다해 강연을 마친 후에는 마음이 많이 약해졌는지 스스로를 축복받은 사람이라 말하면서 끝내 울먹였다.

크리스텐슨 교수는 누구든 힘든 시기를 겪고 있다면, 그래서 이야기를 들어줄 사람이 필요하다면 기꺼이 자신의 귀를 빌려주겠노라고 했다. '이런 대가가 어쩌면 이렇게 겸허하고 진실되며 열린 마음일 수 있을까…….' 나는 감탄하며 서둘러 뒤따라가 잠깐 얘기를 나눌 수 있을지 물었다. 그러자 언제든 연구실로 찾아오라는 답변이 돌아왔다. 한국에서 왔다고 짤막한 자기소개를 했더니 진심으로 반가워하며 "제가 아직도 한국말을 합니다"라고 천천히, 그러나 또박또박 말하는 게 아닌가. 또 한 번 얼마나 놀랐던지……. 크리스텐슨 교수는 연락하고 찾아오라며 명함을 건네줬고 그렇게 인터뷰 기회가 생겼다.

얼마 지나지 않아 명함의 주소로 이메일을 보냈는데 비서로부터 뜻밖의 답변이 돌아왔다. 크리스텐슨 교수의 건강이 급격히 나빠져 당분간은 모든 일정을 보류해야 할 것 같다는 내용이었다. 정말 아쉬웠지만 진심으로 그의 쾌유를 빌며, 케임브리지를 떠나기 전에 꼭 다시 만날 수 있기를 소망했다. 그리고 하버드 국제문제연구소 연구원fellow으로 일 년 더 체류하게 되면서 그 꿈은 실현되었다. 하버드

생활이 끝날 무렵, 크리스텐슨 교수의 건강이 많이 좋아져 학교로 복귀했다는 소식을 듣고 일 년 전 만나기로 했던 학생이라고 이메일을 보냈더니 곧바로 여러 개의 날짜 옵션이 포함된 답장이 왔다.

:

어떻게 살아야 하는가?

화려한 바닥의 모자이크 장식과 하얗고 밝은 내부가 인상적인 하버드 경영대학원 교수 연구동. 면담 약속이 밀려 한 시간 가까이를 크리스텐슨 교수의 연구실 밖에서 기다려야 했다. 크리스텐슨 교수는 손님을 마중 또는 배웅하러 중간중간 연구실 밖으로 나올 때마다 미안하다며 진심 어린 양해를 구했다. 그런 그의 모습에서 일 년 전 봤던 겸손함과 진정성이 가득 담긴 됨됨이를 기억해낼 수 있었다.

마침내 인터뷰를 시작하면서 건강한 모습으로 다시 만날 수 있어 다행이라고 인사를 건넸더니 "그렇긴 하지만 이번 건강 악화로 한국말을 거의 다 잊어버렸다"라는 뜻밖의 답변이 돌아왔다. '정말 많이 아프셨구나!' 안타까운 마음이 들었다. 그리고 그런 마음이 들수록 '주어진 인터뷰 시간을 최선을 다해 의미 있게 써야겠다'는 마음이 커졌다. 일 년 전 그는 졸업을 앞둔 학생들에게 일터로 되돌아가 정신없이 바빠지기 전에 반드시 '자신이 이 세상에 태어난 목적에 대해 생각하는 시간'을 가지라고 권고했었다. 인터뷰는 거기에서 다시 시작되었다.

당신의 경우는 그 '목적을 찾는 여정'이 어땠나요?

"제 경우는 간절히 기도하고 구하면서 그런 생각의 시간 속에서 스스로 어떤 사람이 되고 싶은지가 점점 더 분명해졌습니다. 반면 인생에서 차지할 자리나 지위는 점점 덜 중요해졌죠. 사실 인생에서 어떤 자리나 지위에 오르게 될지는 거의 예측이 불가능해요. 삶은 당신에게 '주어지는' 것이고 따라서 당신 삶의 목적이 '어떤 자리를 탐하는' 데 있다면 그것이 이뤄지지 않을 경우 좌절할 가능성이 매우 높죠.

하지만 삶의 목적이 '어떤 사람이 되고자 하는가'에 초점이 맞춰진다면 비록 상황은 계속 바뀔지언정 당신의 목표는 변하지 않을 수 있습니다. 제 경우도 삶의 목적이 마치 횃불과도 같이 항상 변함이 없었죠. 인생에서 맞닥뜨리는 상황과 자리들은 늘 변했어도 말입니다. 제가 어떤 사람이 되고 싶은지를 어떻게 정의 내릴 수 있었는지는 모르겠어요. 하지만 저는 하느님의 존재를 신실로 믿고, 따라서 인간으로서 제 목표가 하느님과 가장 가까운 사람이 되는 것이라고 생각할 수 있는 데 감사하고 있습니다."

원래 독실한 모르몬교 신자라는 건 알고 있었지만 그의 말에서 진심과 힘이 느껴졌다. 그래서 신앙에 대해서도 물었다.

그 말씀은 자기 자신과 하느님 앞에 떳떳한 사람이 된다는 뜻인가요?

"그렇습니다. 제 삶의 끝에서 하느님과 인터뷰를 하게 될 그 순간에 저는 하느님이 저에게 원하신 바를 이뤘기를 바랍니다. 그리고 그것은 삶에서 제가 어떤 지위를 차지했었는지와는 아무 상관이 없다고 생각합니다.

저는 매일 아침 성경을 읽고 '하느님이 나를 이 세상에 내신 이유가 무엇일까'를 상기하려 노력합니다. 그리고 기도합니다. '제가 만나는 누구하고나 아무리 짧은 순간의 만남이라고 할지라도 저를 통해 발산되는 하느님의 사랑을 상대가 느낄 수 있게 해주세요'라고요. 그런 목적의식들을 마음에 새기며 하루를 시작하죠."

그의 종교적 신념에 대해 더 궁금했지만 그 이야기를 시작하면 끝도 없을 것 같아서 아쉽지만 화제를 돌렸다. 인터뷰 도중에도 비서가 계속 들어와 주어진 시간이 20분이라고 상기시키는 환경의 영향도 컸다. 그래서 나는 크리스텐슨 교수가 자주 이야기하는 리더십에 대한 질문으로 대화를 이어갔다.

현대 사회에서 지도자의 덕목이나 자질은 무엇이라고 생각하시나요?

"저는 리더십의 기술에 대해서는 할 말이 많지 않습니다. 하지만 리더십이 어떤 것이어야 하는가에 대해선 하고 싶은 이야기가 많지요. 저는 그 사람 자체로서 영감을 불어넣어 줄 수 있는 그런 리더들을 바랍니다. 그래서 기꺼이 믿고 따를 수 있는 사람 말이에요. 그런 리더들은 자신이 어디로 향하고 있는지 알고 있기 때문에 추종자들이 걱정 없이 믿고 따를 수 있습니다. 사람들의 사고방식을 조종해서 리더가 되려는 사람들은 대개 자신의 인간성 자체로 사람을 이끄는 리더보다 훨씬 영향력이 적습니다."

젊은 시절 몇 년을 보냈고, 특별히 사랑한다고 표현하셨던 한국 사람들에게 남기고 싶은 말씀이 있나요?

"저는 1971년부터 1973년까지 만 2년 동안 모르몬교 선교사로 한국에 갔습니다. 그 경험은 제 마음을 근본적으로 바꿔놓았죠. 저는 특히 한국이 가난했을 때 거기서 살 기회가 있었다는 걸 늘 감사하게 생각하고 있습니다. 그때의 경험을 통해 '부유함이 행복을 가져다주지는 않는다'는 사실을 분명히 알게 되었기 때문이죠. 그 깨달음은 이후에도 제 삶의 가이드가 되었고 그래서 저는 단 한 번도 부자가 되고 싶다고 생각해본 적이 없습니다. 물론 저는 하느님께로부터 많은 축복을 받았고 그 축복들을 나누려 노력하고 있지만요.

제가 행복을 느끼는 건 그렇게 제가 받은 것들을 나눌 때입니다. 1970년대 초 한국은 정말 어려웠어요. 미국에서는 당연한 것들이 한국에는 없었죠. 그러나 사람은 일반적으로 무언가를 위해서 희생하고 봉사함으로써 그 대상에 더더욱 헌신하게 되고, 남은 인생 동안에도 특별한 애정을 지니게 됩니다. 해병대원들을 보세요. 정말로 힘든 일을 해내면서 죽을 만큼 힘든 과정을 거치고 나면 비로소 '한 번 해병은 영원한 해병'이 되지 않나요? 그만큼 자신을 바쳐 헌신하고 희생했기 때문이에요. 그런 이유로 저도 한국에 대한 사랑이 더 각별한 것 같습니다. 당시 만난 모든 한국인들을 어떻게든 돕기 위해 최선을 다해야 했던 감사한 '기회'였으니까요."

© claytonchristensen.com
1970년대 한국에서 봉사하던 클레이튼 크리스텐슨

이 말을 듣자 고마운 마음과 함께 '위기를 기회로 만든다'는 말이 생각났다. 그래서 마지막으로 크리스텐슨 교수의 병마病魔에 대해서 물었다.

지난 3년 동안 심장마비, 뇌졸중, 암 등을 모두 겪으셨습니다. 가족들은 병마가 당신을 바꿔놓은 건 아무것도 없다고 하던데 그 힘든 상황을 어떻게 이겨내고 계신가요?

"아주 좋은 질문이네요. 조금 전에도 이야기했지만 저는 한국에서의 경험과 그 때의 깨달음을 미국에 돌아오고 나서 제 삶에 적용시키려고 항상 노력했습니다. '언제나 남들을 돕는 방식으로 살자'는 것 말이에요. 하지만 제 건강 문제가 계속 복잡해지고 어려워지면서 저 자신에 대해서 더 많이 생각하게 되었고 솔직히 '왜 이런 일들이 나한테 일어나는 걸까?' 고민도 많이 했습니다. 그런데 더 많은 시간과 에너지를 저 자신과 제 문제에 쓰면 쓸수록 덜 행복해지더라고요. 그래서 생전 처음으로 우울증이라는 것도 겪게 되었습니다. 그러다가 어느 순간 아주 바보 같은 단순한 통찰을 하나 얻게 되었습니다. 즉, 하느님은 우리를 세상에 내려 보내시면서 '자, 세상에 가서 스스로 문제가 있는 사람들은 자기 자신을 위해 살고 아무런 문제가 없는 사람들만 남들을 생각하고 돌보며 살아라!' 이렇게 말씀하시지는 않았다는 거죠. 다만 하느님은 '자, 너희들은 누구나 세상에 가면 문제를 갖게 될 터인데 나는 그것이 얼마나 어렵고 큰 문제든 너희들이 자신의 삶을 남들이 더 좋은 사람이 되도록 돕는 데 쓸 수 있길 바란다'고 말씀하셨습니다. 그걸 깨닫고 나자 하느님은 누구는 문제 있는 사람으로 살고 누구는 그렇지 않도록 다른 종류의 사람들을 창조하신 게 아니라는 생각이 들었습니다. 그러자 '내가 스스로에 대해 얼마나 불쌍하다고 느끼는지는 중요하지 않다. 다른 사람들이 더 좋은 사람이 되고, 더 나은 인생을 살 수 있도록 도울 수만 있다면 나는 더 행복한 사람이 될 수 있을 것이다'라는 확신이 들었죠. 그렇게 해서 저에게 다시 행복이 찾아왔습니다. 대개 사람들은 더 잘나갈수록 자기 자신의 문제에 집착하게 되는데 그 결과 더욱 허무해지고 불행해지는 경우를 종종 봅니다. 그리고 그런 공허감과 불행함 때문에 진정한 행복을 가려낼 수 없게 되기도 하죠.

마지막으로 중요한 발견을 하나 나눠볼까요. 사실 저는 기회가 닿아 가끔씩 한국에 돌아가게 될 때마다 한국 사람들의 얼굴과 마음에서 40여 년 전에 제가 보고 느꼈던 행복을 찾아보는데 안타깝게도 그런 모습을 발견하지 못하겠습니다. 솔직히 걱정도 많이 돼요. 제 생각에는 그동안 한국이 잘살게 되면서 사람들로 하여금 자신의 부에 더욱 집중하고 집착하게 했고, 또 지위에 대해서도 더 많이 신경

"삶의 목적이 '어떤 사람이 되고자 하는가'에 초점이 맞춰진다면
비록 상황이 바뀔지언정 당신의 목표는 변하지 않을 수 있습니다."

쓰게 만든 것 같아요. 그런데 그런 건 모두 이기적인 것들로서 불행의 원천이 되기도 합니다."

안타까웠다. 40여 년 전 그토록 못 먹고 가난했던 시절보다도 덜 행복해 보이는 모습이라니……. 나는 비록 그 시기를 살아보지 못해서 뭐라고 할 이야기는 없었지만 당시 한국의 모습을 아직까지도 생생하게 기억하고 소중한 추억으로 간직하고 있는 한 외국인 앞에서 딱히 변명할 말도 생각나지 않았다. 그리고 그 말이 맞을 것 같았다. 한국에서 계속 사는 사람이 아니라 띄엄띄엄 한국에 와서 간헐적으로 변화상을 느끼는 사람이므로 오히려 그 변화는 더 확연히 다가올 것이었다. 약속했던 20분이 금세 지나버려 아쉬운 마음을 잔뜩 안고 나오는 나의 등 뒤로 크리스텐슨 교수의 애정 어린 걱정이 느껴지는 듯했다.

크리스텐슨 교수는 부와 성공, 지위와 명예를 다 가졌지만 앞서 이야기한 것처럼 스스로 그것들을 좇지 않았다. '자신의 문제에만 집중하기보다 타인의 삶을 더 낫게 만들기 위해 진심으로 나누고 봉사하자'는 삶의 철칙을 지켰을 뿐이다. 그의 홈페이지에 가면 자기소개 다음에 신념에 대한 소개가 있다. 그리고 '나는 왜 이 세상에 태어났으며 신앙을 가졌는가'에 관한 장문의 글이 있다(여기에 크리스텐슨 교수의 한국 생활 당시 사진도 실려 있다). 이 글에서도 크리스텐슨 교수는 다른 사람들이 삶을 더 헌신적으로 살도록 하며 목적을 가지고 살아갈 수 있도록 도와준다는 원칙을 밝히고 있다. 그리고 그 결과 오늘날 많은 사람들이 그에게 다가가 스스럼없이 도움을 청하거나, 조언을 구하거나, 또는 그가 부여해준 영감과 동기 그리고 아이디어에 사의謝意를 표하고자 그를 찾는다.

스스로에게 떳떳한 자신의 원칙을 세우고 그 약속을 100% 지키기 위해 단 한 번의 예외도 없이 철저하고 치열하게 노력하는 삶, 무엇이 삶에서 가장 중요한 것인지 분간할 수 있는 지혜, 병마라는 어려움에도 불구하고 품위를 지키며 스스로 축복받았다고 말할 수 있는 자세. 진정한 행복이 어떤 건지 크리스텐슨 교수를 통해 느껴볼 수 있었다.

Clayton Christensen _클레이튼 크리스텐슨

클레이튼 크리스텐슨은 '경영학계의 아인슈타인'이라 불리며 세계적인 영향력을 지닌 경영학자로 하버드 경영대학원 교수이다. 특히 요즘 주목받고 있는 성장과 혁신 분야의 대가로 그가 가르치는 '성공하는 기업을 만들고 유지하는 법'은 최고 인기 강좌이다. 1992년 하버드 경영대학원 박사 학위를 받은 동시에 교수로 임용되었다. 그 전에는 전략 컨설팅 회사에서 일했고 MIT 교수들과 전자 통신 부품업체를 세워 경영하기도 했으며 이노베이션 컨설팅 회사 등을 공동 창업하고 경영하기도 했다. 저서 《혁신기업의 딜레마》 등을 통해 '파괴적 혁신'이라는 새로운 이론을 선보였고 새로운 시장을 창출해내는 그의 경영 전략과 통찰력은 많은 기업가와 사상가들에게 깊은 영향과 영감을 주고 있다. 오랜 시간 암과 싸워왔으며, 투병 과정을 바탕으로 《당신의 인생을 어떻게 평가할 것인가》라는 책을 출간했다. 1971년부터 1973년까지 선교사로 한국에 와서 지냈던 그는 '구창선'이라는 우리말 이름도 갖고 있다. 《혁신기업의 딜레마》 외에도 《미래 기업의 조건》, 《성장과 혁신》 등 여러 베스트셀러의 공저자이기도 하다.

© 양영은

용기

Genuine Courage

Lynn Chang

린 창

보스턴 컨서버토리 교수 | 바이올리니스트

'대의' 앞에서 위험을 감수하다

위대한 예술은 어떻게 만들어지는가?

"진정 원하는 것을 이루려면
불확실성을 기꺼이 인내할 수 있는 열정이 있어야 한다."

○
○
○

창 교수를 알게 된 건 순전히 우연이었고 행운이었다. 뉴잉글랜드 컨서버토리와 보스턴 컨서버토리, 버클리 음대 같은 유수의 음악대학들이 있고 보스턴 심포니 오케스트라와 보스턴 팝스 오케스트라, 탱글우드 페스티벌 등 계절마다 각종 공연이 열리는, 미국에서도 이름난 '음악도시' 보스턴. 그런 곳에서 공부를 하던 나는 지인으로부터 부탁을 받아 국내의 한 예술 전문 매체에 음악과 관련한 기고를 하게 되었다. '보스턴, 그것도 하버드에 왔으니 세계적인 첼리스트 요요마 Yo-Yo Ma, 馬友友를 인터뷰해야겠다'라는 생각으로 처음에는 기회가 있을 때마다 방법을 수소문하고 다녔다. 그러던 중 세미나에서 우연히 옆자리에 앉았던 학생이 요요마의 절친인 린 창 교수에게 연락을 해보라고 권했고 그의 도움으로 창 교수와 연결이 되었다. 그러는 과정에서 나는 창 교수의 특별한 사연에 대해서도 알게 되었다.

:

"언어가 끝나는 곳에서 음악은 시작된다."

해마다 12월 10일이면 북유럽 노르웨이의 수도 오슬로에서는 노벨 평화상 시상식이 열린다. 흥미로운 것은 그해의 노벨 평화상 수상자에게는 시상식장에서 자신이 듣고 싶은 음악(음악가)을 지정할 수 있는 특권이 주어진다. 이러한 전통에 따라 지난 2010년 노벨 평화상 시상식장에서는 가슴 뭉클한 한 편의 드라마가 펼쳐졌다. 감옥에 갇혀 있어서 시상식에 참석할 수 없는 중국의 인권 운동가 류샤오보Liu Xiaobo, 劉曉波를 대신해 중국계 미국인 바이올리니스트 린 창이 중국 민요 〈모리화Jasmine Flower, 茉莉花〉를 연주한 것이다. 류샤오보가 앉아 있어야 할 의자가 텅 비어 있는 가운데 시상식장을 가득 채우는 바이올린 소리에 청중들은 모두 숙연해졌다.

당시 노벨위원회 위원장은 이렇게 연설했다.

"아이작 뉴턴은 생전에 '내가 더 멀리 볼 수 있다면 그것은 거인의 어깨 위에 올라서 있기 때문이다'라고 말한 적이 있습니다. 우리가 미래를 내다볼 수 있는 것은, 지난 긴 세월 동안 때로는 위험을 무릅쓰고라도 신념을 지키기 위해 일어서서 우리에게 자유를 이끌어낸 수많은 사람들의 어깨 위에 서 있기 때문일 겁니다. 많은 사람들이 돈을 세면서 눈앞의 이익만을 좇거나 무관심으로 일관할 때 노르웨이 노벨위원회는 다시금 우리 모두를 위해 싸워준 이를 지지하기로 결정했습니다. 류샤오보의 2010년 노벨 평화상 수상을 축하합니다. 그의 시각이야말로 결국에는 중국을 굳건히 다질 것입니다."

연설을 마치고 위원장은 메달과 상장을 빈 의자에 놓았다. 그리고 곧이어 창 교수의 연주가 시작되었는데 창 교수는 그 순간을 이렇게 회상했다.

"북받치는 순간이었습니다. 모두가 숙연해졌죠. 메달이 빈 의자에 놓여진 직후 제가 연주를 시작했는데, 그랬기 때문에 어떤 의미에서는 제가 류샤오보를 대신해 연주한 셈이었어요. 무대에서 〈모리화〉 연주가 시작되자 천여 명의 관중 속에 자리한 백여 명의 중국인들은 하나같이 눈물을 흘리기 시작했습니다. 마치 뉴욕 필하모니 오케스트라가 평양에 갔을 때 마지막 순서로 〈아리랑〉이 연주되자 북한 사람들이 울기 시작하는 모습을 보는 것 같은 느낌이었죠."

창 교수는 당시 어떤 마음으로 연주했는지도 들려줬다.

"그때 무대에서는 연주를 최대한 아름답게, 잘해야겠다는 생각밖엔 없었어요. 그리고 기쁨과 슬픔을 동시에 표현하고 싶었죠. 누군가 있어야 할 사람이 그 자리에 없다는 깊고 슬픈 부재감과 그에 대한 안타까움, 아쉬움……. 같은 곡이라도 다른 방식으로 연주될 수 있기

2010년 노벨 평화상 시상식에서 연주하는 린 창

때문에 류샤오보의 자리에 노벨상 메달이 놓인 직후 모두가 느낀 그 감정을 음악으로 표현해내는 게 중요했습니다. '언어가 끝나는 곳에서 음악은 시작된다Where words end, music begins'라는 유명한 말이 현실이 되는 순간이었어요. 그래서 위원장의 연설이 끝나자마자 저는 그의 생각을 계속 이어서 아름답게 마무리하기 위해 최선을 다했습니다."

위험을 감수한 용기 있는 결정의 이유

어떻게 노벨 평화상 시상식장에서 연주를 하시게 되었나요?

"아시다시피 류샤오보는 1989년 중국 톈안먼 민주화 운동에 참여했고 2008년 공산당 일당체제 종식을 요구한 '08헌장' 서명을 주도했다가 구금된 후, 2009년 국가전복선동 혐의로 징역 11년형을 선고받고 복역 중입니다. 그래서 노벨위원회는 당시 류샤오보의 수상 소식을 그의 아내 류샤에게 전했고(그때까지만 해도 류샤는 자유의 몸이었다), 그녀에게 남편이 시상식에 참석할 수 있는지와 함께 시상식장에서 어떤 음악이 연주되길 원하는지 물어봐 달라고 했죠. 류샤는 남편에게 면회를 가 수상 소식을 전했고 류샤오보는 눈물을 흘리며 '톈안먼 민주화 운동에서 희생된 영혼들에게 노벨 평화상을 바치겠다'라고 말했답니다. 그런 뜻에서 류샤오보는 시상식장에서 중국 어린이들이 중국 민요를 불렀으면 좋겠다고 — 왜냐하면 아이들이 곧 미래니까 — 그리고 미래가 밝아지길 바란다고 덧붙였다는군요."

그런데 왜 창 교수가 그 자리에 서게 되었을까?

"그 전언이 있은 후 류샤와도 연락이 끊겼답니다. 다행히 직전에 그녀는 류샤오보의 한 친구에게 자신들은 비록 시상식에 참석할 수 없지만 수상이 잘 진행될 수 있도록 해외에 있는 친구들과 동료들을 모아달라고 했는데 바로 그 친구와 간접적으로 연락이 닿았던 겁니다. 당초 그는 류샤오보의 바람대로 외국에 있는 중국인 어린이 합창단을 모아보려 했지만 중국 정부의 반대가 워낙 심해 부모들의 염려로 쉽지 않았죠. '중국에 돌아갈 때 불이익을 받거나 아예 입국을 거부당할지 모른다'는 이유에서였어요. 그런 상황에서 우연히 옛 은사분이 저에게 연락을 취해 의사를 물어오셨습니다. 저는 하루만 생각할 시간을 달라고 한 뒤 지인들에게 전화를 걸어 중국의 현 상황과 제가 개인적으로 잃을 것들을 헤아려봤어요. 부모님과도 상의했는데 제가 친척들이 있는 중국에 다시는 못 가게 될까 봐 걱정하셨죠. 하지만 저는 그 친척들과 그리 가까운 사이도 아니었고 설사 불이익이 있다 하더라도 저 자신에게만 해당될 것이기에 부모님을 설득했습니다. 하버드의 지인들도 중국에서 서서히 일어나고 있는 변화의 움직임에 대해 이야기해줬고요. 류샤오보가 CNN에 나와 '정치적인 변화 없이 중국에서 더 이상 경제 발전은 있을 수 없다'라고 역설한 이후 중국 내에서도 그의 생각에 공감하는 식자층이 점차 늘어가고, 그들은 류샤오보의 수상 소식을 조용히 반기고 있다는 것도 알게 되었습니다. 그래서 승낙하게 되었죠."

중국 정부로부터 압력은 없었나요?

"당시 중국 정부는 제가 시상식장에서 연주하게 된다면 '시간 낭비일 것'이라는 입장을 밝힌 것으로 압니다. 하지만 하버드 차이나 센터의 윌리엄 커비William Kirby 소장을 비롯한 제 주변의 지인들은 하나같이 '당신의 연주로 (중국이) 변화할 가망이 있으니 (오슬로에) 가라'고 권했어요. 그리고 역사를 바꾸는 데 일조할 수도 있겠다는 생각이 제 마음을 움직였습니다. 물론 어쩌면 앞으로는 중국에서 콘서트도 열 수 없고 학생들을 가르칠 수 없을지도 모른다는 것도 감안했습니다. 뿐만 아니라 극단적으로는 미국에서 가르치고 있는 중국인 학생들마저도 중국 정부의 반대로 가르칠 수 없게 될지 모른다고 생각했어요. 그래서 학교 측의 견해도 구했습니다. 그랬더니 '당연히 하셔야죠. 그것이 훨씬 더 중요한 일입니다. 만약 중국과 문제가 생긴다면 우리가 알아서 해결하겠습니다'라는 반응이었습니다."

중국 정부와 정면으로 맞서는 상황이었는데 두려움은 없었나요?

"물론 두려웠죠. 하지만 그보다는 제가 하려고 하는 일이 훨씬 더 의미가 있을 거라는 확신을 가지는 데 집중했습니다. 제가 그 자리에서 연주함으로써 중국이 조금이라도 변화할 가능성이 있다면 해보자고 생각했어요. 그리고 그런 태도야말로 음악가, 아니 예술가가 추구해야 할 것이라고 생각했습니다. 저는 언제나 학생들에게 '위험을 감수하는 것이 얼마나 중요한 일인지'에 대해 이야기하곤 합니다. 모든 위대한 예술가는 위험을 감수할 줄 알아야 한다고 말이죠. 용기를 내고 대담한 결정도 내릴 줄 알아야 합니다. 예술적

"모든 위대한 예술가는
위험을 감수할 줄 알아야 합니다.
즉, 용기를 내고 대담한 결정도
내릴 줄 알아야 합니다."

인 위험은 항상, 당연히 감수해야 하지요. 베토벤을 보세요. 처음에는 스승을 따라서 작곡했지만 점차 자기만의 새로운 스타일을 시도하기 시작했어요. 위험을 감수했던 거죠. 당대 사람들은 그의 음악이 이상해진다고 힐난했지만 그는 시대를 앞서 갔고 결과적으로 예술을 더욱 발전시켰습니다. 저는 작곡가는 아니지만 교육자이자 연주가로서 기꺼이 위험을 감수해야 한다고 생각합니다. 그래서 예상되는 위험을 고려한 끝에 그리고 친구들과 지인들의 일관된 격려에 힘입어 마침내 아내와 함께 오슬로행 비행기에 올랐습니다."

어떤 곡들을 연주하셨고, 선곡에는 어떤 생각이 반영되었나요?

"시상식에서는 정확히 8분의 연주 시간이 주어졌어요. 전 세계에 생중계되기 때문에 시간 엄수는 아주 중요했습니다. 노벨 평화상 시상식에서 음악의 비중은 매우 큰데 오바마 대통령이 수상했을 때는 에스페란자 스팔딩Esperanza Spalding이라는 흑인 여가수가 노래했었고, 2005년 이집트의 민주화 운동가 모하메드 엘바라데이Mohamed ElBaradei가 상을 받았을 때는 첼리스트 요요마가 연주했습니다. 2010년에는 원래 중국 어린이들의 합창을 듣고 싶어 했던 류샤오보의 뜻에 따라 대신 노르웨이 어린이 합창단이 노르웨이 민요를 부르며 대미를 장식했죠. 저는 중간쯤 연주를 했는데 주어진 8분 동안 중국 민요 두 곡과 엘가Edward Elgar의 〈사랑의 인사Salut d'Amour〉를 연주했습니다. 방대한 조사 끝에 〈모리화〉를 찾았는데 혹시나 그 노래가 정치적으로 민감하게 해석되지는 않을지 중국 친구들에게 사전 확인 작업도 거쳤습니다. 다행히 그럴 염려는 없다는 확인을 받은 후 그 곡으로 확정했고 다른 민요는 좀 더 생동감이 느껴지는 〈채운추월Colorful Clouds Chasing the Moon, 彩雲追月〉이라는 곡으로 골랐습니다.

그리고 〈사랑의 인사〉는 엘가가 사랑하는 여인을 위해 쓴 곡인데, 류샤오보가 수감 직전 마지막으로 법정에서 말할 기회가 주어졌을 때 '나는 아무도 미워하지 않는다I have no enemies'라고 말한 것과 맥이 닿는다고 생각해 골랐습니다. 그는 또 자신의 용기 있는 행동은 아내 류샤의 헌신적인 사랑이 없었으면 불가능했을 것이라고 덧붙였어요. 그것은 믿기 어려울 정도의 사랑이고 '제가 살아 있는 것도 다 당신 덕분입니다'라는 아내를 향한 절절한 사랑의 메시지였습니다. 그래서 류샤오보와 류샤 부부에게 헌정하는 뜻으로도 그 곡을 연주했죠."

연주를 하시면서는 무슨 생각이 들었나요?

"그때서야 알았습니다. '이렇게 중국 사람들의 마음을 울리는구나, 그들의 마음이 열리고 있구나.' 물론 식장 안에 있는 사람들 대부분은 해외에서 활동 중인 중국의 반체제 인사들이었지만요(류샤오보의 노벨상 수상 소식이 발표되자마자 중국 정부는 중국 내 인권 운동가들의 출국을 금지했다). 그리고 얼마 후에 중동에서 민주화 시위가 연달아 일어났고 중국에서도 비슷한 움직임이 있었습니다. 누군가가 인터넷 블로그에 '중국도 재스민 혁명을 해야 한다'고 올렸고 저는 '재스민'이라는 단어가 제가 노벨 평화상 시상식장에서 연주했던 〈모리화(재스민)〉와 결코 무관하지 않다고 생각했습니다. 비록 그런 움직임은 얼마 가지 않아 중국 공안당국에 의해 진압되었

© Heiko Junge [Hello Photo]
노벨 평화상 시상식이 열리는 오슬로 시청사

지만 홍콩의 한 일간지는 이런 연관성을 기사로 크게 다루기도 했어요. 덕분에 〈모리화〉가 250년이라는 긴 역사를 지닌 노래이며 황제들이 불렀고 푸치니Giacomo Puccini도 오페라에 빌려 썼을 뿐 아니라 1997년 홍콩의 중국 반환 때도 불렸다는 사실 등이 재조명되었습니다. 중국에서는 국가만큼 널리 불리는 곡이어서 베이징 올림픽 때도 주요 행사 때 연주되곤 했어요. 하지만 제가 노벨 평화상 시상식장에서 연주하고, 중국에서 '재스민 혁명' 움직임이 있은 후로는 금지곡이 되었다고 해요. 불과 몇 년 전까지만 해도 대규모 오케스트라에 의해 널리 연주되었던 곡이 한 인권 운동가의 부재를 대신해 바이올린 솔로로, 마치 장례식에서와 같이 연주되고 난 후에는 — 실제로 시상식장에선 기쁨과 슬픔이 교차했습니다. 류샤오보가 상을 탄 건 기쁜 일이었지만 그가 그곳에 있을 수 없다는 건 너무도 슬펐기 때문입니다 — 금기가 되어버린 겁니다. 중국 정부는 폭동이나 반정부 시위 같은 만일의 사태를 우려해 〈모리화〉와 관련된 것은 모조리 금지했습니다. 그 후 후진타오 주석이 미국에 왔을 때도 〈모리화〉는 단 한 번도 연주되지 않았죠. 이전에는 후 주석의 애창곡이어서 그가 가는 곳마다 연주되곤 했는데 말이에요. 놀랍지 않나요? 그래서 저는 제가 한 일이 무언가 영향력을 미치고 있다는 게 뿌듯했고 궁극적으로 긍정적인 영향이 되기를 바라고 있습니다."

불확실성을 인내할 수 있는 열정

당신만의 음악 철학이 궁금합니다.

"한국이나 유럽은 제도적으로 어렸을 때 진로를 결정하는 구조이기 때문에 음악을 공부하는 학생들도 일찌감치 전공을 정하는 경우가 많습니다. 하지만 미국에서는 어렸을 때 될 수 있으면 많은 것들을 경험하도록 장려해요. 젊을 때는 무엇을 해도 좋다는 식이죠. 만약 독서를 좋아하고 문학에 관심이 있다면 대학을 문과로 가서 음악을 복수 전공할 수도 있습니다. 제 부모님은 두 분 모두 의사라서 저도 대를 이어 의사가 되기를 바라셨어요. 그래서 줄리아드에서 공부한 뒤 하버드대학교에 입학했습니다(린 창, 요요마와 함께 하버드에서 학창 시절 트리오로 유명했던 피아니스트 리처드 코건Richard Kogan은 복수 전공을 마치고 결국 의사가 되었다). 학부 2학년 때까지는 의예과 과목을 많이 들었는데 3학년 때 음악을 전공하기로 마음을 바꿨어요. 저는 그래서 음악을 전공하려는 학생들에게 언제나 '다른 할 일이 마땅치 않기 때문에 음악을 전공해서는 절대 안 된다'고 말합니다. 그러면 성공하기 힘들기 때문이에요. 음악을 전공하려면 고생을 감내하면서 처절하게 투쟁할 각오가 되어 있어야 합니다. 그리고 무엇보다 불확실성을 인내할 수 있는 열정이 뒷

© lynnchangviolin.com
요요마와 린 창 그리고 리처드 코건

받침되어야 합니다. 그래서 원래는 물리를 전공하려고 하버드대에 온 학생들이 중간에 바이올린으로 전공을 바꾸는 일도 일어나는 거죠. 그런 친구들은 처음에는 뒤처졌다고 느낄지 모르지만 금세 따라잡습니다."

나의 지식과 지혜를 모두 흡수해 나를 넘어서라

당신이 학생들의 보석 같은 재능을 이끌어내는 방법, 그리고 그들에게 전할 조언을 들려주실 수 있을까요?

"보스턴에는 수많은 저명한 음악대학들이 있고 그런 만큼 제가 가르치는 학생들의 자질과 재능 또한 뛰어납니다. 저는 학생 개개인의 독자적인 재능을 키워주면서도 생각할 거리를 주어 스스로 실력을 향상시키는 데 교육의 초점을 맞추고 있습니다. 선생으로서 단순히 일방적으로 가르침을 주려고 하기보다는 그들의 멘토나 코치가 되어주려 하죠. 궁극적으로는 한 명의 독립적인 음악가로 성장할 수 있도록 자생 능력을 키울 수 있게 기다리면서 도와주는 겁니다. 이렇게 해서 '그 학생이 발휘할 수 있는 최선과 최고'를 이끌어냅니다."

이런 그의 철학은 유학 생활을 통해 내가 직접 경험한 미국의 보편적인 교육 이념과도 맞닿아 있었다. 즉, 학생 개개인이 지닌 각기 다른 장점과 잠재력을 파악하고 그것을 최대한 발휘할 수 있도록 최선을 다해 이끌어주는 것. 창 교수는 그런 측면에서 학생들에게 녹

음된 음악을 들려주고 그대로 따라서 흉내 내게 하는 교육 방식을 비판하면서 한국 학생들에게도 '좀 더 상상력을 더해서 생각하라'고 조언했다. 개념에 대한 이해가 선행되어야 하지만, 스승과 자유롭게 토론하며 창의와 혁신을 길러내는 교육 또한 중요하다는 것이다. 학생들에게 일련의 기본 원칙들을 가르쳐주지만 궁극적으로는 그 원칙들을 깨고 넘어서도록 이끌어주는 것, 그래서 한 명의 독립적이고 독창적인 예술가로서 창조에 기여하게 하는 것만이 우수한 학생들이 지닌 끝 모를 잠재력을 최대한 끌어내는 비결이라는 말이다.

Lynn Chang _린 창

바이올리니스트 린 창은 중국계 미국인(교포 2세)으로 미국 보스턴 컨서버토리, 보스턴대학교, MIT, 뉴잉글랜드 컨서버토리 등에서 학생들을 가르치고 있다. 세계 최고 권위의 파가니니 국제 콩쿠르 우승자이며 솔로와 실내악 연주자, 교육자로 활발하게 활동 중이다. 하버드 동문인 첼리스트 요요마와 절친한 친구이며 국제적인 오케스트라와 수많은 협연을 했다. 2010년 노벨 평화상 수상자로 지명된 중국의 반체제 인권 운동가 류샤오보를 위해 노르웨이 오슬로 시상식장에서 연주한 일은 예술계에서 용기 있는 행동으로 깊은 인상을 남겼다. 아버지의 뒤를 이어 바이올리니스트가 된 두 자녀와 소아과 의사인 아내와 미국 매사추세츠 주 보스턴 근교 뉴턴에 살고 있다.

© Larry Busacca [Getty Image]

자유로운 열정

Inner Passion

Jeannie Suk
석지영
하버드 로스쿨 교수

삶에는 한 가지 길만 있는 것이 아니다

매일 아침 설레는 마음으로 일어나는 비결은?

"풍요로운 삶은 자신이 살아 있음을 느끼게 하는 일을 할 때 실현된다.
그리고 그것은 깊숙한 내면으로부터 솟아나는 열정에서 시작된다."

석지영 교수를 알게 된 건 바이올리니스트 린 창 교수를 통해서였다. 2010년 노벨 평화상 시상식 축하 연주와 관련해 인터뷰를 요청했을 때 창 교수는 수락 메일을 보내면서 친절하게도 하버드대에서 만남을 추천하고 싶은 두 명의 한국계 교수들도 소개해줬다.《디퍼런트》를 집필한 경영대학원의 문영미 교수와 법학대학원 석지영 교수가 그들이었다. 창 교수는 언젠가 함께 연주할 기회가 있었다며 특히 석지영 교수의 피아노 실력이 아주 인상 깊었다고 귀띔했다.

그때까지만 해도 국내에 널리 알려지지 않았던 석지영 교수는 이후 '아시아계 여성 최초의 하버드 법대 종신교수'로 국내 매스컴을 통해 여러 번 소개되면서 단시간에 한국에서도 유명 인사가 되었다. 그리고 2013년 《내가 보고 싶었던 세계》를 출간하면서 한국과 더욱 깊은 인연을 맺게 되었다. "어릴 때 한국을 떠나온 제가 한국과 다시 이렇게 인연이 닿을 줄은 몰랐어요"라는 그의 말처

© Mattew J. Lee
린 창과 석지영의 협연 모습

럼 의도치 않게 한국에서도 유명해지면서, 하버드 로스쿨 연구실에서 한 첫 인터뷰 이후에도 귀국한 뒤 두 번이나 더 그를 인터뷰할 기회가 있었다. 그러한 인연의 이어짐을 통해 법학자로서 리더십에 관한 생각, 예술교육이 인생에 미친 영향, 부모님의 교육 방식, 그리고 그를 아직까지도 눈물짓게 하는 '가지 않은 길'에 대한 개인적인 이야기까지 허심탄회하게 들을 수 있었다. 석지영 교수와의 대화는 '진정한 엘리트와의 소통이란 이런 것이구나' 하는 깨달음을 줄 만큼 언제나 살아 있고, 진솔했고, 무엇보다 순수했다.

삶에는 한 가지 길만 있는 것이 아니다

하버드, 그곳에서도 가장 뛰어난 수재들이 모인다는 로스쿨의 촉망받는 젊은 교수를 만나게 되자 하고 싶은 이야기들이 너무나 많았지만 우선 나에게 제일 깊은 인상을 주었던 석지영 교수 개인의 이야기부터 시작했다.

어릴 때 발레리나가 꿈이었지만 이루지 못한 '아픔'이 있다고 들었습니다.

"신기하네요. 한국 사람들을 만나면 하나같이 제 어린 시절 발레리나 꿈 이야기에 특히 관심을 보여요. 저야 저 자신의 이야기니까 그렇지만, 한국 분들은 왜 그런지 정말 궁금한데 설명 좀 해주실 수 있나요?"

뜻밖의 되물음에 조금은 당황했지만 이내 나 역시 왜 그 이야기에 관심이 갔는지 찬찬히 생각해냈다.

"로버트 프로스트Robert Frost의 〈가지 않은 길The Road Not Taken〉이라는 시를 아시죠? 아마 남들보다 월등히 탁월하다고 생각되는 당신과도 그런 점에서 공감할 수 있다고 생각되어서 그렇지 않을까요?"

"그런가요? 솔직히 말하면 저는 요즘도 발레 공연을 보러 갈 때마다 마치 온몸과 마음이 흠뻑 빠져드는 것 같은 느낌을 받아요. 다른 데서는 찾기 힘든 느낌이기도 하죠. 동시에 발레리나로서의 길을 가지 못한 데 대한 미련과 슬픔마저 느끼고요. '나는 왜 이 세계에 속하지 못하고 아웃사이더가 되었을까' 하는 한탄이랄까요. 발레 예술계의 일원이 될 수 없다는 게 아직도 슬프고 많이 아파요. 대신 이 경험으로부터 몇 가지 인생의 교훈을 얻었어요. 저에게는 발레를 하면서 그렇게 무엇인가에 몰입하고 끊임없이 노력할 수 있었다는 게 일종의 바람직한 모델과도 같았어요. 그만큼 발레에 열정을 느꼈고 진정한 배움의 세계에 빠져들어 투자했죠. 기분이 나쁠 때나 몸이 좋지 않을 때나 심지어는 내키지 않을 때조차 연습에 매진했거든요. 그렇게 저를 계속 갈고닦게 하는 '내면의 열정inner fire'이 있었어요. 그리고 10대 때의 그 경험이 이후에도 계속 남아 일상에서 발레가 아닌 다른 일을 할 때에도 그런 몰입과 추구가 가능했죠. 무언가에 푹 빠졌을 땐 매일같이 그 일을 했고 그런 몰입과 매료됨이 어떤 타협도 없이 순전하게 일어났어요. 편차도 없이 늘 일관성 있게요.

그러는 가운데 제가 얻은 또 하나의 귀중한 교훈은 삶에는 한 가지 길만 있는 게 아니라는 깨달음이에요. 발레를 그만둬야 했을 때 상실감이 정말 컸고 그 상실감으로 인해 지금까지도 마음이 아파요. 하지만 인생은 숙명 지어진 어떤 한 가지만을 찾아가는 과정이 아니라는 걸 알게 되었죠. 우리에게는 성취감과 기쁨을 줄 수 있는 충분히 많은 다른 선택들이 있어요. 한 가지를 잃었다고 해서 다시는 사랑할 수 없다거나 살 수 없다는 걸 의미하지는 않습니다. 인간이란 무척이나 회복 가능하고, 탄력적이고, 유연한 존재예요. 그래서 자신을 얼마든지 재창조할 수 있는 능력을 지니고 있죠. 저는 발레리나의 꿈을 포기하면서 이런 깨달음을 얻었고 그런 재생의 개념이 제 삶을 지탱해주는 원동력이 되고 있어요. 40대를 지나 50대가 되고 해를 거듭할수록 계속 저 자신을 재발견하고 재생시켜서 항상 스스로 새로워지고 있다는 것을 느끼면서 살고 싶습니다."

그런데 그토록 사랑하는 발레를 왜 포기해야만 하셨나요?

"아메리칸 발레 학교와 줄리아드 음대 예비학교에 3년간 다녔어요. 두 학교는 뉴욕 맨해튼의 같은 건물에 있었는데 저처럼 두 학교를 동시에 다니던 아이들이 몇 명 있었죠. 열세 살에 발레 학교에 입학했는데 일반 학교와 병행하는 건 일정상 도저히 불가능했습니다. 줄리아드 시절엔 대부분 혼자서 연습하니까 시간 조정이 가능했지만 발레 학교는 그렇지 않았어요. 그래서 일반 고등학교를 다닐 수 없는 상황이 되자 부모님과의 논의 끝에 결국 발레리나의 꿈을 접을 수밖에 없었죠. 하지만 아직도 뉴욕시티발레단 공연을 볼 때면 이따금 도중에 눈물을 주체하지 못할 정도로 '못다 이룬 꿈'에 대한 미련을 극복하지 못했어요. 어린 시절의 그런 경험들은 극복하는 게 아닌 것 같아요. 그냥 지니고 살아가면서 그걸 원동력 삼아 다른 무언가를 할 뿐……. 아직도 아쉬움이 많이 남아 있어요."

'아시아계 여성 최초의 하버드 법대 종신교수'라며 우리나라에서는 '엄친딸'로 불리는, 모두의 선망을 받고 있는 그가 아닌가. 그런 사람의 대답으로는 정말 뜻밖의 이야기였다. 이루지 못한 어린 시절의 꿈 때문에 아직도 눈물을 훔친다니……. 아이같이 순수한 그 모습에 마음이 열리면서 한편으로는 그를 위로하고 싶은 생각이 들었다. 그리고 그 아픔이 공감되었기에 아주 조심스럽게 다시 물었다.

하버드 법대 교수로 성공한 지금, 다시 그때로 돌아간다면 다른 선택을 하실 건가요?

"예, 그럴 것 같아요. 다른 선택을 할 거예요. 발레의 꿈을 그렇게 쉽게 놓아버리지 않고, 조금 더 추구해보려 노력하고, 포기하지 않고 더 적극적으로 펼쳐볼 겁니다. 발레의 꿈을 접고 나서 그 열정과 에너지를 다른 활동들에 쏟아부었지만 그래도 아직 미련이 남아 있어요. 하지만 그렇다고 해서

'비극'이라고 생각하진 않아요. 그런 경험은 많은 사람들이 겪는 아픔이죠. 누구나 어릴 적 꿈꾸던 대로 살 수 있는 건 아니잖아요?"

그렇다. 특히 한국에서는 대학 진학을 위해 좋아하던 피아노를 그만두는 등 예술적 재능을 접어두는 경우가 많은 편이지 않은가.

그러한 청소년기의 예술적 경험이 이후 당신에게 어떤 영향을 미쳤나요?

"발레 무용수로서의 경험 그리고 악기를 다루면서 받은 음악적 훈련이 제 인성 전체를 형성했고 일을 대하는 방식에도 큰 영향을 끼쳤어요. 지금 법대 교수 일도 그래요. 교수라는 직업을 살펴보면 많은 부분이 대중 앞에서의 연주나 연기와 상통하거든요. 단순히 지식을 전달하는 게 아니라 책이나 사람 안에 내재되어 있는 '법적으로 사고하는 방식'을 학생들 앞에서 '연기'하는 거예요. 그것도 80명에서 100명이라는 많은 사람들 앞에서요. 따라서 학생들의 주목을 끌어야 함은 말할 것도 없는데 그럴 때 무대에서 긴장을 극복했던 경험들이 큰 도움이 됩니다. 그리고 교수로서 강단에 서다 보면 피아노 연주자로 무대에 섰을 때는 도달할 수 없었던 경지에 있다고 느낄 때가 있는데 그럴 때는 더 큰 만족을 느끼죠."

언젠가 피아노를 전공하고 기자가 된 동료로부터도 이런 말을 들은 적이 있다. 음악을 배우며 자신을 단련하고 극기克己했던 경험이 공부나 다른 분야에 매진할 때도 엄청난 몰입 효과를 내어 큰 도움이 되었다는 것이다.

어떻게 하면 진정으로 하고 싶은 일을 찾을 수 있을까요?

"조언이 될지는 모르겠지만 제 경험을 나눌 수는 있을 것 같아요. 저는 제 아이들이 정말 자신들이 좋아하는 일을 찾으면 좋겠어요. 그리고 가능하면 일찍, 어릴 때 그런 경험을 할 수 있다면 좋겠습니다. 저처럼요. 설사 그 일을 평생 하게 되지는 않는다 하더라도 무언가 사랑할 수 있는 일을 할 때의 그 느낌, 그 기분을 아는 게 중요하죠. 그래서 아침에 일어날 때 어떤 목적purpose을 가지고 하루를 시작할 수 있고 그 목적이 순전히 즐길 수 있는, 스스로에게 기쁨과 설렘과 즐거움을 주는 것이면 좋겠어요. 그런 감정을 한번 느끼게 된다면 이후 그것이 그의 삶에서 가장 중요한 것들을 형성해갈 거예요. 열정, 흥미, 관심, 호기심, 할 수 있고 이룰 수 있다는 자신감과 믿음. 그리고 그런 것들은 내면의 열정에 의해 더욱더 극대화됩니다. 물론 외부로부터의 칭찬도 어느 정도는 역할을 하지만요. 저는 아이들이 그렇게 스스로 좋아하는 일을 할 때 느껴지는 만족감과 성취감을 아는 사람으로 크길 바라고 있어요. 제 경우에는 피아노를 연주하고 점점 실력이 나아지는 걸 느끼면서 그런 감정을 경험했죠. 발레에서도 글쓰기에서도 마찬가지였고요. 책을 완성했을 때 느끼는 성취감도 물론 중요하지만 그보다 책을 쓰는 과정에서 느끼는 희열, 다시 말해 작업에 몰두하고 하루하루 발전하면서 느끼는 기쁨이 제가 경험한 최고의 행복이었어요. 모든 사람이 살면서 그런 경험을 하고 그런 경지에 이르는 것 같

ⓒ Larry Busacca [Getty Image]
WICT 리더십 컨퍼런스에 패널로 참석한 석지영 교수

지는 않아요. 어릴 때 주변 사람들이 이끌어주고 도와줘야만 가능하죠. 일찍 그렇게 습관이 들면 일종의 '경지'를 추구하게 됩니다."

역시 깊이 공감되는 말이었다. 무언가 정말 원하는 일이 있어서 설레는 마음으로 잠에서 깨어 하루를 시작해본 경험이 있을 것이다. 평소에는 이불에서 나오는 것만큼 어려운 일이 없지만 정말 좋아하는 일과 곧 마주할 예정이라면 그마저도 신이 난다. 그리고 그런 경험을 한번 해보면 그때의 그 비할 수 없는 행복감을 다시 느끼고 싶어서 또 무언가 그 정도로 '진짜 원하는 일'을 찾게 된다. 그것은 '대충'이라는 건 없고 '최선'만 있는, 또 그러기 위해서 계속 열심히 찾고 노력하는 일종의 '선순환 구조'를 이룬다.

그리고 석지영 교수는 그런 일이 이 세상에 단 하나뿐일 것이라고는 생각하지 않는다고 단언했다. 그는 지금 하고 있는 일이 천직이라고 생각하는지 묻자 이렇게 답했다.

"그건 잘 모르겠어요. 그냥 좋아하니까 천직이라고 생각해요. 제가 좋아하는, 가르치는 일과 글 쓰는 일을 직업으로 삼고 있다는 것만으로도 아주 운이 좋다고 느껴요. 하지만 다른 직업을 가졌더라도 그것이 창조적인 일이라면 만족했을 것 같아요.

애초에 '천직'이라는 게 있는지도 잘 모르겠어요. '내 천직은 이거다'라고 단정해버리는 건 어쩌면 엄청 피곤한 일일 거예요. 마치 '나는 이 세상에 단 하나뿐인 완벽한 나의 반려자를 만나서 꼭 그 사람과 결혼해야지' 하는 생각과 마찬가지기 때문이죠. 세상은 넓고, 설사 그런 상대가 존재한다고 해도 만나지 못할지도 모르잖아요? 저는 그런 사고방식에는 동의하지 않습니다. 살면서 스스로 어떤 자질이나 능력을 계발하다 보면 나중에 그 에너지를 쓸 수 있는, 거기에 맞는 일이나 활동들이 여럿 있어서 우리가 선택할 수 있는 게 아닐까요."

리더십은 지속적인 교류이다

실제로 석지영 교수는 두 자녀를 키우는 엄마, 하버드 법대생들을 가르치는 교수, 그리고 아마추어 피아니스트 등 다양한 역할을 훌륭하게 해내고 있다.

당신에게 요구되는 많은 역할들을 어떻게 다 잘 소화할 수 있으신 거죠?

"저에게도 하루는 다른 사람들과 똑같이 24시간이고 잠도 자야 하죠. 그래서 이걸 어떻게 다 잘해낼 수 있을까 하는 것은 언제나 큰 도전입니다. 쉬운 답은 모르겠어요. 어떻게 하면 만족스러운 커리어를 가지면서도 삶의 다른 부분들을 놓치지 않을 수 있는지……. 그런데 분명한 한 가지는 예술과 관련된 과거의 학습 경험이 아주 큰 도움이 된다는 점이에요. '아름다움'이 무엇인지 알기 때문에, 즉 '아름다움'이라는 그 느낌을 갖는다는 게 어떤 건지 알기 때문이죠. 물론 어떻게 하면 '아름다움'을 발견할 수 있는지 안다고 해서 인생이 더 쉬워지지는 않지만 그렇게 되면 길이 보여요. 삶에서 무엇이 진정 아름다운 것인가에 대한 인식과 갈구를 놓지 않는 겁니다. 저의 경우 머레이 페라이어Murray Perahia가 연주한 슈베르트의 즉흥곡들을 들으며 직접 피아노로 그 곡들을 쳐보지 않았으면 느끼지 못했을 '아름다움'을 음미할 수 있을 때 '과거의 피아노 연습과 훈련이 현재의 내 삶에 도움이 되고 있구나' 하고 느끼는 것처럼, 예술에 존재하는 아름다움을 느낄 수 있게 되면 삶을 바라보고 대하는 새로운 관점이 생기는 것 같아요."

석지영 교수는 자신이 많은 선물과 은총을 받았다고 느낀다면서 특히 어렸을 적에 예술을 접할 수 있었던 것은 그 많은 선물 가운데서도 가장 큰 선물이었다고 말했다. 그리고 솔직한 대답을 이어갔다.

"그렇지만 시간 관리는 저에게도 어려운 일이에요. 잘하고 싶은 일이 시간을 많이 필요로 한다면 다른 데서 시간을 내는 수밖에요. 아이들에게도 항상 신경을 쓰고 시간을 할애하는 훌륭한 엄마인 동시에 하버드 로스쿨에서도 인정받는 종신교수가 되는 방법은 없습니다. 그렇게 다 잘할 수 있는 길은 절대로 없다고 봐요. 다 가질 수 없는 것과 마찬가지죠. 어떨 때는 이것도 제대로 못하고 저것도 제대로 못하고 있는 것 같지만 그래도 어쨌든 계속하면서 최선을 기대하는 겁니다."

그래도 당신은 자타가 공인하는 '리더'입니다. '리더십'은 뭐라고 생각하시는지도 궁금하군요.

"저는 어렸을 때부터 선생님들을 굉장히 존경했는데 그분들은 '나를 따라라, 이렇게 해라'라고 말씀하시기보다 리더십이 어떤 건지 몸소 '보여주신' 분들이었어요. 학생이 처해 있는 인생의 단계나 상황을 파악하고 그것을 존중하면서 조심스럽게 이끌어주신 분들이었죠. 그리고 그분들은 학생들로부터도 배울 점이 있다는 걸 언제나 잘 알고 계셨습니다. 저는 그분들을 통해 '리더십은 지속적인 교환과 교류'라는 걸 배웠어요. 저 또한 학생들에게 그런 조용한 리더십을 보여주는 사람이고 싶습니다. 학생들이 저에게 존중받고 있으며, 그들이 어떤 사람인가에 제가 깊은 관심을 가지고 있고, 저 또한 그들에게서 배운다는 점을 알아주길 바라죠.

리더십의 또 한 가지 중요한 요소는 리더가 아닌 따르는 사람, '팔로워follower'의 경험을 가져보는 거예요. 어떤 사람이나 집단에 의해 리드를 당해본 사람만이 리더가 되었을 때 그 차이를 잘 가늠하면서 좋은 리더십을 발휘할 수 있다고 믿어요."

리더십에 대한 질문은 이어져 석지영 교수가 리더십을 삶에서 구체적으로 어떻게 실천하고 있는지 물었다.

"리더가 된다는 건 언제나 상대가 있는 법이고 따라서 굉장히 역동적인 일이에요. 리더가 되는 데는 여러 방법이 있을 겁니다. 모범을 보임으로써 리더십을 실천할 수도 있고, 사람들을 가르치거나 말로써 지도해줄 수도 있고, 글을 통할 수도 있죠. 하버드 법대 교수들은 대부분 생각이나 지식을 창출하고 글을 쓰면서 리더십을 펼칩니다. 후세들에게 도움이 될 수 있도록 새로운 아이디어를 발견하고 그것을 설명해내기 위해 길을 놓는 거죠. 그렇게 길을 놓으면 후세들이 자신들이 다다르고자 하는 곳으로 가기 위해 그 길을 이용합니다."

당신은 하버드대 교수로서 어떤 길을 놓고 있나요? 특히 강의 방식에 있어서 창의적이라는 평을 받고 있는데요.

"저는 1학년 필수과목인 형법과 2, 3학년을 위한 가정법을 가르치고 있어요. 그런데 하버드 로스쿨의 좋은 점 중 하나는 그런 기본적인 것들 외의 과목들을 교수가 마음대로 디자인할 수 있다는 점이죠. 저는 로스쿨 수업과 공연예술을 접목시켜보고 싶었어요. 그래서 '법학에서의 공연예술Performing Arts in Law'이라는 과목을 만들었죠. 인간 삶의 모든 영역이 법과 연관되는데 공연예술 분야도 예외가 아니라서 저처럼 특별히 그런 쪽에 관심이 많은 학생들을 모으고 싶었거든요. 지금은 법을 전공하고 있지만 과거에 예술가였다거나 지금 예술가라거나 아니면 앞으로 예술가가 되고 싶은 사람들을 위해서 기획을 했고 평균 50명 정도의 학생들이 수강해요. 뉴욕시티발레단 무용수이며 어렸을 적 제 우상이었던 다미언 왓젤Damian Woetzel과 함께 강단에서 가르친 적도 있었죠. 그런 일이 일어나게 되리라곤 저 역시 상상도 못 했어요."

내면의 열정을 주목하라

지금은 어떤 꿈을 꾸고 있는지 궁금하네요. 20년쯤 후에는 어떤 모습일 것 같나요?

"음, 우선 그때는 제 아이들이 이십 대 중반 정도가 됐겠네요. 그런 생각을 하면 정신이 번쩍 들어요. 아이들이 성인이 되

© Charles Krupa [Hello Photo]
하버드 법대 도서관인 Langdell hall

어 자신들의 삶을 살아가면서 '무엇이 옳은가' 그리고 '어떻게 사는 것이 옳은가'에 대해 묻기 시작할 테니까요. 두렵기도 하지만 생각만 해도 벅차고 기대도 돼요. 저 자신과 관련해서는 뭔가 특정한 일을 하고 있을 거라기보다는 여전히 아침에 일어났을 때 '내가 왜 사는지, 무엇을 위해 살고 있는지'를 느낄 수 있는, 그런 '목적의식'을 가지고 삶을 살아가고 있기를 바랍니다. 그게 친구와의 점심 약속이든, 컴퓨터 앞에서 논문을 쓰는 일이든, 강의실에서 학생들을 가르치는 일이든, 그 일을 마주할 생각에 한껏 기대에 차서 눈을 뜨고, 어떻게 하면 그 일을 더 잘할 수 있을까 고민하며 그 자체를 즐기면서 살아가고 있다면 좋겠네요. 그런 건 20년 후에도 결코 포기하고 싶지 않아요."

석지영 교수는 이로부터 2년여 뒤에 《내가 보고 싶었던 세계》를 출간했는데 영문판 제목은 '내면의 빛A Light Inside'이다. 그러나 그는 책을 출간하기 훨씬 앞서 그런 '내면의 열정', 즉 '내 안에서 나를 이끄는 진정한 그 어떤 힘'을 깊이 느끼고 있었던 것 같다.

"모든 사람이 꼭 일에서 열정을 찾는 건 아니고 어떤 경우엔 일이 그냥 생계를 위한 돈벌이의 개념일 수도 있어요. 제가 그런 방식이 아닐 뿐이죠. 저는 진정 풍요로운 삶이란 일이나 직업에 삶의 초점을 맞출 때 이뤄지는 게 아니라, 몸과 마음을 살찌우는 그래서 자신이 살아 있음을 느끼게 하는 일을 할 때 이뤄진다고 믿어요. 그것은 가족이나 연인과의 관계, 또는 부모나 배우자 역할일 수도 있고 스포츠·음악·독서 등 좋아하는 취미 활동일 수도 있어요. 저는 일을 하면서 그런 부분들을 많이 충족시키고 있지만 정말로 살아 있기 위해서는 그것이 무엇이든 마음 깊은 곳에서 느껴지는 열정이 있어야 된다고 생각해요."

《내가 보고 싶었던 세계》 출간 직후, 방한한 석지영 교수를 다시 인터뷰할 기회가 주어졌다. 그는 자신의 이야기가 한국 매체들을 통해 알려지면서 같은 질문을 수없이 받게 되었다고 털어놓았다. 대부분 그가 자란 과정과 부모님의 교육 방식, 어떻게 지금의 일을 하게 되었는지, 특히 하버드 법대 교수라는 일과 자라온 방식에는 어떤 연관이 있는지 등이었는데 그런 질문들에 가장 성의껏 답변할 수 있는 방법으로서 집필을 결심하게 되었다고 들려줬다.

책을 집필하고 출판하는 과정은 석지영 교수에게 무척 신나고 의미 있는 경험이었다고 한다. 우선 글을 쓰면서 즐거웠고, 어린 시절을 비롯해 삶을 돌아볼 수 있었으며, 부모님의 가르침이 현재 자신의 삶에 얼마나 큰 영향을 미쳤는지를 새삼 깨닫게 되어 좋았다고 한다. 특히 원고를 쓰면서 한국 독자들의 가치관에 대해서도 배우게 되었고, 자신의 글에서 한국 사람들이 어떻게 의미를 찾아내는지 알아가는 과정이 더없이 소중했기에 무척 감사하다는 말도 잊지 않았다.

석지영 교수는 인터뷰 중 한국과 미국의 교육 방식이 각기 가지는 장점에 대해서도 이야기했다. 비교적 어린 나이에 진로를 선택하는 한국은 학생들이 어마어마한 학구열과 승부욕을 가지고 있어 집중적이고 효율적인 교육이 이뤄지는 반면, 미국의 교육은 배움에 있어서의 재미를 강조하며 학생의 관심 분야나 배우고 싶은 욕구를 충분히 반영해 자유롭고 자발적인 배움을 추구함으로써 개개인의 자아실현을 도와준다는 것이다. 본인의 경우에도 스스로를 흥분하게 만들고, 배우는 과정 자체가 즐거운 무언가를 찾고 싶어 내면의 소리를 듣기 위해 노력한 것이 가장 중요하고 주효했다고 회고했다.

자유와 여건이 주어져서 '내면의 열정'을 발견한다 해도 모두가 그 일을 잘할 수 있는 건 아니지 않나요?

"누구든지 무언가를 잘하고 싶다면 엄청난 시간과 노력을 들여야 해요. 저에게는 장점이자 단점이 하나 있는데 무언가에 몰입하다 못해 그것만 하게 되는 일종의 강박 성향이라고 할까요. 저는 그 분야에서 깊은 만족감을 느낄 때까지 계속해서 파고드는 경향이 있어요. 어떤 때는 만사를 제쳐두고 그것만 할 때도 있죠. 왜냐하면 그렇게 하는 것이 기쁨을 주니까요. 저의 그런 성향은 많은 면에서 도움이 되었습니다. 아침에 눈을 뜨면 제가 당시 집중하고 있는, 또는 저를 전념하게 만드는 어떤 일을 하고 싶어 안달이 나는 그 성격 덕분에 노력조차도 일종의 '놀이'처럼 느껴졌어요. 제가 하고 싶은 일이기에 노력하는 시간이 지루하거나 힘들다고 느껴지지 않았죠. 물론 모든 걸 한 번에 다 할 수는 없지만, 다행히도 인생에는 자연스러운 흐름이나 시차라는 게 있어서 어떤 것을 얼마 동안 하고 나면 또 다른 걸 하게 되고 그러는 것 같아요. 그 모든 과정에서 노력을 대체할 수 있는 건 없죠. 그저 많은 노력과 시간만이 답일 뿐 지름길이란 존재하지 않아요."

하지만 아무리 석지영 교수라도 하기 싫은 일이 있을 것이다. 그럴 때는 어떻게 했을까?

"주어진 일이 하기 싫었던 경우도 물론 있죠. 제 경우 가장 싫었던 것은 시험을 치는 일이었어요. 아주 어렸을 때부터 시험 보기는 분명 제 적성이 아니었죠. 그렇다고 시험을 피해 갈 수는 없었어요. 어릴 때는 시험을 잘 못 봐서 고생도 많이 했고요. 저는 제 스스로가 '전체적이고 전인적인 학습자holistic learner'라고 생각하는데 다행히도 미국에서는 시험만으로 학생을 평가하는 게 아니라 여러 다른 방식들이 있어서 제대로 평가받을 수 있었습니다."

석지영 교수는 자신이 한국에서 계속 있었더라면 지금처럼 되지 못했을지도 모른다고 했다. 한국에서는 '될성부른 나무는 떡잎부터 알아본다'며 예단하는 경향이 있는데 자신은 어렸을 때 공부를 그렇게 잘하지 못했다는 것이다. 하지만 미국에서는 기회가 계속 주어졌고 실패해도 재기할 수 있는 분위기가 현재의 자신을 만들었다고 했다. 석지영 교수의 육아 철학도 아이들이 재미와 기쁨, 자유를 스스로 찾아 경험하게 하는 것이다. 그러면서 아이들로 하여금 엄마가 이끌어주고 보호해주고 있음을 느끼도록 해줘야 한다는 말도 덧붙였다. 그래야 '자유가 주어졌지만 무엇을 해야 할지 몰라 겁이 나는 두려운 자유'가 아닐 것이기에. 그러면 아이들은 보살핌을 받고 있다는 일종의 '안전지대'를 느끼면서도 그 안에서 하고 싶은 걸 얼마든지 자유롭게 찾고 해낼 수 있다는 말이 참 인상적이었다.

삶에서 깨달은 원칙들

석지영 교수는《내가 보고 싶었던 세계》에서 삶을 잘 살기 위한 자신의 원칙들도 밝혔다.

· 하고 싶은 일을 찾을 것
· 일을 놀이처럼 즐길 것
· 언제나 새로운 것을 시도하고 위험을 감수할 것
· 적절한 시점에 하던 일을 멈추고 휴식을 취하면서 스스로에게 상을 줄 것
· 깊은 우정을 맺고 그 우정을 유지하기 위해 힘쓸 것
· 규모에 상관없이 무언가를 만들고 창조하는 데 온 힘을 다할 것
· 젊은이에게 조언자가 되어주고 스스로의 조언자도 구할 것
· 다른 사람들을 가르침으로써 배울 것
· 무엇보다 즐길 것

이는 인생에 있어 진정한 공부란 무엇이고 자신의 길을 만들어가는 삶이란 무엇인지 일깨워주는, 그간의 경험들로부터 추출해낸 보석 같은 원칙들이라고 했다.

자서전의 한국어판 제목과 영문판 제목이 다른 건 어떤 뜻에서인가요?

"'내가 보고 싶었던 세계'는 바깥세상을 의미하고 '내면의 빛'은 자신 안의 세계를 말하죠. 저는 이 두 제목이 서로 정반대라서 오히려 더 의미가 있다고 생각해요. 제 책이 전하고자 하는 바를 전달하려면 안과 밖 모두가 필요하기 때문입니다. 내면의 빛은 열정이나 어떤 씨앗을 타오르게 하는 역할을 하지만 바깥 세계가 있어야 내면의 열정도 더 크게 자랄 수 있어요. 또 바깥세상을 보려면 내면에 무언가를 반드시 가지고 있어야 하고요. 그렇기 때문에 다른 하나가 없으면 나머지 하나 역시 불완전할 수밖에 없습니다. 이렇게 상반되는 두 제목이 합쳐져 서로 보완하면서 이 책의 온전한 의미를 만들어내고 전하고 있어요.

우리가 흔히 말하는 '열정', 제 정의로는 '다른 누군가에 의해 강제되지 않고 온전히 내 안으로부터 오는 무언가'는 물론 자신의 내부에서 비롯되어야 합니다. 그렇지만 그것은 바깥에 대한 일종의 반응으로 오죠. 이런 점에서 특히 부모님이나 선생님의 영향력이 중요해요. 아이들 개인의 자유도 물론 중요하지만 그렇다고 그 자유가 방종을 의미하는 건 아니죠. 그렇기 때문에 올바른 방향으로 나아갈 수 있도록 부모님이나 선생님 같은 인생 선배들의 지도가 꼭 필요합니다. 제게도 대학교수가 된 지금까지도 그런 지도나 제약 등은 여전히 유효해요. 하지만 가장 중요한 것은 진정한 관심사와 열정을 발견하고 계발시키기 위해서는 그런 보호나 지도, 제약 등이 엄연히 존재하는 가운데서도 '자유'가 보장되어야 한다는 점이에요."

석지영 자서전의 한국어판과 영문판

자신이 무엇에 열정이 있는지 아직까지 발견하지 못한 사람들은 어떻게 해야 할까요?

"열정이란 자신도 모르게 저절로 생기기도 하고 아니기도 해요. 마치 불씨나 식물의 씨앗과도 같죠. 불씨나 씨앗은 바깥으로부터의 양분이 없으면 더 크게 자랄 수 없잖아요. 불씨만 있다고 불이 활활 타오르진 않죠. 불꽃이 일어난 다음에도 그것이 지속되게 하려면 끊임없이 주의를 기울여야 해요. 따라서 스승이나 멘토는 학생들을 주의 깊게 살피고 그 학생 안에서 무엇이 우러나오는지 열린 마음으로 보고 들어줘야 합니다. 그리고 그것을 키울 수 있도록 아주 세심하게 도와줘야 하죠. 씨앗에 물도 자주 주고 햇빛도 충분히 주면서요. 이건 아직 자신의 열정이 무엇인지 모르는 어른의 경우에도 마찬가지예요. 내 안에서 무엇이 우러나오는지 열린 마음과 진지한 자세로 주의 깊게 보고 들어줘야 합니다. 그리고 그것을 키울 수 있도록 고민하고 노력해야 하죠. 저는 그게 아주 중요하다고 생각해요. 한번 일어난 열정을 놓치지 않고 제대로 자라게 하기 위해서는 환경을 만들고 집중해서 돌보는

“불씨만 있다고 불이 활활 타오르진 않죠.
불꽃이 일어난 다음에도 그것이 지속되게 하려면
끊임없이 주의를 기울여야 해요.”

과정이 필요하죠."

당신도 고민할 때가 있고 멘토가 필요할 때도 있지 않나요?

"물론이죠. 40대가 되었다고 인생을 깨닫게 되는 건 아니에요. 저보다 어린 세대에게만 멘토 역할을 할 수 있을 뿐이죠. 그래서 인생이란 끊임없이 멘토링을 해주고 받는 과정이라고 생각해요. 전에는 경험하지 못한 인생의 단계들을 거칠 수밖에 없잖아요. 그렇기 때문에 이제까지도 흥미로웠고 앞으로도 지금까지처럼 흥미진진할 거예요. 물론 수많은 도전과 응전이 있겠지만 저는 도전이 올 때마다 사랑하는 사람들을 의지하고 도움을 받으면서, 또 도움을 주면서 편안해지려고 해요. 뿐만 아니라 저는 인생 경험이 풍부한 멘토들을 많이 알고 있어요. 그들은 모두 인생의 다른 단계와 경험을 거친 사람들이며 그런 점에서 저에게 큰 자산이죠. 또한 제 삶에 있어서 의미의 주요한 원천이며 저를 올바른 방향으로 이끌어 주는 존재들이기도 하고요. 사람은 죽을 때까지 누군가로부터 영향을 받는 '멘티'라는 점은 아주 중요하다고 봐요."

불완전함을 받아들여라

석지영 교수는 사람들이 자신을 빗대어 부르는 '엄친딸' 이야기를 꺼냈다. 그는 이 말의 뜻을 알게 된 후 그렇게 불리는 게 무척 부담스럽고 싫었다고 한다.

40세도 되기 전에 많은 성취를 이룬 당신을 보고 동기를 부여받는 사람도 있겠지만 반대로 의기소침해지는 사람도 있을 겁니다.

"굉장히 흥미로운 지적이네요. 사실 책을 쓰면서 독자들이 '불완전함'을 받아들인다는 게 얼마나 중요하고 의미 있는지 깨달아주길 바랐어요. 읽어보면 알겠지만 제 책에는 제가 얼마나 불완전하고 부족한 점이 많은 사람인지 여실히 드러나 있죠. 또한 제가 결코 완벽한 사람이 되려고 노력하지 않는다는 것, 그것이 목표가 될 수 없다는 것도 드러나 있어요. 부디 제 아이들과 학생들도 그러지 않으면 좋겠어요. 어른이 된다는 것은 삶을 불완전한 채로 인정하고 받아들이는 거라고 생각합니다. 자신을 있는 그대로 받아들이고 아껴주면 돼요. 어떤 면에서 어른이 된다는 건 '완벽해지는 것은 결코 그 자체로 삶의 목적이 될 수 없음을 이해해가는 과정'이죠. 물론 많은 문화권에서는, 특히 한국 사회에서는 젊은이들이 완벽을 추구하는 분위기가 강한데 아마 그렇기 때문에 자신을 남과 비교해 의기소침해지는 경우가 많지 않을까 싶네요. 저는 제 삶을 있는 그대로 독자들 앞에 펼쳐 보임으로써 인생이란 자아를 발견해가는 여정이라는 것을 깨닫도록 돕고 싶었어요. 그러면서 남에게 완벽해 보이려고 애쓰기보다 진정 자신이 좋아하는 것은 무엇인지, 자신의 열정은 어디에서 비롯되고 무엇을 향해 발휘되는지를 발견하게 하고 싶었죠."

마지막으로 한국의 독자들에게 응원의 한마디를 부탁드립니다.

"인생의 어느 때라도 서로 다른 기회들이 열려 있으며 따라서 많은 기회들이 존재합니다. 하지만 그런 기회들은 그냥 와서 우리 품에 안기거나 우리 눈앞에 보이거나 하지 않고 우리가 마음을 열고 있을 때만 찾아오죠. 그리고 그 기회들은 머물러 있을 때 잡아야 해요. 그 일은 각자의 몫이며 어느 누구도 그 기회를 우리 앞에 놓아주지 않아요."

석지영 교수는 법학자로서의 유연함도 가지고 있었다. 법과 정의는 분명히 다르고 법과 도덕, 법과 이상도 다르다는 것이다. 하지만 가능하다면 현재 우리가 지닌 법 제도가 우리가 정의에 대해 가지고 있는 비전과 최대한 일치하기를, 또한 바람직하다고 믿는 방향으로 나아가고 있기를 바란다고 말했다. 우리는 안정을 필요로 하기 때문에 법과 제도가 있을 수밖에 없지만, 법이라고 해서 무조건 옳다고 믿기보다는 끊임없이 우리의 가치들을 점검하고 되물어야 한다고도 했다. 그러면서 사회의 법 제도 안에 그 숙고의 결과들이 끊임없이 반영되도록 하는 것은 인간 사회만이 할 수 있는 아주 매력적인 과정이라고 덧붙였다.

Jeannie Suk _석지영

석지영은 하버드 로스쿨에서 아시아계 여성으로서는 최초로 종신교수에 임명되었다. 여섯 살에 부모를 따라 미국으로 이민을 간 그는 아메리칸 발레 학교와 줄리아드 음대 예비학교를 거쳐 예일대학교에서 영문학과 불문학을 전공했다. 그리고 옥스퍼드대학교 대학원에서 비교문학으로 박사 학위를 받은 후 하버드 로스쿨 박사 학위도 취득했다. 또한 미국 뉴욕 맨해튼 검찰청 검사로도 활약했다. 한국 나이로 33세에 하버드 법대 교수로 임용되었고 4년 만에 종신교수가 되었다. 예술가와 함께 하는 수업 등 자신이 배운 발레와 피아노, 문학을 법학과 접목해 창의적인 강의 방식과 연구 활동으로도 인정받고 있다. '자랑스러운 한국인상'과 '포니정 혁신상'을 수상하기도 했으며 저서로는 《법의 재발견》, 《내가 보고 싶었던 세계》(부제 : 하버드대 종신교수 석지영의 예술·인생·법)가 있다.

© 양영은

파격

Innovation

Goto Ryu

고토 류

바이올리니스트

기본과 혁신의 상생이 필요하다

새 지평을 여는 생각이란 무엇인가?

"기본기를 탄탄하게 갈고닦은 후 시대의 관심을 연주로 담아낼 수 있다면
비로소 대중에게 호소할 수 있다."

얼마 전 일본에 갔을 때 한 일본인 친구에게 고토 류를 아냐고 물었다. 그랬더니 "가라테 잘하고 하버드에서 물리학을 전공했다는 그 친구 아니야?"라고 답했다. 비록 연주는 들어본 적이 없다고 했지만 그러면서도 그에 대한 이야기는 익히 들어 알고 있는 모양이었다.

고토를 처음 본 건 하버드대 학생들이 주축이 되어 연 어느 자선 콘서트에서였다. 하버드의 중심 공연장이라고 할 수 있는 샌더스 시어터Sanders Theatre에서 있었던 하버드 바흐 소사이어티 오케스트라와의 협연 때였는데 거침없는 연주가 매우 인상적이었다. 인터뷰를 하게 된 건 그로부터 몇 달 뒤 하버드 졸업식이 있기 하루 전날, 졸업식 참석차 세계 각지에서 온 사람들로 붐비는 하버드 스퀘어에서였다.

약속 시간보다 조금 늦게 자전거를 타고 나타난 고토는 흰색 폴로 셔츠 차림에 야구 모자를 돌려 쓰고 형광색 다리가 돋보이는 선글라스를 낀 여느 대학생의 모습이었다. 영화 〈소셜 네트워크〉를 보면 하버드에서도 소위 잘나간다는 학생들이 모이는 파이널 클럽(우리나라의 대학 동아리에 해당한다)이 나오는데 그중에 페이스북의 공동 창립자였던 에드와도 새버린Eduardo Saverin도 회원이었던 피닉스-SK 클럽Phoenix-SK Club이 있다. 고토는 바로 이 클럽의 아지트에서 인터뷰를 하자며 초대했다. 그는 대학 생활 내내 기숙사 아니면 그곳에서 거의 시간을 보냈다며 장소에 대해 각별한 애정을 드러냈다.

세계적인 바이올리니스트 고토 미도리의 동생이자 그 자신도 천재 바이올리니스트로 인정받고 있는 고토 류. 사실 그를 섭외할 때 주위에서 '독특한 면이 있다'는 이야기를 들었는데 직접 만나보니 그런 평판이 이해가 될 것도 같았다. 그는 거침없는 연주 방식과 마찬가지로 대화에 있어서도 무척 솔직하고 꾸밈없었다.

하버드에서 물리학을 전공한 바이올리니스트

바이올리니스트 린 창, 첼리스트 요요마, 피아니스트 리처드 코건, 그보다 젊은 세대인 첼리스트 장한나, 바이올리니스트 레이첼 리, 그리고 고토 류, 이들은 모두 하버드 학부를 다닌 음악가들이다. 고토 류는 왜 다른 음악 전문 학교가 아닌 하버드를 선택했을까? 하버드에서 어떤 가르침을 받았고, 그 시절을 어떻게 기억하고 있을까? 고

토와의 인터뷰로 궁금증을 풀 수 있었다.

하버드에서 얻은 가장 큰 수확은 무엇인가요?

"하버드 생활은 한마디로 이보다 더 좋을 수 없을 만큼 최고였어요. 학교생활이 너무 재미있었고 좋은 사람들도 많이 만났죠. 공부도 공부지만 그런 경험들이 가장 값진 것 같아요. 평생 간직할 추억과 인맥이니까요. 그래서 빨리 졸업식이 왔으면 하는 생각도 있지만 이대로 여기 계속 있었으면 하는 마음이 더 큽니다. 여기는 세상에서 가장 흥미로운 사람들이 모이는 곳이거든요. 이 분위기가 정말 그리울 것 같아요."

바이올리니스트이자 물리학을 전공하는 하버드생의 하루는 어땠나요?

"아침에 일어나 수업에 갔다가 공강 시간엔 주로 이곳 클럽에 들렀어요. 기숙사보다 더 가까웠으니까요. 오후 세 시쯤 수업이 끝나면 곧바로 바이올린을 연습하고 저녁 여섯시쯤 룸메이트와 함께 가라테 도장에 갔다가 돌아와서 씻고 다시 공부를 조금 더 하는 식이었죠. 어떨 때는 친구들과 술을 마시기도 했지만 그래도 잠은 하루에 열 시간 이상 잤어요. 물론 시험이 있을 때는 서른여섯 시간 동안 한잠도 못 잔 적도 있지만요."

학업과 연주를 병행하는 게 어렵지 않았나요?

"결코 쉽진 않았죠. 멋지게 포장해서 말하지는 않을게요. 그런데 '공부할 게 많아서 어렵다' 이런 건 아니고 재미있는 거나 하고 싶은 일들이 너무 많아서 힘들었어요(실제로 하버드에는 '무엇을 할까가 고민이 아니라 무엇을 하지 말까가 고민이다'라는 말이 있다). 공부가 힘들고 연습이 힘들고 이런 게 아니라 그냥 재미있게 놀면서 잘 살고 있는데 실은 그게 어려운 일이에요. 그만큼 뭔가에 집중하기가 힘들고 그러다 보면 뜻을 세운 대로 지켜나가기가 어려우니까요. 그래서 실패하는 경우도 많아요. 다행히 제 경우에는 적당히 즐기면서도 정말 해야 할 일에 집중할 수 있었는데 자기를 통제하고 '극기'할 수 있는 능력이 없으면 하버드에서는 중심 잡기가 정말 쉽지 않죠."

하버드가 당신을 어떻게 바꿨나요?

"집안에서 보호만 받으며 자라다가 하버드에 오면서 갑자기 혼자가 되어버렸어요. 그 전에는 어머니가 항상 함께 계시면서 '이거 해라, 저거 해라' 생활을 일일이 다 짜주셨는데 환경이 갑자기 바뀌니 처음엔 엄청 힘들었어요. 1학년을 마치고서 일 년 동안 휴학을 할 정도로요. 그러면서 스스로를 재정비할 필요성을 느꼈습니다. 한편으로는 하버드에 와서 다양한 사람들을 정말 많이 만나고 그러면서 주위 사람들과의 관계 속에서 제가 어떤 사람인지, 또 어디에 속해야 하는지 알게 되었어요. 특히 이 피닉스-SK 클럽이 그 중심에 있었죠. 사실 클럽 친구들 중에는 음악가가 하나도 없어요. 그러니 저와 비슷하지도 않고 저마다 개성이 다르죠. 그래서 참 재미있어요. 그렇게 각자 다른 사람들이 한곳에 모이면 어떤 일이 일어날까, 무슨 이야기를 할 수 있을까도 싶지만 그렇기 때문에 참 흥미로운 거예요. 각자 전공도 다르고 각 분야에 대한 의견도 다른 데다가 나름의 주관이 뚜렷해서 합의를 본다는 것 자체가 아예 불가능하지만 정말 생각지도 못한 이야기들을 많이 듣게 되거든요."

피닉스-SK 클럽에 대해 좀 더 이야기해주세요.

"기본적으로 학부 선배가 후배 회원들을 뽑는데 들어오기가 꽤 힘들어요. 처음에는 여러 명으로 시작해서 점차 떨어뜨리는 식으로 매년 25명 정도를 뽑죠. 이곳에서는 무엇보다 어느 정도 사회 경험이 있는 대학원생 선배와 만날 수 있어서 정말 좋아요. 그 선배들은 지금 한창 꿈에 부풀어 왕성하게 활동하고 있는 시기이고, 자신의 인생이나 자신이 속한 사회에 무언가 남다른 변화를 가져오겠다는 일념으로 일하고 있어서 그런 긍정적인 에너지를 받으면 함께 있는 사람들도 덩달아 행복해지거든요. 어떤 대학원 선배들은 제가 연주할 수 있도록 콘서트를 열어주기도 했어요. 그런데 중요한 것은 그들이 음악 전공자가 아니라는 점이에요. 클래식 음악에는 더더군다나 관심이 없는 사람들이죠. 그저 제가 연주하기 때문에 돕고, 듣는 겁니다. 그럴 땐 정말 큰 보람을 느껴요. 그 선배들이 제가 누군지 더 잘 알게 되고 있는 그대로의 저를 받아들이고 지지해주니까 말이에요. 콘서트도 좋고 음악도 좋지만 저는 더 많은 사람들이 인간 고토 류를 알게 되면 거기에서 더 의미를 느낍니다. 결국 음악도 사람과 사람 사이를 통하게 해주는 매개체이기에 그런 사회적 경험과 상호 작용이 더 중요하다고 생각해요. 그리고 그것이 바로 지난 시간 동안 제가 바이올린을 연주한 데에 감사하게 만들어주는 이유죠. 저에게 너무나 많은 문들을 열어줬기 때문이에요."

학부에선 왜 그 어렵다는 물리학을 택했나요?

"물리학을 시작하게 된 계기는 스포츠를 너무 좋아해서예요. 그런데 하다 보니까 이왕 시작한 거 끝을 보고 싶었죠. 경제학을 전공할까도 생각했지만 고등학교 때부터 왠지 물리학이 더 끌렸어요. 연주도 그렇지만 골프나 가라테, 라크로스 같은 스포츠도 어렸을 때는 부모님이나 선생님이 무조건 따라 하라고 가르치잖아요? 어린아이들은 원리를 설명해도 알아듣지 못하니까요. 저는 고등학교 때 생물을 배웠는데 외울 게 너무 많아서 별로 좋아하지 않았고 화학도 그랬어요. 그러다가 물리학을 듣게 되었는데 한순간에 제가 이제까지 배워온 모든 것들이 전부 이해되는 것처럼 느껴졌죠. 가라테 기술 같은 것도 그렇고 음악이나 바이올린 연주도요. 그때 비로소 제가 왜 바이올린을 저만의 방식으로 연주하는지, 왜 남보다 잘하는지도 알게 되었어요. 역학적인 부분까지 그냥 모든 게 너무 명확하게 이해가 갔죠. 새들은 왜 저렇게 나는지, 사람마다 왜 뛰는 모습이 다른지, 그런 게 다 스포츠 과학이잖아요. 저는 그렇게 이해를 했고 바이올린 연주도 기본적인 의미에서는 스포츠와 같아요. 몸을 움직이니까요. 몸의 근육과 무게를 활용한다는 점에서 운동선수와 같죠. 다른 악기도 마찬가지예요. 움직임의 과학이라고 할까요. 그걸 깨닫고 난 다음에는 '아, 이거 정말 멋지다'라는 생각이 들면서 이제까지 기술로서 배운 것들이 머리로 이해가 되었습니다."

© 연합뉴스 [Hello Photo]
고토 류와 비올리스트 리처드 용재 오닐

고토의 말을 듣고 있으니 그가 왜 가라테와 바이올린 연주, 물리학을 좋아하고 잘할 수 있는지 비로소 이해되었다. 또 서로 전혀 다르다고 느껴지는 분야들의 연관성을 이해하고, 그에 대한 지식과 노력으로 최선을 다하는 이 젊은이에게 마음의 박수를 보내고 싶었다.

음악학교에 가지 않고 하버드에 온 이유는 무엇 때문인가요?

"터널 비전을 가지고 한 곳만 바라보기는 싫었습니다. 연습실에 갇혀 음악 이론과 작곡을 공부하고 바이올린 연습을 하고, 그런 곳이 음악학교라는 걸 이미 알고 있었고 또 그게 쉽지 않은 생활이라는 걸 알았기 때문이죠. 물론 그런 환경에서 천재들을 길러내기도 하지만 만약 음악가로 성공하지 않는다면 인생에서 가장 좋은 시절을 낭비한 게 되잖아요. 그래서 일반 종합대학에 오고 싶었어요. 아버지가 예일대를 나오셔서 제가 후배가 되길 바라셨지만 그래도 저는 하버드가 미국에서 최고 명문대라고 생각했고 최고가 되고 싶었습니다. 아주 피상적인 자부심이라고 할 수도 있겠지만 그런 이유로 하버드에 왔고 이곳에서 한순간도 심심하거나 지루할 틈이 없는 최고로 좋은 시간을 보냈어요."

조화로운 삶, 조화로운 음악

신세대 클래식 연주자라고 할 수 있는 고토는 현재를 클래식 음악의 위기로 진단했다. 많은 클래식 음악 종사자들이 과거 낭만주의 시대에나 통했을 법한 '고고함'을 추구하는 우를 범하다 보니 현실에서 계속 외면당하고 있다는 것이다.

앞으로 어떤 음악가가 되고 싶나요?

"클래식 음악이 자꾸 사람들로부터 외면받는 현실이 저 스스로도 너무 이해가 갑니다. 그렇지만 저는 클래식 음악을 좋아하기 때문에 다른 장르가 아닌 클래식을 연주하는 거예요. 사람들에게 강제하는 음악이 아닌 새로운 지평, 새로운 음악을 창조해서 들려주는 그런 클래식 음악가가 되고 싶어요. 듣기 좋으라고 하는 소리일 수도 있겠지만 청중들은 제가 연주할 때 '베토벤을, 바흐를 이렇게 연주하는 걸 한 번도 들어본 적이 없다'고 이야기합니다. 보다 많은 사람들이 제가 연주하는 클래식 음악을 듣게 하기 위해 저는 특별히 '해석'에 남다른 노력을 기울이죠. 게다가 힙합, 팝, 클래식, 얼터너티브 록, 또 정말 '괴상한' 록이나 테크노까지 다양한 음악 장르들을 섭렵해서 듣는데 그렇게 하는 이유는 현대인들의 관심 전반을 이해하기 위해서예요. 어렸을 때부터 기본을 정말 탄탄하게 갈고닦은 뒤 지구상에 존재하는 모든 음악들을 다 들어보고 그렇게 해서 이 시대 사람들이 관심 있어 하는 게 무엇인지 알 수 있다면, 그리고 그것을 연주에 담아낼 수 있다면 비로소 대중에게 호소할 수 있습니다.

평범한 친구가 감동했다고 말하는 음악이 있다면 거기서부터 시작해야죠. 그래야 현대인들에게 가까이 갈 수 있어요. 만약 그렇게 할 수 없다면 클래식 음악은 얼마 못 갈 겁니다. 물론 녹음되어 역사

속에 남겠지만 돈도 안 되고 따라서 연주하는 사람도 갈수록 줄어들겠죠. 그래서 경기가 안 좋을 땐 클래식 음악도 밀려나잖아요? 기본적으로 생존에 직결되는 게 아니니까요. 하지만 클래식 연주자도 살아야 합니다. 돈을 벌어 먹고 살아야 하는 아주 현실적인 문제가 있죠. 생존과 돈은 밀접하게 연관되어 있다는 것, 예술가로서 불편해도 인정해야 될 현실이에요. 저는 부자가 되고 싶고 근사한 집과 차도 가지고 싶어요. 어떤 클래식 연주자들은 이런 것들을 초월한 고귀함에 대해 말하는 게 멋지다고 생각하는 것 같은데 사실 대부분의 사람들은 그런 데 신경 쓰지 않아요. 삶에서 그보다 중요한 게 얼마나 많은데요. 더 맛있는 거 먹고 싶고, 더 좋은 데 가고 싶고, 더 멋진 여자 친구도 사귀고 싶은데 누가 고귀한 데만 신경을 쓰겠어요. 그러니까 정말로 대중들에게 다가가고 싶다면 그들이 추구하는 방향을 이해하고 거기에 맞출 수 있어야 합니다. 그러고도 충분히 존경받는 음악가가 될 수 있어요. '고귀함' 때문만이 아니라 정말 존경받을 만한 것을 존경받아야죠. 결국 시장이 살아야 우리도 있고 좋은 음악으로 사회에 기여도 할 수 있어요. 이것이 제가 연주하는 최선의 방식입니다. 시장을 이어나가고 클래식 음악을 살리기 위해서 제 개인적으로 할 수 있는 일은 바로 이거라고 생각해요."

인터뷰가 거의 끝나갈 즈음, 클럽으로 찾아온 고토의 어머니가 합석하게 되었다. 어머니가 오기 전 고토에게 지금과 같은 자신감은 어디에서 나오는지 물었더니 그는 "어머니의 가르침으로부터죠. 어머니는 저와 누나를 어떻게 가르쳐야 하는지 정확히 아셨고 덕분에 제가 지금 이 자리에 있을 수 있는 겁니다"라고 말했었다. 이에 대해 고토의 어머니는 "저는 그냥 밀어붙이기만 했고 그다음은 아이들이 알아서 했어요. 어떻게 하면 집에서 살아남을 수 있는지를 터득한 것 같아요"라며 농담을 섞어 솔직하게 이야기했다. 그리고 "바이올린 연습과 공부, 가라테를 꾸준히 병행할 수 있는 환경을 만들어줬을 뿐, 무엇이 먼저라고 이야기한 적은 한 번도 없습니다"라고 강조하며 이렇게 덧붙였다. "류는 운도 좋았죠. 정말 좋은 '선생님'을 만났기 때문이에요. 누구에게나 사춘기를 비롯해 어려운 시기가 있는데 그때 가족이 아니면서 존경할 수 있는 분을 만난 겁니다. 그분은 아들에게 남자다운 것이 무엇인지 가르쳐주셨고 덕분에 아들은 최고의 지도를 받았어요." 고토도 '또 다른 아버지'와도 같은 선생님이 졸업식에 오실 거라며 아이처럼 신이 나 있었다.

'천재'라 불리는 젊은 음악가임에도, 자신의 음악을 관객들에게 가르치기보다 관객 옆에서 들려주고 싶은 고토 류. 기본을 충분히 다진 다음, 평범한 사람들처럼 세상을 바라보고 이해하고 싶다는 그의 음악 깊은 곳에는 어쩌면 '상생相生'이라는 목적이 담겨 있는 게 아닐까. 연주자로서 끊임없이 기울이는 남다른 노력과 영민함, 음악은 물론 공부와 운동에도 삶을 적절히 분배하고 회사 생활도 욕심 있게 이어가는 균형 감각, 그리고 자기 주관이 뚜렷한가 하면 미국에서 나고 자랐으면서도 어머니에게 꼬박꼬박 일본어로 예를 갖추는 모습, 이처럼 조화로운 삶과 조화로운 음악을 통해 탄생될 그의 새로운 클래식이 무척 기대된다.

Goto Ryu _고토 류

고토 류는 1988년생으로 7세에 일본 삿포로에서 열린 태평양 음악제에서 파가니니의 바이올린 콘체르토 1번 세 개 악장을 모두 연주하며 화려하게 데뷔했다. 그는 바이올리니스트 고토 미도리의 하나뿐인 동생이기도 하다. 하버드대학교에서 물리학을 전공하고 세계 유수의 오케스트라와 협연을 이어가고 있으며 대학 친구들과 함께 GPI라는 투자회사를 만들어 기업 홍보와 투자 유치 등도 담당하고 있다. 록 밴드 '콜드플레이'를 즐겨 들으며 클래식 음악을 새롭게 연주한다는 평을 받고 있는 고토에 대해 지휘자 로린 마젤Lorin Maazel은 "흠잡을 데 없는 기량과 음악적 개성, 재능을 겸비한 훌륭한 바이올리니스트"라며 "오늘날 젊은 연주자들 가운데 최고의 실력자군에 속한다"라고 평했다. 피아니스트 블라디미르 아슈케나지Vladimir Ashkenazy도 고토를 "신선하고 자연스러운 재능이 있는 젊은이"라고 극찬했다.

© 이화여대

큰 물음 큰 생각

The Big Question, The Big Idea

Drew Faust

드루 파우스트

하버드대 최초의 여성 총장

'정해놓은 길'이 아닌 '열리는 길'을 가라

지금 우리가 주목해야 할 가치는 무엇인가?

"삶의 중요한 자질은 '타인의 관점을 이해하고
협력하면서 나아가 공동의 목표를 이루는 것'이다."

○
○
○

내가 보스턴에서 공부하던 때는 공교롭게도 MIT와 하버드대 모두 여성 총장들이 이끌고 있어 말 그대로 여성 리더십 전성시대를 직접 보고 느낄 수가 있었다. 하지만 MIT 수전 호크필드Susan Hockfield 당시 총장이나 하버드대 파우스트 총장의 연설이나 강연을 들을 기회는 있었어도 인터뷰할 기회는 좀처럼 찾아오지 않았다. 그래도 가끔씩이나마 꾸준히 그런 여성 리더들을 가까이서 볼 수 있는 기회가 주어진 것만으로도 큰 행운이었다. 그리고 한국으로 돌아온 뒤에 비로소 파우스트 총장을 기자회견장에서 가깝게 만날 기회가 생겼다.

'세계적인 명문 하버드대학교의 첫 여성 총장이라니, 더구나 모교

출신도 아닌데…….' 어떤 사람일까 항상 궁금했다. 파우스트 총장에게 처음으로 깊은 감명을 받은 건 하버드 박사 학위를 받는 친구를 축하해주러 간 졸업식장에서였다.

"박사 졸업생 여러분, 시공을 초월한 학자 세계의 일원이 된 것을 환영하며 이제 여러분에게 후세를 위해 자유롭게 질문할 권리를 믿고 맡깁니다. 진심으로 축하합니다."

박사과정이라는 인고忍苦의 세월을 잘 알고 있다는 듯 공감하는 표정으로 흐뭇하게 웃음 짓는 파우스트 총장. 그의 학위 수여 축사가 끝나자마자 곳곳에서 함성이 터지며 박사모가 하늘로 솟아오르기 시작했다. 힘들고 외로웠던 지난 시간이 떠올랐는지 얼싸안고 우는 사람들도 여기저기 보였다. 하지만 그들은 '자유'와 '책임'을 동시에 일깨우는 이 축사의 의미를 깨달은 듯 이내 평정을 되찾았다.

세상에 미리 포기할 일은 없다

흔히 '박사'라고 하면 어떤 분야에 통달通達한 전문가로 생각하지만 사실 학계에서 '박사'는 '이제야 비로소 제대로 된 학문 연구의 자격을 갖춘, 시작하는 학자'로서의 의미가 더 크다. 파우스트 총장은 이러한 박사의 위치와 그 상황에서 가져야 할 마음 자세를 기분 좋게 일러주며 앞으로의 정진을 독려한 것이다.

파우스트 총장이 졸업생들에게 보내는 축사는 그야말로 압권이었다. 그는 의대 졸업생들에게는 "영광스럽고도 자비로운 천직에 종사할 준비가 되었다"라고, 법대 졸업생들에게는 "우리를 자유롭게 만드는 현명한 제약들을 만들고 적용하는 데 힘을 보탤 자격을 갖췄다"라고, 경영대 졸업생들에게는 "사회를 더 이롭게 만들 기업들에서 사람이나 조직을 이끌 때가 되었다"라고, 신학대 졸업생들에게는 "신앙 조직의 활기와 건강을 증진시키고 사회의 공통 가치들을 창조할 준비가 되었다"라고, 교육대 졸업생들에게는 "현대 사회의 배움에 대한 필요를 잘 이끌어주면서 봉사할 만반의 준비를 갖췄다"라고 각각 축사했다. 각 전공의 의미를 이보다 더 잘 표현하고 일깨울 수 있을까? 자신의 전공이 호명될 때는 과연 어떤 축사를 할까 기대하며 기다리는 청중들이 많았을 정도로 그의 언변과 지성이 그대로 묻어나는 한마디 한마디였다.

파우스트 총장은 또 이른바 '주차장 이론parking space theory of life'으로 유명하다. 이는 그가 입학식에서 하버드에 갓 들어온 신입생들에게 항상 하는 조언으로 널리 알려져 있는데 내용은 이렇다. "더 앞으로 가면 주차할 자리가 없을 것 같아서 가고자 하는 목표 지점으로부터 멀리에 차를 세우지 마라. 일단 가고자 하는 지점에까지 가봐라. 뒤로 돌아오는 건 언제든지 가능하다." 이 말은 '너무 일찍, 또는 꼭 그래야만 하는 확실한 이유나 분명한 증거도 없이 미리 포기하거나 타협하지 말라'는 뜻이다. 결국 '어쩔 수 없이 꿈을 포기해야 될 때가 되기 전에는 절대로 하고 싶은 걸 포기하지 말라'는 이야기인데 파우스트 총장 자신도 이런 자세로 삶을 살아왔기에 지금의 자리에 다

ⓒ 양영은

파우스트 총장의 '주차장 이론'은 이렇다.
"일단 가고자 하는 지점에까지 가봐라.
뒤로 돌아오는 건 언제든지 가능하다."

다를 수 있었다고 말한다.

큰 생각과 큰 물음의 힘

나는 파우스트 총장이 자신만의 길을 걸어오면서 특히 여성으로서 어쩔 수 없었을 난관들을 어떻게 헤쳐왔는지가 궁금했다. 마침 한국을 방문한 파우스트 총장의 기자회견이 이뤄진 장소가 이화여자대학교였기에 그런 질문들을 던지기에 자연스러운 분위기가 조성되었다. (기자회견이었기 때문에 필자의 질문과 다른 기자들의 질문들이 함께 섞여 있음을 미리 밝힌다.)

여성이기 때문에 불리한 점을 극복하고 리더로 커나갈 때 필요한 덕목은 무엇이라 생각하시나요?

"제일 중요한 건 결연한 의지, 두 번째는 사람을 대하는 태도라고 할 수 있습니다. 정치나 사회 등 분야별로 다르겠지만 우선 자기 자신만을 생각하지 말고 좀 더 '폭넓게 생각하고 질문하는 것'이 중요합니다. 이는 남성들의 경우도 마찬가지죠. 자신만을 생각하지 않고 폭넓은 질문을 던질 수 있어야 제대로 된 리더십을 발휘할 수 있습니다. 또한 '성공하기 위해서는 무엇이 필요한가'를 묻는 것도 중요하지만 '성공을 이루고 나서 할 수 있는 게 무엇인가'를 묻는 것도 빼놓지 말아야 합니다. 저는 학생들에게 폭넓은 큰 생각big idea과 큰 질문big question을 종종 주문합니다. 제가 총장에 취임한 직후 누군가가 '하버드대 첫 여성 총장으로 선출된 소감'을 물어봤습니다. 그때 제 첫마디는 '여성 총장이 아니라 그냥 총장이다'였죠. '여성 리더십'이란 말 자체가 성차별적이지 않냐는 질문을 종종 받는데 총장 취임 후에 많은 여성들이 제가 총장이 되었다는 사실 자체로 영감을 받는다는 것을 보고 아직은 '여성 리더십'이라는 어휘가 필요한 시기라고 느끼기도 합니다. 아직은 갈 길이 먼 거죠. 하지만 분명히 달라지고 있습니다. 머지않아 '여성'이 특별히 강조되지 않는 시대가 올 것이고 그렇게 되면 '여성 리더십'이란 말은 어색해지고 '리더십'이라는 말이 더 자연스러워질 겁니다."

하버드대 총장이 되는 걸 꿈꿔 보신 적이 있나요?

"학생 시절 모교인 브린모어대(Bryn Mawr College, 브린모어대는 여자 대학교이다) 캠퍼스를 걸으면서도 나중에 대학 총장이 될 거란 생각은 꿈에도 못 해봤습니다. 하지만 미래에 여성 리더가 되리라는 생각은 제게는 매우 자연스러운 것이었습니다. 왜냐하면 저보다 먼저 용감하게 리더가 되었던 많은 여성들이 있었기 때문이죠. 중국에 이런 속담이 있습니다. '여자가 하늘의 반을 떠받치고 있다.' 이 말은 전 세계에서 여권 신장을 위한 선전 구호로도 쓰입니다. 하지만 저는 묻고 싶습니다. 왜 꼭 하늘을 반으로 나눠야 하나요? 모든 인간에게 넓은 하늘을 보여주면 안 될까요?"

우리나라에서도 첫 여성 대통령이 나온 것과 관련해 질문을 던졌다. 여성 대통령의 선출로 한국 사회에 어떤 변화를 기대해볼 수 있을까라는 물음이었다. 그러자 파우스트 총장은 한국 사회에 대해 잘

© 이화여대

은 모르지만 여성의 권한이 증대되면 어떤 변화가 있을 수 있는지에 대해 이야기하겠다고 했다.

"'변화를 어떻게 받아들이느냐'가 중요하다고 생각합니다. 즉, 변화에 대한 접근 방식이 중요한데요, 저는 여성들을 교육시키는 것이 결국은 사회에 공정성과 현명함을 증대시키고 이를 통해 변화를 가져온다고 믿습니다. 물론 변화를 일으키는 방법은 각 나라마다 다르고 그래서 각국의 아이디어와 방법을 공유하는 게 중요하겠죠. 따라서 대화가 이뤄져야 하고 이를 통해 현실 인식과 미래에 대한 인식도 제고되어야 합니다. 여성들에 대한 교육으로는 대표적으로 '여자대학교'를 생각해볼 수 있습니다. 미국에서도 여대의 수는 점차 줄어들고 갈수록 인기도 떨어지고 있지만 많은 여성들에게 여대는 여전히 의미 있는 선택이고 또 선택권을 늘리는 '옵션'으로서 주어져야 한다고 생각합니다. 매해 봄마다 하버드대에서 합격 통지서가 발송되고 총장이 천 명 정도의 합격생을 직접 만나는 자리가 있는데 이 자리에서 저는 학생들에게 무조건 하버드에 오라고 권유하지 않습니다. 하버드에 올 것인지 아니면 다른 학교에 갈 것인지는 각 학교의 특성을 잘 살펴보고 자신에 맞게 결정하라고 조언하죠. 자신이 가장 행복해할 수 있고 보람을 느낄 수 있는 교육 환경을 꼼꼼히 살펴보고 결정하는 게 좋다고 믿기 때문입니다. 어떤 환경에서 내가 가장 편안히, 성공적으로 공부할 수 있느냐는 매우 중요한 문제이고 이런 측면에서 여대는 하나의 선택으로서 아직 유효하다고 생각합니다(파우스트 총장은 1960년대 중반 여학생의 입학을 허용하지 않았던 프린스턴대를 포기하고 브린모어대에 입학했다)."

함께 질문하고 함께 배우다

하버드는 어떤 학생들을 선발하나요?

"우리는 학생들이 지적으로 뛰어난지를 보지만 그 밖에 삶의 다양한 측면들도 세밀히 관찰합니다. 특히 호기심이 많은지, 창조적인지, 학교 일 이외에 어떤 일들을 하고 있는지 등 시험 점수나 등급을 넘는 차원에서 지원자들을 보고 평가합니다. 그리고 무엇보다 성품을 중시합니다. 하버드에도 많은 한국 학생들이 있고 각 단과대학마다 한인 학생회가 활동하고 있는데 한국 학생들은 하버드의 다른 학생들에게 새로운 문화적 경험의 기회를 제공하고 있습니다. 그들의 관점과 식견이 하버드의 캠퍼스 생활을 더욱 풍성하게 해주는 거죠. 하버드에 오고 싶어 하는 학생들이 있다면 이런 조언을 해주고 싶네요. 어떤 학생이 하버드대에서 공부한다면 같이 공부하는 주변 친구들이 그를 보고 배울 수 있어야 한다고 말입니다."

이 조언은 내가 MBA를 가기 전, 하버드 경영대학원을 졸업한 멘토분이 "미국에 가게 되면 교실에서 자주 질문해라. 절대로 '바보 같은 질문'이란 없다. 네 스스로 바보 같은 질문이라고 느낀다 하더라도 용기 있게 모르는 것을 질문함으로써 다른 학생들에게 배움의 기회를 제공하게 될 거다"라고 격려해주신 것과도 상통했다. 이처럼

"우리는 학생들이 지적으로 뛰어난지를 보지만
그 밖에 삶의 다양한 측면들도 세밀히 관찰합니다.
특히 호기심이 많은지, 창조적인지, 학교 일 이외에 어떤 일들을 하고 있는지 등
시험 점수나 등급을 넘는 차원에서 지원자들을 보고 평가합니다."

하버드에서는 학생이 교수로부터 배우는 것뿐만 아니라 학생이 학생들로부터도 서로 배우는 환경을 조성하고 강조한다.

하버드를 하버드답게 만드는 것은 무엇인가요?

"그 질문은 하버드의 특출함에 기여하는 요소가 무엇인지 묻는 것 같군요. 우선 하버드는 최고의 인재들을 찾아내 끌어들이는 데 중점을 두고 있습니다. 그리고 그런 최고의 인재들이 모여서 기존의 지식과 질서에 끊임없이 도전하게 하고 동시에 그런 비판적이면서 창조적인 자세를 높이 사고 고무합니다. 아마도 그런 하버드의 전통과 문화가 선순환을 이루어 하버드를 하버드답게 하지 않나 생각합니다. 또 하버드에서는 인문학을 특히 중시하는데 인문학은 모든 학문의 기본이라고 할 수 있으며 마음속에 좋은 습성을 심어주기 때문입니다. 어떤 궁금한 점이 생겼을 때 이를 대하는 방식이라든지 어떤 사람의 삶을 이해하는 방식이라든지 하는 것들을 말이죠. 우리가 각각의 사물을 인식할 때 어떤 '맥락(상황)' 속에서 이해하는 게 정말 중요한데 그렇게 우리만의 세계를 넘어서 사물을 바라보고 이해할 수 있어야 합니다. 시간과 공간 차원 모두에서 말입니다. 이것을 가능하게 하는 게 바로 인문학이에요. 단순히 글로벌 경쟁력을 향상시키기 위해서가 아니라 수십 세기 동안 무엇이 우리를 인간이게 했는지를 말해주기 때문에 인문학 연구가 필요합니다."

세계적인 경제 위기로 취업난이 특히 심각합니다. 학생들에게 어떤 격려와 조언을 해주시나요?

"취업난은 미국도 예외가 아닙니다. 이런 상황에서 특히 우려되는 점이 있다면 젊은이들이 직장을 찾는 데에만 열중하는 것이죠. 커리어 중심으로 사고하는 것 말입니다. 물론 취업은 중요한 일이지만 세상은 빠르게 변화하고 있기 때문에 학생들이 그러한 세상의 변화 속도에 맞춰서 변화할 수 있을 것인가 하는 문제도 못지않게 중요합니다. 앞으로 15년 후에 학생들이 가지게 될 직업 가운데는 분명 지금은 상상할 수 없는 것들도 많을 겁니다. 따라서 올바른 습관과 더불어 지적인 역량, 비판적인 사고 능력을 키우는 것이 중요합니다. 그런 것들이야말로 앞으로 다가올 변화에 적응할 수 있도록 해줄 무기가 될 테니까요. 지름길 같은 진로를 정해놓고 그것만 따라가는 것은 바람직하지 않습니다. 좁은 시각은 주변에 있는 많은 기회들을 놓치게 하죠. 제가 대학에 다니던 때만 해도 하버드에선 여성의 도서관 출입이 금지돼 있었습니다. 그런데 지금은 어떤가요? 여러 놀라운 변화가 일어나 오늘날 제가 하버드의 총장이 되었습니다. 제가 하고 싶은 말은 이겁니다. '어떤 길을 정해놓고 그 길을 좇아가는 것이 아니라 열리는 길을 가라. 그럼 예상치도 못한 곳에 도달할 것이다.'"

파우스트 총장은 자신의 인생에서 가장 큰 영향을 준, 가장 중요한 분들은 단연 자신의 '선생님들'이라고 말했다. 그는 선생님들로부터 '생각하는 방법과 글 쓰는 방법'을 배웠다면서 지금도 연락하고 찾아뵙는다고 했다. 아마 그분들이 파우스트 총장이 학생들을 가르치는 데 있어서도 롤모델로 자리하고 있지 않을까?

:

사랑하라 그리고 일하라

끝으로 파우스트 총장이 여성으로서 어떻게 지금까지 직업을 가지고 잘 살아올 수 있었는지를 알려주는 일화가 있어서 소개한다. 이 일화는 '린인LEAN IN' 사이트http://leanin.org에 소개되었던 글로, 린인은 여성들의 사회 활동과 교육 그리고 지역사회에서의 생산적인 교제를 촉진하고 지원하면서 여성들에게 영감과 동기를 부여해 궁극적으로는 세상을 더 나은 곳으로 만들자는 뜻에서 운영되는 단체이다.

> 내가 종신교수가 되었을 때 드디어 미래가 보장된 상황이 도래했지만 동시에 첫아이의 임신으로 직업적인 면에서는 전환점을 맞게 되었다. 출산휴가가 보장되어 있지 않은 상황에서 다음 학기가 다가오고 있었는데 그 위기(?)를 잘 지나가기 위해서 무언가 창조적인 대책 마련이 절실했다. 그래서 나는 특별한 계획을 세웠다. 6주 분량의 강의를 미리 녹화해 내가 아이를 낳은 후 부재 시에도 강의를 이어갈 수 있도록 한 것이다. 1981년 당시에는 기술이 발달되거나 보급되지 않아 그런 시도는 엄청난 일이었다. 그것도 임신부가 말이다. 나의 이런 배려와 창의적인 시도에 학생들은 감동했고 대학 신문은 기사를 두 개나 썼다. 첫딸을 낳은

바로 다음 날, 내 강의실에선 비디오 속의 내가 여전히 학생들을 맞고 있었다. 그리고 그로부터 정확히 3주 뒤 나는 강단으로 돌아왔다. 돌이켜보면 그 실험은 학생들에게 '남녀를 불문하고 자신이 처한 상황에 탄력적으로 대응하고, 늘 준비되어 있으며, 필요한 경우에는 전에 없던 새로운 길을 만들고 새로운 방식을 창조하라'는 가르침을 줬다고 생각한다. 동시에 나는 출산휴가 정책의 필요성을 절감했는데 그랬기 때문에 이후 출산휴가 제도를 만들고 정착시키기 위해 부단히 노력했다. 교수라는 직업과 엄마라는 역할을 병행한다는 건 때로 너무나 힘들었지만 나는 그 둘을 함께 수행할 나만의 방식을 창조했다. 나는 '균형'이라는 말을 좋아하지 않는다. 그 말 자체가 내포하고 있는 어떤 두 개념 사이의 긴장감 때문이다. 그 대신 프로이트Sigmund Freud가 말한 '사랑하고 일하다lieben und arbeiten'라는 병렬 조합을 더 좋아한다. 왜냐하면 프로이트의 표현은 그 두 가지 삶의 목적을 모두 아우르기 때문이다.

여성만이 처하게 되는 상황적 어려움을 받아들이면서도 그것을 헤쳐 나가기 위해 노력하고 그렇게 낸 길을 다른 사람들에게 더 넓혀주기 위해 노력하는 파우스트 총장. 그가 여성으로서 세계적인 리더의 자리에 올라 남성들과 겨루고 성별을 떠나 존경받을 수 있는 것은 바로 이런 그의 노력과 문제의식에 따른 응전이 있었기에 가능했다. 마지막으로 나는 그의 이 말을 되새겨본다.

"오늘날 세계를 살아가는 데 가장 중요한 자질은 '다른 사람들의 관점을 이해하고 협력하면서 나아가 공동의 목표를 이루는 것'이다."

Drew Faust _드루 파우스트

드루 파우스트는 하버드대학교 첫 여성 총장이다. 성차별적 발언 논란으로 2006년 사임한 로런스 서머스Lawrence Summers 전 총장의 후임으로 선출되었다. 이로써 하버드대학교는 371년 역사상 처음으로 여성 총장을 맞았고 그가 선출되던 당시 하버드대를 포함해 펜실베이니아대와 프린스턴대, 브라운대 등 아이비리그 동부 명문 8개 대학들 가운데 절반을 여성 총장이 이끌게 되었다. 남북전쟁과 미국 남부 역사 분야에서 저명한 역사학자인 그는 첫 기자회견에서 "내가 총장으로 뽑힌 것은 불과 한 세대 전 여성들조차 갖지 못했던 기회를 상징한다"고 하면서도 "나는 하버드대의 여성 총장이 아니라 하버드대의 총장이다"라고 강조했다. 브린모어대를 우수한 성적으로 졸업하고 펜실베이니아대에서 석사와 박사 학위를 받은 후 그곳에서 25년간 교편을 잡았다. 하버드대에서 학부나 대학원 수업을 듣지 않은 외부 출신 총장으로서도 관심을 모은 그는 2001년 래드클리프 고등학문연구원의 학장으로 하버드와 인연을 맺었다.

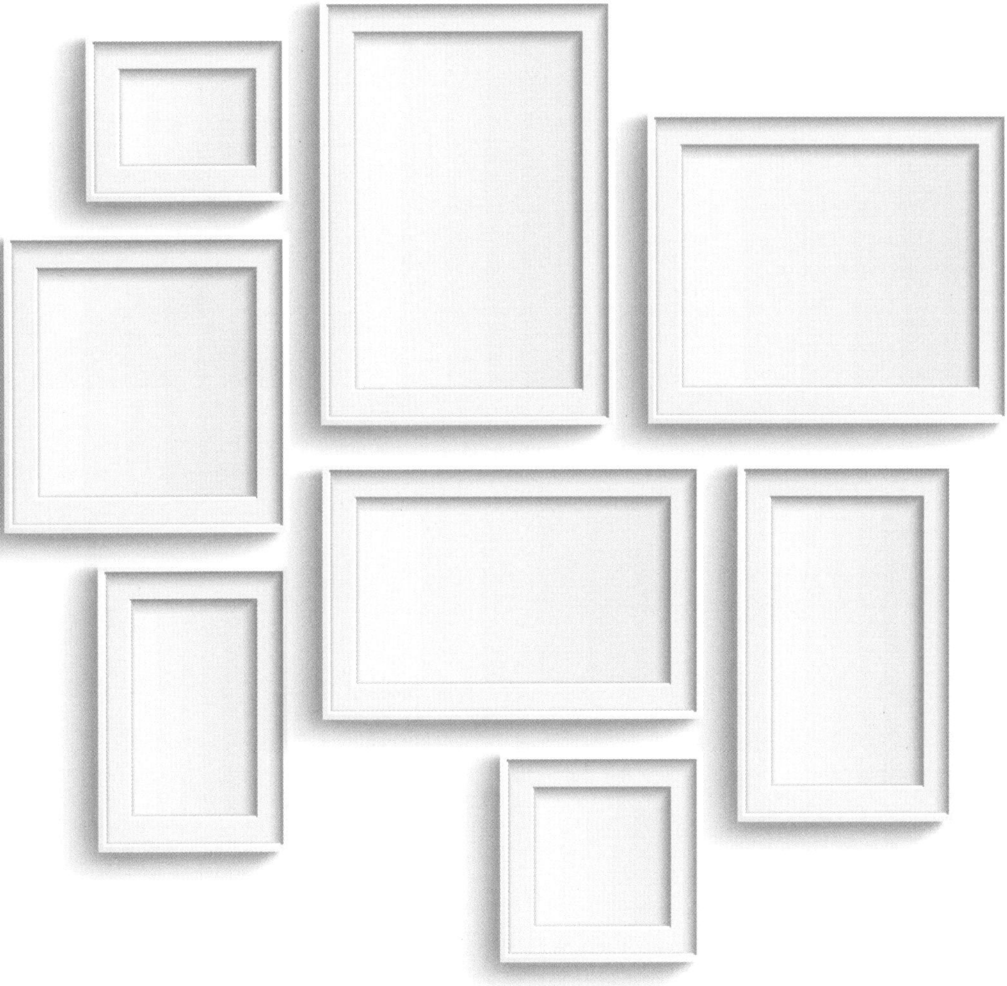

2부
세상과 함께 어우러지다

© Matthew Cavanaugh [Hello Photo]

회복탄력성

Resilience

Eric Schmidt

에릭 슈미트

구글(알파벳) 회장

분명한 목적을 가지고 끝까지 이뤄내는 힘

실패의 경험은 어떻게 성공으로 이어지는가?

"품위 있게 실패할 줄 아는 것은 매우 중요하다.
'실패해봤다'라는 것은 달리 말하면 '배웠다'라는 뜻이다."

슈미트 회장을 처음 본 건 2010년 MIT 미디어랩 설립 25주년 기념식에서였다. 워낙 유명한 사람인지라 그가 MIT에 온다는 사실만으로 MIT와 하버드대 캠퍼스가 들썩일 정도였지만 막상 대담장에서 나의 관심은 슈미트 회장이 아니라 그를 인터뷰하는 언론인 존 호켄베리John Hockenberry에게 향했다. 휠체어를 탄 채 당당히 슈미트 회장과 대화하는 모습이 처음부터 끝까지 너무도 강렬하게 와 닿았기 때문이다. 같은 언론인으로서 크게 감명받은 나는 대담이 끝나고 무대 뒤로 호켄베리를 찾아가 "대담을 훌륭하게 이끌고 진행해줘서 감사하다"라는 인사를 건넸다. 그러자 그는 얼굴에 미소를 머금은 채 "다음은 당신 차례예요"라고 특유의 어투로 화답했다. 그때는 '이

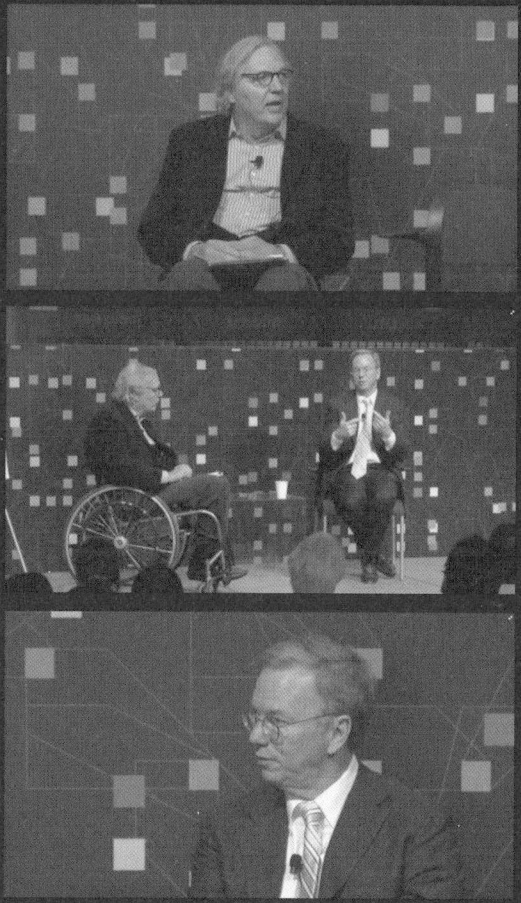

© www.media.mit.edu
MIT 미디어랩 설립 25주년 기념식장에서 대담하는 에릭 슈미트와 존 호켄베리

분은 칭찬에 답하는 방식도 특별하구나!' 생각하며 흘려들었는데 그의 말은 3년 뒤 서울에서 정말로 '현실'이 되었다.

2013년 10월, 구글 코리아가 문화체육관광부와 함께 '빅 텐트Big Tent(인터넷과 기술이 사회에 어떻게 기여할 수 있는지 열린 토론을 통해 고민하고 대안을 모색해보는 국제 콘퍼런스)' 행사를 서울에서 열게 되었는데 운 좋게 슈미트 회장의 대담자로 합류하게 된 것이다. 행사의 일환으로 40여 분간 진행된 슈미트 회장과의 특별 대담은 '한국 문화와 인터넷'이라는 주제가 정해져 있었다. 게다가 예상 질문들에 대해 구글 측과 사전 조율을 거쳐야 했기 때문에 슈미트 회장 개인에 관련된 질문을 할 기회는 상대적으로 제한되었다. 그래도 궁금한 점들을 기회가 생길 때마다 최대한 끌어냈다. 행사 하루 전날 오후 늦게 한국에 도착해 시차 적응할 시간도 없이 빡빡한 일정을 소화하고 대담장에 나타난 슈미트 회장은 피곤한 기색이 역력했지만 대담이 시작되자 특유의 능수능란함을 발휘했다.

슈미트 회장은 왜 싸이를 만나고 싶었을까?

한국에 비교적 자주 오시는데 그 이유부터 여쭤볼게요.

"저는 한국을 굉장히 좋아합니다. 꽤 오래 전부터인 것 같은데, 한국의 창의적인 문화와 유구한 역사에 깊은 인상을 받았습니다. 이번에도 저는 한국 정부와 함께 한글 보급 프로그램 등을 개발하기로 했는데(2013년 구글은 한국 정부와 한글박물관 설립을 위해서 협력하기로 했다) 저는 비록 한글을 모르지만 24개의 글자만으로 빠르게 타이핑할 수 있었던 것이 한국이 디지털 리더가 될 수 있었던 중요한 이유 중 하나라고 알고 있습니다. 그리고 백성들이 배우기 쉽고, 쓰기 쉬운 문자를 만들고자 했던 세종대왕의 한글 창제 취지는 세계의 모든 정보를 체계화해 모든 사람이 편리하게 이용하도록 한다는 구글의 목적과도 일맥상통한다고 생각합니다."

인터뷰를 준비하면서 '슈미트 회장이 각 나라를 방문할 때 해당 국가에 대해서 철저하게 공부하고 간다'는 이야기를 들었던 터라 그가 특정한 지식을 상세히 언급하는 데 대해서는 별로 놀라지 않았다. 대신 그의 개인적인 경험이나 인상 등이 궁금했다. 그래서 좀 더 구체적으로 물었다.

한국 문화 중 특히 인상 깊은 것은 무엇인가요?

"('코리아'라는 단어를 들었을 때) 미국 사람이라면 한국전쟁 다음에 아마도 케이팝 K-pop을 떠올릴 겁니다. 특히 싸이는 한국이 보여줄 수 있는 세계적인 인재라고 생각하는데 싸이가 그렇게 된 데는 인터넷 특히 유튜브의 역할이 컸죠. 이런 것들을 지켜본 입장에서 말씀드리자면 한국 문화에는 '세련미'가 있습니다. 제가 올해 1월 평양에 갔는데 거기서도 시가지의 건축물들이 참 아름답다는 인상을 받았습니다."

인터뷰를 준비하면서 구글 코리아 직원들과 여러 차례 사전 미팅을 가졌는데 그러면서 슈미트 회장이 싸이를 개인적으로 만나고 싶어 했다는 이야기를 듣게 되었다. 아마 슈미트 회장도 싸이도 자기 분야에서 일가를 이룬 사람들로서 무언가 통하는 게 있어서 그러지 않았을까? 당시에는 한류라고 하면 〈강남스타일〉을 빼놓을 수 없었던 까닭에 그 이야기를 꺼냈다.

싸이를 만나 '말춤'도 같이 추셨는데 왜 그토록 싸이를 만나고 싶어 하셨죠?

"전 세계적으로 선풍을 불러일으킨 사람이 있다면 저는 그것이 단지 운이 좋아서만은 아니라고 생각합니다. 무언가 독특한 점, 그 사람만의 고유한 장점이 있기 때문에 그렇게 됐다고 생각하죠. 싸이를 만났을 때 이런 이야기를 하더군요. '십 년이 넘게 춤추고 〈강남스타일〉과 비슷한 걸 해왔지만 정말 이런 일은 순식간에 일어났다'라고요. 그 말을 듣고 '그것은 바로 모든 천재들에게 적용되는 이야기다'라고 말해줬습니다. 싸이뿐만 아니라 그렇게 되는 사람들은 계속 노력하다가 어느 순간 딱 '터지게' 되죠. 그 시점은 아무도 알 수 없습니다. 저는 모든 천재들이 다 그 정도의 시간 동안 고생했다는 것을 잘 알고 있어요."

슈미트 회장은 아마 두 가지 이유로 싸이를 '직접' 만나보고 싶었던 것 같다. 싸이라는 세계적 스타의 고유한 장점은 무엇인지 직접 느끼면서 파악해보고 싶었을 테고, 무엇보다 싸이 또한 음지에서 고생해온 긴 시절이 있을 거라는 사실을 미루어 짐작하고 있었기 때문에 그 시간에 대해 격려해주고 싶었던 게 아닐까. 그러면서도 인터넷

© Matthew Cavanaugh [Hello Photo]

"천재들은 계속 노력하다가 어느 순간 딱 '터지게' 됩니다.
그 시점은 아무도 알 수 없지요."

기업의 수장으로서 요즘의 IT 환경과 관련된 분석도 빼놓지 않았다.

"인터넷은 항상 그런 새로운 천재들을 발굴해냅니다. 모든 사람에게는 창의성이 있기 때문에 언제든지 싸이처럼, 아니 싸이보다 더 큰 성공을 거두는 사람들이 앞으로도 계속해서 나올 겁니다. 어떤 면에서 싸이는 시기를 잘 만났다고도 할 수 있는데요. 왜냐하면 세상이 무언가 새로운 것을 계속해서 찾고 갈구하고 있는데 아시아에 인터넷 보급이 거의 절정에 이른 상황에서 싸이의 말춤이 온라인상에서 그런 갈망을 채워주고 폭발적인 인기를 얻기에 충분했기 때문이죠. 그런 여러 가지가 잘 맞았다고 생각합니다. 춤과 음악에 있어서 한국은 분명 굉장히 앞서 있습니다만 지금은 전 세계 누구든, 또 언제든, 춤과 음악으로 싸이 같은 세계적인 스타가 될 수 있는 환경입니다."

구글 회장으로서는 어찌 보면 너무나 당연한 시각이고 분석이었지만 바로 그런 이유로 한국에서는 언제부턴가 한류의 지속 가능한 발전에 대한 우려와 논의가 활발하기 때문에 화제를 그쪽으로 돌렸다. 실은 슈미트 회장의 통찰력에 바탕을 둔 지혜를 구하고 싶은 마음이 컸다.

요즘 한국에서는 한류의 지속적인 확산과 유지라는 차원에서 고민과 우려가 많습니다.

"우선 언어부터 먼저 이야기해보죠. 한국어가 세계적으로 많이 쓰이는 언어는 아니기 때문에 이 점을 반드시 염두에 두어야 합니다. 그리고 두 번째로 싸이 같은 대형 성공 사례를 만들어내기 위해서는 기업가들도 지금보다 훨씬 더 많이 배출되어야 합니다. 어떤 사람들은 '우리 방송사들이 있고 스튜디오가 있으니까 여기에만 선택과 집중을 하면 성공할 것이다'라고 생각하는데 절대 그렇지 않습니다. 세계 어느 오지에서 어떤 아이가 제2의 싸이로 클 가능성이 있다고 합시다. 그 어린이가 누군지 미리 알면 지금 그 마을에 가서 데려와 키울 수도 있겠지만 그런 가능성이 있는 어린이가 누구인지 지금은 알 수가 없습니다. 그렇기 때문에 이런 인재가 나왔을 때 그 주인공이 세계적으로 소개될 수 있도록 하는 '매체', 즉 시스템이 필요하다고 생각합니다. 그리고 체계적인 전략도 갖춰서 되도록이면 시장과 소비자에게 보다 많은 선택권을 주고 그런 다음에 시장이 선택할 수 있게 하면 더 좋겠죠. 사실 '어떻게 하면 싸이의 성공을 재현할 수 있느냐' 하는 질문은 한국뿐만 아니라 다른 나라에서도 자주 받습니다."

슈미트 회장은 세계적인 기업의 경영자이기에 경영 측면에서도 좀 더 구체적으로 물어봐야겠다는 생각이 들었다. 그래서 만약 엔터테인먼트 기업의 경영자라면 어떻게 하겠느냐고 물었다.

"만약 제가 엔터테인먼트 회사의 경영자라면 최대한 빨리 인재를 발굴하는 데 집중할 겁니다. 그렇게 하려면 어린 인재들을 데려다가 시스템 안에서 키워낼 수 있도록 해야겠죠. 한국에서도 그런 시도가 이뤄지고 있다고 들었습니다. 그러고는 안목 있는 사람들로 하여금 이렇게 조기 발굴한 인재들에게 함께 투자할 수 있도록 하는 게 또 하나의 중요한 방편이 될 겁니다. 그리고 기본적으로 소비자들의 취향이나 사회·문화적 스타일의 추세가 앞으로 어떤 식으로 변하고 발전해나갈지에 대한 감각을 키워야겠죠. '문화'에 있어서 특기할 만한 점은 이른바 앞서 나가는 사람들은 무엇이든 제일 먼저 알기를 원한다는 거예요. 아직 유행을 따라오지 못하고 있는 사람들에게 무언가를 앞서서 보여주기를 원한다는 거죠. 그렇기 때문에 유행의 최첨단을 걷고 있는 사람들을 찾아 그들이 관심을 가지고 있는 부분을 찾아내는 일 또한 중요할 것 같습니다."

기술의 발전은 인간을 더욱 인간답게 한다

슈미트 회장은 싸이 같은 온라인 글로벌 슈퍼스타의 출현을 이미 수년 전에 예상했다. 그렇다면 지금은 어떤 예측을 하고 있을까?

싸이 같은 세계적인 온라인 스타를 예측했던 능력으로 앞으로를 예측하신다면요?

"앞으로는 더욱 스마트한 네트워크가 만들어질 겁니다. 지금은 아직 그렇게 스마트하지는 않아요. 답을 얻기 위해서는 우리가 질문을 해야지, 인터넷이 알아서 답을 내놓지는 않잖아요. 빅 데이터가 한창 화두인데 빅 데이터 분석을 통하면 답을 좀 더 편리하게 구할 수는 있겠죠. 앞으로는 컴퓨터가 '정보'보다는 '지능'을 제공하게 될 텐데요. 예를 들어 제가 한국에 왔을 때 '내가 제일 좋아할 한국의 박물관은 어디일까, 한국에서 내가 찾는 스타일의 청바지는 어디서 사는 게 좋을까'와 같은 내용들을 알아서 척척 제공해줄 수 있게 되는 거죠.

컴퓨터라는 기계와 인간의 차이를 한번 짚어볼까요? 컴퓨터의 경우 잘하는 게 분명히 있는데 기억력에 있어서는 정말 최고입니다. 하나도 빠짐없이 완벽하게 기억하죠. 그리고 컴퓨터의 또 다른 장점은 아주 많은 데이터들에서 내게 딱 필요한 것을 바로 뽑아내는 일을 아주아주 잘합니다. 그런데 컴퓨터가 못 하는 것도 있어요. 바로 창의, 남에 대한 배려, 돌봄과 같은 것들입니다. 다시 말하면 로봇이 사람을 돌보기는 어렵겠죠. 시도는 이뤄지고 있습니다만 아직 기계가 인간을 따라잡지는 못하고 있습니다. 결론적으로 컴퓨터와 인간이 서로 상대방보다 잘하는 영역이 명백히 존재합니다. 컴퓨터는 다리품을 많이 팔아서 아주 기본적인 정보들을 수집하고 분석하는 일을 해주고 그럼으로써 인간이 더 이상 정보를 수집하고 분석하는 데 많은 노력을 들이지 않아도 되기 때문에 우리는 더 많은 시간적 여유를 가지고 창의성을 발휘할 수 있는 거라고 생각합니다."

한창 고개를 끄덕이며 듣던 나는 문득 여기서 의문이 생겼다. 그렇다면 이 말은 곧 인터넷 문화가 발전할수록 우리는 인간이 컴퓨터보다 더 잘할 수 있는 것, 즉 '인간다움'에 더 집중할 수 있게 된다는 말인가? 하지만 현실에서는 오히려 '인간소외'와 같은 비인간적인 현상들도 엄연히 나타나고 있지 않은가.

그러면 인터넷 문화가 발전할수록 사람들은 인간다움에 더 집중할 수 있게 된다는 건가요?

"저는 낙관론자입니다. 세계가 인터넷을 통해 모두 연결되면 우리는 서로를 더 좋아하게 될 거라고 생각해요. 사이가 더 좋아지는 거죠. 결국은 모두 다 같은 사람들이잖아요. 인류의 역사를 보세요. 부족部族으로 시작해서 싸움도 많이 있었지만 지금은 좁은 세상이 되었고, 상호 연결되었다는 것은 그만큼 서로가 서로에게 더 많이 의존하게 되었다는 걸 의미합니다. 저는 인류가 인터넷으로 연결될수록 더 나은 삶을 같이 누리자는 의식이 확산되고 그러기 위해 서로가 서로를 돌보고 위하는 것의 중요성을 깨닫게 되며 '인간성'의 위대함을 더욱 값지게 여길 거라고 생각합니다. 저는 컴퓨터와 인터넷 그리고 우리가 지금 상상하는 각종 기기와 기술의 시대가 도래하면 사람들이 '무엇이 우리를 진정 인간답게 하는가'를 더 잘 이해하게 되길 바랍니다. 사랑, 동정, 배려, 창의 등 컴퓨터는 하기 어려운 것들을 말이에요. 그래서 사람은 이런 인간적인 가치들에 더욱 신경을 쓰고 컴퓨터는 컴퓨터가 잘할 수 있는 일들을 처리해줌으로써 인간의 많은 일들을 대신해주고, 결과적으로는 우리가 인간적인 것이나 인간다운 일에 더 치중할 수 있게 되는 거죠."

슈미트 회장의 논리를 이해하는 게 어려운 일은 전혀 아니었지만 나는 때때로 휴대전화가 없던 때가 그립다는 생각을 하기도 하는 터라 이 부분과 관련해 예상되는, 또는 이미 겪고 있는 단점들과 그에 대한 예방책이나 대책들은 없는지 계속해서 물어보고 싶었다. 하지만 시간 관계상 진도를 나가야 했기에 절충안으로서 '교육' 이야기를 꺼냈다.

당신은 언제나 인간과 기계, 인간과 자동화를 대조하시곤 합니다. 또 그런 맥락에서 교육을 특히 강조하시죠.

"예, 그렇습니다. 한국을 예로 이야기해볼까요. 60여 년 전 한국전쟁 직후의 한국은 농업국가였습니다. 그러다가 급속한 산업화를 이루어 전 세계의 부러움을 사는 제조업 국가가 되었지요. 철강 산업을 한번 보세요, 대단하죠. 그 외에도 좋은 예는 많습니다. 그러한 산업화에 힘입어 이제는 텔레비전이나 평면 모니터 생산 등에서도 어마어마한 강국이 되었죠. 이제 농업국가로 되돌아가지는 않을 겁니다. 진보만이 있으니까요. 그렇게 컴퓨터가 발전하고 자동화가 발달할수록 생산성은 더 높아집니다. 그러면 자연히 교육에 더 투자하게 되는데 기술 투자나 글로벌 비즈니스 창업도 그 결과로 나타나는 것들이죠. 미국도 1900년대엔 국민의 95%가 농업에 종사했는데 오늘날에는 3%밖에 되지 않습니다. 농업이나 제조업들은 중국이나 동남아로 넘어간 지 오래죠. '메이드 인 코리아'도 찾아보기가 예전만큼 쉽지 않잖아요? 그래서 요즘은 어떤 신기술이 미국에서 발명되면 한국에서 상용화되고 제대로 자리를 잡은 후 중국에서 대량 생산되는 과정을 거친다고 말합니다. 물론 아주 단순화시킨 이야기지만 어쨌든 그런 추세라고 한다면 앞으로 어떻게 하시겠어요? 유일한 선택은 더 나은 교육과 자동화를 더욱 발전시키는 것 그리고 신기술을 발명하는 것뿐입니다. 그러지 않으면 국가의 성장은 둔화되고 국민들도 행복할 수 없게 되어서 여러 가지 사회적인 문제들이 나타나게 될 겁니다."

어떻게 그런 '예측'을 하실 수 있나요? 당신의 '사고思考 과정'을 들려주시겠어요?

"기술과 과학 분야에서는 이제까지 대부분의 제 예상이 맞는 걸로 나타났습니다. 제가 20여 년 전에 한 연설이나 강의를 봐도 그렇죠. 저는 오늘날 데스크톱 컴퓨터나 휴대전화, 클라우드 컴퓨팅 같은 것들의 출현을 예상했고 적중했습니다. 물론 구글이나 페이스북 등이 필요해질 거라고는 생각하지 못했지만요. 하지만 '사람들이 서로 더 연결되길 원할 것이다'라는 건 맞췄어요. 새로운 형태의 혁신들이 일어날 거라는 예상도요. 기업의 크기가 당시 대기업보다 훨씬 더 커질 거라는 글로벌 기업의 출현도 예측했죠. 결국 '예측은 가능하다, 미래는 예측할 수 있다'는 겁니다. 물론 그 가운데 사람들이 구체적으로 무엇을 할 것인가는 또 다른 이야기가 될 거예요. 그것은 창조적인 사람들의 몫이고 아마 그런 부분에서 활약할 많은 기업들이 한국에서 나올 거라고 기대합니다. 다만 우리가 확실히 아는 것은 '컴퓨터화computerization'와 '연결성connectivity'이 사람들을 더 스마트하게 만들 거라는 사실이에요. 물론 그로 인해 파생되는 많은 영향들에 대해서도 당연히 생각해봐야겠죠."

나는 이 거인guru의 개인적인 비결들이 궁금했지만 그는 거인답게 때로는 즉답을 피한 채 자신이 하고 싶은 이야기를 할 수 있는 방향으로 대화를 노련하게 끌어갔다.

한국은 이미 국민의 90% 이상이 인터넷으로 연결되어 있는데 이 다음 단계는 무엇일까요?

"우선 축하합니다. 인터넷 연결로 보면 한국이 단연 세계 최고죠. 제가 전 세계에서 1등인 국가에 온 겁니다. 한국의 게임 문화부터 이야기해볼까요? 하루 24시간 돌아가는 아주 큰 멀티플레이어 게임들이 있잖아요. 그런 한국산 게임들이 앞으로도 한류 확산과 성공에 큰 역할을 할 겁니다. 한국의 게임 문화는 정말 훌륭해서 앞으로 한국이 허브 역할을 하지 못할 이유가 없습니다. 아주 쉽게 생각해볼 수 있는 예죠. 둘째로는 앞으로 당분간 전 세계 휴대전화의 대부분이 한국에서 생산될 걸로 보는데 따라서 그 기기들에 무언가 한국 문화적인 요소를 가미할 수 있다면 좋겠죠. 무료라면 더 좋고요. 그런 쪽으로 생각해보는 것도 한국 문화의 확산이라는 측면에서 분명히 이점이 될 수 있을 겁니다. 하지만 결국은 돈을 벌어야 하잖아요. 모바일 방송이든 노래든 문화 콘텐츠를 만들어서 수익을 창출해야죠. 그 연결은 인터넷이 맡아줄 겁니다. 따라서 정부와 지도자들 그리고 언론의 역할은 창조성이 솟아날 수 있는 환경을 만들어주고 검열이나 통제를 되도록 자제하는 겁니다. 그러면 다른 성과들은 저절로, 자연스레 따라올 거예요."

'검열'이라는 이야기를 들으니 전 세계 국가들을 나라별로 특징적인 한 단어로 표기해놓은 지도가 생각났다. 그중 한국은 '일중독(워커홀릭)'이라는 단어로 북한은 '검열'이라는 단어로 상징되었다. 나는 이 시점에서 그의 방북 경험에 대해 물었다. 원래 인터뷰 주제와는 조금 거리가 있었지만 대부분의 한국 사람들이 가보지 못한 북한을 슈미트 회장이 다녀왔기 때문에 그냥 지나칠 수가 없었다. 그리고 물어보길 잘했다 싶을 만큼 생생한 이야기가 나왔고 이 내용은 많은 매체들에 기사화되었다.

북한 이야기가 나온 김에 북한에 다녀온 경험에 대해서도 들려주시겠어요?

"우선 저와 제 딸(소피 슈미트) 그리고 저와 같이 책을 쓴 제러드 코언Jared Cohen은 북한에 대해 인터넷 개방을 주문하러 갔습니다. 북한의 현실은 이랬는데요, 북한 내에는 정부 부처를 제외하고 인터넷 연결이라고 할 만한 게 없었으며 몇몇 대학에서 인터넷이 연결되긴 하지만 그마저도 로그인이 필요한 데다가 인터넷을 이용하려면 항상 누군가와 함께 있어야 하고 절대로 혼자서는 사용할 수 없었습니다. 아주 폐쇄적인 사회였죠. 제 생각에 북한 정권은 북한 밖의 세계가 얼마나 잘 사는지 북한 주민들이 알게 되면 정권이 위협받을 거라고 판단하는 것 같았습니다. 그래서 인터넷에 문을 열지 않는 거겠죠. 특이한 점들이 또 있었는데 우선 텔레비전 채널이 두 개밖에 없었어요. 한 채널에서는 지도자의 연설이 반복해서 방송되는데 그 연설을 단어 하나 빠짐없이 외워야 한대요. 다른 채널에서는 아주 선동적인 음악을 계속 내보냈는데 젊은이들이 노래하거나 연주하는 거였어요. 제 딸아이가 블로그에도 썼는데 북한에는 음악을 들으면서 다니는 사람들이 없다는 것도 특이했죠. 아이팟은 말할 것도 없고 정보가 확산되는 데 쓰일

© David Guttenfelder [Hello Photo]
평양의 인민대학습당을 방문한 에릭 슈미트

만한 기기들은 아무것도 없었습니다.

좀 심각한 얘기도 해볼까요? 평양에 있는 동안 정말 추웠습니다. 그 정도일 줄은 몰랐죠. 근사한 빌딩에서 정부 관리들과 공식 회의가 잡혔는데 외투를 입고 있으라고 하더군요. 미팅 내내 너무 추워서 벌벌 떨었습니다. 당시 북한에 억류되어 있던 미국인이 생각났고, 그런 사람들은 이 추위 속에서 어떻게 견디고 있을까 걱정되더군요. 우리가 있는 곳에도 난방시설이 없었는데 수용소 같은 곳은 말할 것도 없겠죠. 그래서 저는 북한 정권을 옹호할 생각이 없습니다. 북한 정권은 기나긴 기아와 기근에도 여전히 건재하죠. 앞으로도 한동안은 그럴 것 같은데 부디 북한 정권이 최소한만이라도 정보를 개방하는 게 북한 주민들을 위해서 좋을 거라고 생각합니다."

북한의 인터넷 개방이 한반도 통일에도 영향을 미칠까요?

"북한 사람들이 그러더군요. 남한이나 북한 모두 통일에는 동의하는데 누가 통일을 할 건지는 아직 합의를 못 봤다고요. 정말 그런가요? 우선은 일단 남북한 간에 더 많은 소통이 이뤄진다면 서로에게 좋겠죠. 북한은 정말 상황이 어렵다고 들었습니다. 그래서 인도적 지원도 많이 필요한데 남한 사람들이 식량이나 연료 같은 걸 보내주고 있죠. 아주 잘하는 겁니다. 하지만 제일 중요한 일은 두 나라 사이에 소통을 시작하는 거예요. 북한은 정말로 극히 폐쇄적인 나라입니다. 다시 한 번 말씀드리지만 그런 폐쇄성은 결코 그들 자신에게도 도움이 되지 않아요. 북한이 경제나 새로운 사상들에 대해 문호를 조금이라도 개방한다면 한반도의 안정과 북한 주민들의 안녕 그리고 북한 정권에도 많은 도움이 될 거라고 생각합니다. 남북한 간에 격차가 커지는 것도 문제잖아요."

슈미트 회장과 한국에 대한 이야기를 계속 나누고 싶었지만 어느새 시간이 얼마 남지 않았음을 알리는 표시가 눈에 들어왔다. 그래서 "한국에 관심을 가져주셔서 감사하다"는 말과 함께 슈미트 회장이 좀 더 할 말이 많은 쪽으로 화제를 돌렸다.

실패의 경험이 곧 배움의 경험이다

이번엔 실리콘밸리로 가볼까요? 한국과 실리콘밸리는 어떤 점을 서로 배우고 나눌 수 있을까요?

"먼저 둘을 비교해보죠. 솔직히 말해서 한국은 위계질서가 강하고 가부장적이며 중앙집권적입니다. 또 그래서 한국이 지금까지 성장해왔고요. 하지만 이제는 바뀌어야 합니다. 앞으로 한국은 여성 인력을 더 많이 활용해야 하고 상명하복의 문화도 바꿔야 해요. 창의와 창조는 아래로부터 나오므로 리더들은 자신만이 옳다는 생각을 버리고 다른 사람의 생각에 더욱 귀 기울여야 하죠. '좋은 생각이다!'라면서 적극적으로 칭찬도 해주고요. 좋은 아이디어는 다른 사람에게서 얻게 되고 당신은 그저 '굿 아이디어!'라고 말하기만 하면 될지도 몰라요.

그리고 기업가 또는 창업가에게는 어느 정도 실패의 가능성이 당연히 따릅니다. 실패할 줄 알고, 또 실패를 한다고 해도 품위와 자존

"리더들은 자신만이 옳다는 생각을 버리고
다른 사람의 생각에 더욱 귀 기울여야 하죠.
당신은 그저 '굿 아이디어!'라고 말하기만 하면 될지도 몰라요."

감을 잃지 않을 수 있는 게 정말 중요합니다. 캘리포니아에서 창업가들은 언제라도 실패를 합니다. 하지만 곧바로 더 나은 수입이 보장되는 직업을 갖게 되기도 하죠. 실패의 경험은 곧 배움의 경험으로 받아들여집니다. 그리고 배움은 아주 중요해요. 왜냐하면 시스템은 계속 변화하니까요. 더 많은 여성 인력의 활용이나 더욱 유연하고 창업에 보다 유리한 문화로의 발전적인 변화는 한국에도 큰 도움이 될 겁니다."

마지막으로 구글 회장으로서 어떤 인재를 원하시는지 여쭤볼게요.

"직원을 단지 피고용인으로서가 아니라 똑똑한 동료라고 생각해보세요. 우리가 항상 하는 테스트가 있는데 이름하여 'LA 공항 테스트'라고 합니다. 통과하기가 아주 어렵죠. LA 공항에 가본 분들은 아시겠지만 엄청 혼잡한 곳이잖아요. 그런데 그 공항에 여섯 시간 동안 발이 묶였다고 칩시다. 그 시간 동안, 아니 여섯 시간이 지난 후에도 여전히 대화가 즐거운 사람이 있다면 어떨까요? 우리는 그런 사람을 찾습니다. 똑똑한 건 물론이고 그처럼 매력 있고 무언가 계속 듣고 싶은 이야기가 생기는 사람 말이에요. 물론 열정도 중요합니다. 일에 대한 열정이든 다른 어떤 것에 대한 열정이라도 좋아요. 성공이라는 건 결국 열정과 인내가 만들어낸다고 하잖아요? 목적이 분명하고 그것이 실현될 때까지 계속하는 것, 그게 성공입니다. 인내하면서 열정을 유지하는 거죠. 만약 당신이 그 둘을 갖췄다면 저에게는 아주 매력적인 인재입니다."

나는 여기서 프라나브 미스트리가 좌우명처럼 새기고 있는 '시도하기를 멈추지 않는다면 실패는 없다'라는 말이 생각났다. 비록 연령대는 다르지만 실리콘밸리에서 세계적인 성공을 이룬 사람들이 공통적으로 이 말을 하는 것이다. "분명한 목적을 위해 그것이 실현될 때까지 열정을 다한다." 태어날 때부터 다른 사람들보다 우월했을 것 같은 그들도 실은 열정을 가지고 인내하는 삶의 태도를 가졌기 때문에 지금 이 자리에 있는 것이 아닐까.

Eric Schmidt _에릭 슈미트

에릭 슈미트는 현재 구글(알파벳) 회장이다. 2001년부터 구글에서 최고경영자로 탁월한 리더십을 발휘하며 구글을 세계적인 기업으로 성장시켰다. 그 전에는 미국의 컴퓨터 소프트웨어 회사인 선 마이크로시스템즈의 최고기술경영자, 리눅스 업체인 노벨의 최고경영자를 역임했다. 미국 최고의 연구기관인 제록스 파크와 벨 연구소 등에서도 연구원으로 일했다. 프린스턴대학교에서 전기공학을 전공하고 캘리포니아대학교 버클리 캠퍼스에서 전기공학, 전산학 석·박사 학위를 받았다. 구글의 제러드 코언과 공동 집필한 《새로운 디지털 시대》, 역시 구글의 조너선 로젠버그Jonathan Rosenberg, 앨런 이글Alan Eagle과 공동 집필한 《구글은 어떻게 일하는가》는 베스트셀러로 유명하다.

© Joshua D. Wachs

목적의식

Purpose

Nicco Mele
니코 멜레
전 하버드 케네디 스쿨 강의교수 | 〈LA타임스〉 디지털 편집국장

당연하다고 생각하지 말고 무엇이 옳은지 계속 고민하라

목적의식은 어떻게 나와 세상을 바꾸는가?

"'삶의 목적을 발견하는 것'이 곧 힘이다.
목적의식이 있으면 당신이 어떤 세상을 원하는지 알 수 있고,
또 그런 세상을 만들 수 있다."

○
○
○

멜레 교수를 알게 된 건 그가 가르치는 강좌의 이름 때문이었다. '디지털 시대의 언론, 정치 그리고 권력'이라고 되어 있으니 언론인으로서 어떻게 그냥 지나칠 수가 있겠는가? 하버드 웨더헤드 국제문제연구소에서 연구원(웨더헤드 펠로Weatherhead Fellow라고도 한다. 하버드 국제문제연구소에서 매해 외교관과 군인, 언론인과 NGO 등 국제문제 분야의 전문가를 선발해 연구를 지원하는 프로그램이다)으로 근무하기 시작한 첫 학기, 그렇게 그의 수업을 듣게 되었다.

'2014 서울디지털포럼SDF'에 자신의 첫 책《거대 권력의 종말》을 가지고 연사로 참가해 재회하게 되었을 때도 그는 몇 해 전 미국에서 만났을 때처럼 한결같이 '목적의식'을 강조했다. 자신은 '가르치는 일'이라는 목적(사명)을 인생에서 비교적 일찍 발견해 운이 좋은 편이라면서 사업을 하는 이유도, 실은 아무리 하버드대에서 가르친다 해도 경제적으로는 안정적이지 않기 때문에 그런 걱정 없이 '가르치는 일'이란 '목적'에 매진하기 위해서라고 털어놓았다.

지금은 놀라움이 조금 덜하지만 멜레 교수의 수업을 듣고 한국에 들어와 2012년 대선을 겪으면서 그가 인터뷰 때 한 예언(?)이 어쩌면 그렇게 적중할 수 있는지 생각할수록 새삼 놀라웠다. 연구원 시절인 2010년 말 교수 면담을 신청해 기자 대 온라인 선거 전문가로서 인터뷰를 하게 되었을 때 멜레 교수는 "단언컨대 인터넷으로 인해 지금은 아무도 생각지 못한 사람이 다가올 한국 대선에서 유력 주자로 떠오를 것"이라고 확신에 차서 말했었다. 한국 정치에 대해 자세히 알지도 못하는 사람이 어떻게 이렇게 단호히 이야기할 수 있을까, 그때는 그저 반신반의 의아할 뿐이었다. 하지만 박원순 후보가 서울시장이 되고 안철수 후보가 유력한 대선 주자로 급부상하면서 그의 예측은 현실이 되었다.

나는 무엇보다 멜레 교수가 어떻게 그렇게 젊은 나이에 많은 것을 이루고 어떤 사안에 대해 확실한 소신과 정확한 예측력을 가질 수 있는지 궁금했다. 그의 수업을 듣는 대학원생들과 비슷한 나이에 이미 인터넷 전략 컨설팅업체인 '에코 디토Echo Ditto'를 창업했고, 대학을 졸업하자마자 정치인의 선거 캠프에서 선거 전략을 맡았던 실전 경험도 있으며, 세계에서 내로라하는 수재와 석학들이 모인다는 하버드에서도 인기 강의교수로서 자리를 굳혔으니 말이다. 그래서 그를 만나자마자 단도직입적으로 물었다.

오바마의 선거 전략은 어디에서 시작되었나?

이렇게 젊은 나이에 성공하신 비결은 무엇인가요?

"저는 비교적 이른 나이에 기술과 정치 분야에서 남다른 경험을 쌓았습니다. 덕분에 이 분야에서 중요한 사람이 될 수 있었던 것 같아요. 특히 그 두 가지 전공 분야가 2004년 민주당 대선 후보가 되기 위해 뛰었던 하워드 딘(Howard Dean, 전 민주당 당의장, 전 버몬트 주 주지사)의 온라인 선거 전략 참모라는 경력으로 수렴되면서 이후에 학생들을 가르칠 수 있는 기회로까지 이어졌습니다. 하버드 케네디 스쿨은 연구 실적도 중시하지만 각 분야에서 경험을 쌓은 실무 경력도 중요하게 생각하거든요. 아마도 남들과 다른 제 경력이 연구 실적을 대체할 수 있지 않았을까요? 2008년 경선에서 오바마가 힐러리랑 맞붙었을 때 오바마는 인터넷과 SNS를 이용해 대중에게 다가감으로써 이전과는 전혀 다른 새로운 방식으로 승리했습니다. 바로 제가 딘 후보 캠프에서 이끌던 팀이 개발하고 응용한 방식들이었죠. 유권자들을 일일이 만나서 정치자금을 모으는 데 들이는 시간과 노력을 인터넷으로 자신의 비전과 정책을 알리고 유권자들을 설득하는 데 쓰는 전략이었는데 그런 방식은 당시로서는 미국 정치사상 극적인 변화였어요. 저는 대학 때 정치학과 컴퓨터 공학을 복수 전공했기 때문에 어떻게 하면 인터넷과 기술, SNS를 활용해 선거운동에서 효과를 낼 수 있는지 남들보다 먼저 감이 있었습니다."

“저는 우리가 ‘잃어버린 공유의 영역을 다시 원한다’고 결단을 내리고,
어떻게 그 영역을 되찾을 수 있을지 적극적으로 고민해야 한다고 생각합니다.
그래서 ‘디지털 리터러시’가 중요합니다.”

인터넷을 이용한 선거운동이 미국 정치사상 첫 시도였다면 위험 부담도 컸을 텐데 어떻게 과감히 결단을 내리실 수 있었나요?

"당연히 위험 부담이 컸죠. '아무도 시도하진 않고 있지만 분명히 효과는 있을 것이다'라고 말하려면 얼마나 어렵겠어요? 그래서 대부분의 사람들은 시도조차 하지 않아요. 특히 대통령 선거에 출마한 사람이 누가 위험을, 그것도 심각한 위험을 감수하려 하겠습니까? 하지만 딘 후보는 당시 꼴찌였습니다. 더 이상 잃을 게 없었단 얘기죠. 유권자 중에 그의 이름을 아는 사람도 거의 없었으니까요. 그래서 그는 배짱을 가질 수 있었습니다. '새로운 방식을 한번 시도해봐서 효과가 있으면 좋고 아니어도 괜찮다. 어차피 난 꼴찌니까'라는 여유 말입니다."

귀국을 해서도 계속 멜레 교수를 떠올리게 했던 말이 나온 건 이 때였다.

"제가 (한국 대선에 대해) 지금 확신할 수 있는 한 가지는, 인터넷의 영향으로 지금은 생각지도 못한 유력 주자가 나올 거라는 점입니다. 미국 역시 2006년에만 해도 오바마가 대통령은커녕 후보가 될 수 있을 거라고 아무도 생각하지 못했죠. 그런 전례로 볼 때 한국에서도 누군가 젊고, 뉴미디어를 이용해 위험을 무릅쓸 줄 아는, 전술적인 기회를 잡을 줄 아는 사람이 분명히 나올 겁니다."

뉴미디어를 이용한 선거와 새로운 도전

나는 이 말을 듣자 마음에 걸리는 게 있었다. 선거의 승패가 뉴미디어를 잘 활용하느냐 아니냐에 달렸다는 건 좀 위험하지 않을까? 정책이나 인성 등이 더 중요하니까 말이다. 멜레 교수는 그에 대해 이렇게 답했다.

"물론 뉴미디어를 잘 활용할 줄 모르지만 훌륭한 인성을 갖추고 결국 승리에까지 이르는 대통령이 나올 수 있습니다. 그렇지만 뉴미디어는 분명히 주목받지 못하던 누군가에게 예상치 못한 경쟁력을 갖게 해줄 엄청난 무기가 될 수 있어요. 저는 대중이 지도자를 선택하는 데 있어서 매우 현명하다고 믿습니다. '합리적인 대중the rational public'과 관련된 연구도 많죠. 오바마 대통령이 뉴미디어를 쓸 줄 알았기 때문에 힐러리를 이길 수 있었다는 뜻은 아닙니다. 다만 뉴미디어는 충분한 자격을 갖추고도 정치적 기반이나 인지도 등이 없어 고전하는 후보에게 경쟁력을 가져다줄 수 있다는 뜻이죠."

버락 오바마와 하워드 딘, 이 둘을 무명의 정치인에서 각각 미국 대통령과 민주당 당의장이 될 수 있도록 시스템을 마련한 이가 바로 멜레 교수이다. 그는 새로운 정치를 꿈꿨고, 기존의 선거 유세에서 벗어나 인터넷과 소셜 미디어를 통해 지지자를 모았으며, 이는 미국의 정치지형을 순식간에 바꿔놓았다.

뉴미디어의 발전으로 직면하게 되는 새로운 도전에는 어떤 것들이 있을까요?

"신문이나 방송이 주름잡던 시대에는 대중에게 공통의 영역이 있었어요. 신문의 1면 기사는 모두가 읽었고 따라서 공통의 관심사가 되었죠. 하지만 지금은 온라인을 통해서 자기가 필요한 정보만 선택적으로 얻는 경우가 많습니다. 그러다 보니 대중이 공통적으로 아는 영역은 점점 줄어들고, 인터넷은 그런 현상을 갈수록 심화시킵니다. 하지만 저는 사람들에게 있어서나 사회에 있어서, 또 국가에 있어서도 공통의 영역이 큰 가치를 지닌다고 생각해요. 따라서 인터넷 시대에도 어떻게 그런 공통의 영역을 다시 창조해내느냐 하는 게 이제는 매우 중요한 과제이자 도전이 되었죠. 지난 20년이 디지털 미디어 생성과 관련한 진화의 시대였다면 현재는 무엇을 소비할 것인가를 고민하는 단계이고 앞으로 20년은 무엇을 우리들에게 보여줄지 고민하는 기술 진화의 시대가 될 겁니다. 즉, 과거 20년이 미디어를 생산하고 분배하는 걸 더 쉽게 해줬다면 앞으로 20년은 미디어를 더욱 조직화해 정리하고 가려내는 기술의 시대가 될 테죠. 다시 말하지만 저는 우리가 '잃어버린 공유의 영역을 다시 원한다'고 결단을 내리고, 어떻게 그런 영역을 되찾을 수 있을지 적극적으로 고민해야 한다고 생각합니다. 그래서 '디지털 리터러시digital literacy'가 중요합니다. 이 세계가 어떻게 만들어지고, 현재 상황이 어떠하며, 무엇이 요구되는가를 아는 것은 물론이고 한편으로는 단순히 그런 공통의 공간이 여전히 필요하다는 걸 깨닫고 어떻게 되찾을지 고민하는 것만으로도 의미가 있어요. 우리 모두에게는 '우리의 나라'를 창조하고 유지시켜나가야 할 책임이 있습니다. 저는 미국인들은 물론 한국인들도 이 점에 있어서 아주 좋은 해결책을 찾아낼 독창성과 창의력을 갖고 있다고 믿습니다.

이곳 하버드대의 저명한 교수 가운데 로버트 퍼트넘Robert Putnam이라는 분이 계신데 그분의 책《나 홀로 볼링》을 한번 읽어보세요. 그 책에는 미국인들이 집에 텔레비전과 에어컨을 갖추게 되면서 집 앞에 베란다를 짓지 않게 되었고 교회에도 가지 않게 되었다는 내용이 나옵니다. 볼링도 치지 않게 되었고 결국 투표도 하지 않게 되었죠. 생활을 편리하게 하는 기기들의 발달로 우리가 집에 있는 시간이 늘어나면서 자연히 이웃들과 어울리는 시간, 공동체와 함께하는 시간은 줄어들었습니다. 하지만 아무도 그런 '결과'에 대해서는 예상해보지 않았어요. 텔레비전이 나오기 전에는 사람들이 베란다에 나와 이웃과 정담을 주고받곤 했는데 기기의 발달로 정말 중요한 것을 나도 모르는 사이에 잃어버리게 된 겁니다. 인터넷도 마찬가지예요. 물론 기술과 진보의 본질은 원래 무언가를 잃어버리는 것이죠. 하지만 대신 우리가 무엇을 얻고 있는지 분명히 알아야 합니다. 그래서 더 나은 세상, 우리가 살고 싶은 세상, 원하는 세상을 만들어야 합니다. 그러지 않으면 우리는 '기술이 원하는 세상'을 살게 될 테고 저는 그런 세상이 분명히 최선은 아닐 거라고 확신합니다."

목적의식 : 나와 세상을 바꾸는 원동력

그런데 멜레 교수의 지적을 들으면서 나 역시 언제부턴가 가져왔

“우리가 무엇을 얻고 있는지 분명히 알아야 합니다.
그래서 더 나은 세상, 우리가 살고 싶은 세상,
원하는 세상을 만들어야 합니다.”

던 문제의식이 떠오르며 그 순간 '되돌린다는 건 이미 불가능하지 않을까?' 하는 두려운 생각이 들었다.

뉴미디어와 기술의 발전으로, (연결되어 있지만) 이미 개인화된 세상에서 이제 다시 공통의 영역을 고민한다는 건 시기적으로 너무 늦은 게 아닐까요?

"우리 모두가 경각심을 가져야 합니다. 왜냐하면 우리의 미래와 직결된 결정들이 매일매일 시시각각 이뤄지고 있는데 결론이 좋은 쪽으로만 나고 있지는 않으니까요. 그리고 우리 사회의 아주 본질적인 부분에 대한 중요한 결정들이 극소수의 사람들에 의해 이뤄집니다. 아마 백 명도 채 되지 않을 거예요. 또 이미 내려진 결정들도 많습니다. 하지만 늦었다고 하더라도 너무 늦어서 바꿀 수 없다는 건 말이 되지 않습니다. 아무리 늦었다고 해도 '당신이 그렇게 결정했지만 이제 우리는 그렇게 살고 싶지 않다고 결정하겠다, 그 결정을 뒤집겠다'라고 말할 수 있지 않나요?

진짜 문제는 많은 사람들이 그와 같은 결정이 아직 일어나지 않았다고 생각한다는 점입니다. 사람들은 아직 시간이 충분하다고 생각하지만 지금부터 움직여야 합니다. 부디 우리가 어떤 세상에서 살고 싶고 그런 세상을 만들기 위해선 이 순간 무엇을 해야 하는지 좀 더 깊이 생각해봤으면 합니다. 우리는 종종 블로그 같은 소셜 미디어를 운영하는 데만 신경을 쓰고 더 큰 그림을 보거나 생각하려 들지 않지요. 그것이 훨씬 어려운 일이기 때문이에요. 그래서 '목적의식'이 중요합니다. 다시 말해 '내가 어떠한 삶을 살고 싶은지, 내 삶의 목적을 발견하는 것'이 곧 힘입니다. 목적의식이 있으면 당신이 살고 싶은 세상, 만들고 싶은 세상이 어떤 모습인지 알 수 있으며 그것이 원동력이 되어 정말 그런 세상을 만들 수 있습니다. 지금 이 시대에는 그것이 가장 필요합니다."

멜레 교수는 2015년 스스로 말하는 '굉장히 큰 변화'를 감행했다. '가르치는 것'이 자신의 목적이라던 그가 하버드 케네디 스쿨을 떠나 로스앤젤레스의 〈LA타임스〉 디지털 편집국장으로 자리를 옮긴 것이다. "아는 것이 힘이 아니라 목적의식을 아는 것이 힘이다"라고 입버릇처럼 확신에 차서 말하던 그였기에 아마도 '언론을 통한 대중 교육', '디지털 리터러시를 통한 더 나은 사회 구현'에 이바지하고자 기꺼이 새로운 모험을 감행하지 않았을까.

Nicco Mele _니코 멜레

니코 멜레는 1977년생으로 〈LA타임스〉로 직장을 옮기기 전인 2014년까지 하버드 케네디 스쿨에서 가장 젊은 교수 가운데 한 명이었다. 2004년 미국 민주당 대선 후보 경선 주자로 나섰던 정치인 하워드 딘의 온라인 선거 참모로서 딘 후보가 센세이션을 일으키는 데 일조한 주인공이기도 하다. 그가 주도한 인터넷을 이용한 선거운동 방식은 이후 미국의 정치지형을 바꿔놓을 정도로 큰 영향을 끼쳤다. 그러한 경력 덕분에 존스홉킨스대를 거쳐 하버드 케네디 스쿨에서 수년 동안 강의를 하게 되었다. 그의 강의 '디지털 시대의 언론, 정치 그리고 권력'은 이 시대의 가장 뜨거운 주제들을 다루고 있어 늘 인기가 높았다. 저서로는 《거대 권력의 종말》이 있다. 멜레는 한국과의 인연도 깊은데 부친이 주한미국대사관의 외교관을 지내 서울에서 외국인학교를 다녔다. 그래서 지금도 일주일에 한 번 정도는 찌개를 먹으러 동네 한식당을 찾을 정도로 한국에 대한 관심과 애정이 각별하다.

사진 제공 : Sugaya Akiko

분별력

Insight

Sugaya Akiko

스가야 아키코

전 《뉴스위크》 일본어판 기자 | 하버드대 니먼 펠로

능동적 독서가 세상을 바꾼다

비판적 사고는 어떻게 밝은 미래를 만드는가?

"사회에 기여할 수 있는지, 또 어떻게 '책임'을 질 수 있는지를
항상 고민하면서 정보의 생산과 전달에 임해야 한다."

스가야를 알게 된 건 그의 남편인 MIT 미디어랩 이시이 히로시 Ishii Hiroshi 교수를 통해서였다. 당시 스가야는 언론인 경력을 바탕으로 하버드 니먼 펠로(Nieman Fellow, 하버드대에는 저널리즘 스쿨이 없는 대신 니먼 재단에서 출연해 매해 전 세계 저널리스트 가운데 우수한 연구원을 선발하고 연수를 지원하는 프로그램이 있다)가 되기 위해 준비하고 있었다. 나는 언론인이자 니먼 펠로와 이웃한 웨더헤드 펠로로서 그의 지원 과정을 곁에서 도와주며 자연스럽게 친해졌는데 그의 한결같은 적극성과 주도면밀함은 언제나 감탄을 자아냈다. 전직 언론인으로서 그는 현재도 SNS를 통해 미국, 일본, 그리고 전 세계 독자들과 꾸준히 소통하며 미디어의 올바른 활용과 미래의 모습을 그리고 있다.

나는 그가 아직 취학 전의 어린 두 딸을 키우는 엄마이자 세계적인 컴퓨터 과학자 이시이 교수의 부인으로서, 그러면서도 자신의 관심 분야인 디지털 미디어를 꾸준히 공부하고 지식을 쌓으며 자기 계발을 게을리하지 않는 모습에 깊은 인상을 받았다. 여성으로서 어느 하나 덜 중요하지 않은 엄마, 아내, 직업인으로서의 역할들을 어떻게 그토록 균형 있게 수행하는지 궁금했던 것이다. 가까이에서 본 그의 삶은 마치 저글링 묘기를 보는 듯했다.

인터뷰는 먼저 스가야가 자신의 분신처럼 여기며 자랑스럽게 간직하고 있는 두 권의 저서《미디어 리터러시》와《미래를 만드는 도서관》에 대한 이야기로 시작되었다. 특히 '미디어 리터러시media literacy'가 디지털 미디어의 등장과 함께 대두된 뉴미디어와 관련된 개념이라면 '도서관'은 그와 상반되는 매우 물리적이고 아날로그적인 장소라고 생각되었기에 그 둘의 연관성부터 물었다.

베스트셀러를 두 권이나 내셨는데 이 두 책은 언론인으로서의 당신과 어떻게 연결되며, 두 책 간에는 어떤 연관이 있나요?

"저의 관심사는 항상 '어떻게 하면 정보나 지식을 통해 시민들을 더 힘 있게 만들 수 있을까'입니다. 그런 의미에서 '미디어 리터러시'와 '도서관'은 밀접하게 연관되어 있다고 생각해요. 먼저 미디어 리터러시는 시민들에게 정보가 어떻게 생산되고 기사화되며 어떤 정보들을 중요하게 봐야 할 것인지를 가르쳐주어 시민의 힘을 키워주고 민주 사회를 만들어줍니다. 그리고 도서관은 시민들에게 그와 같은 '교육'을 제공하는 장소죠. 그래서《미래를 만드는 도서관》

의 경우도 도서관 자체에 관한 책이라기보다는 도서관에서 정보를 제공해 시민들의 힘을 강화해준다는 데 초점을 맞춰 집필했어요. 이 책이 처음 나왔을 때는 도서관 관계자들로부터 거센 항의를 받기도 했습니다. 하지만 결국 큰 반향을 일으켰고 그 결과 일본의 많은 도서관들이 새로운 '대민 서비스 제공 장소'로 진화했습니다. 이전에는 도서관이라고 하면 책을 빌려주는 장소로만 인식되었을 뿐 정보를 제공하는 장소로 인식되지는 않았거든요. 저는 도서관과 직접 연관이 있는 사람은 아니지만 오히려 그렇기 때문에 비전문가로서 도서관을 색다른 관점 즉 '정보를 통해 시민들의 힘을 키우는 것'의 연장선상에서 볼 수 있었고 그게 주효했던 것 같아요."

미디어 리터러시는 왜 중요한가?

당신은 '미디어 리터러시'라는 생소한 개념을 일본 대중에게 소개하고 일깨웠습니다. 어떻게 그런 생각을 하게 되었고, 그것은 정확히 무슨 뜻인가요?

"미국이나 일본에서는 '미디어 리터러시'를 '인포메이션 리터러시(information literacy, 정보 활용 능력)'와 혼동하는 경우가 종종 있어요. 사람들은 미디어 리터러시가 주로 커뮤니케이션 기술을 어떻게 사용하느냐와 연관되어 있다고 생각하죠. 하지만 제 정의는 완전히 달라요. 다시 말해 '커뮤니케이션 기술을 어떻게 사용하느냐'보다 '정보를 어떻게 비판적으로 받아들이고 이해하느냐'라는 거예요. 당연히 비판적 사고가 요구되죠. 그리고 어떤 정보를 대할 때 그 내용이 맞는지 틀린지를 자신이 알고 있는 것과 자신의 생각, 판단 등에 비추어 적극적이고 비판적으로 가려내며 읽는 '적극적 읽기'도 필요합니다.

저는 기자가 되어 처음 기사를 쓸 때 기분이 무척 이상했어요. 기사를 쓴다는 것이 무엇을 포함시키느냐보다 무엇을 빼느냐의 과정이었기 때문이죠. 10시간 동안이나 인터뷰했는데 기사로 소화되는 건 단 석 줄에 불과할 때도 있었어요. 물론 그중에서 가장 중요하다고 생각되는 말을 인용했지만 인터뷰이의 견해를 담아내기엔 턱없이 부족했죠. 그때 깨달았어요. '독자들은 이러한 기사 편집 과정과 정보의 취사선택 절차를 모를 텐데. 다큐멘터리나 뉴스 리포트라고 하면 그저 현실을 반영하고 있을 거라고 믿어버리는 사람들이 대부분인데…….' 하지만 그렇다고 해서 '실은 이 기사가 사실을 있는 그대로 반영하고 있지는 않습니다'라고 한다면 독자들은 '그래서 내가 매스미디어를 싫어해. 늘 거짓말만 하지'라고 비난할 게 뻔하고요.

좀 극단적으로 표현하긴 했지만 바로 그래서 독자들이 매스미디어를 맹신하거나 반대로 아예 거부하는 경우가 생기죠. 《뉴스위크》 편집부에 있을 때도 그런 경우를 자주 봤고요. 뉴스도 결국은 정보의 취사선택과 편집의 과정을 거쳐 '창조된다'는 사실을 대부분의 독자는 인지하지 못하고 있었고 독자들이 그런 채로 기사를 통해 세상을 접하고 바라본다는 사실이 때로 무척 두려웠습니다."

지금은 뉴스 생산 과정도 많이 달라졌고 독자들도 더 똑똑해지지 않았나요?

"물론입니다. 예전엔 매스미디어가 사람들의 사고를 좌우했고 사람들은 매스미디어를 통해 세상을 이해했지만 지금은 상황이 많이 달라졌어요. 하지만 오히려 미디어 리터러시는 더욱 중요해졌죠. 기본적으로 이 정보가 어디에서 비롯되었는지, 편견이나 선입견이 가미되지는 않았는지, 마땅히 필요한데 다뤄지지 않은 것은 없는지, 또 이 시점에 이 기사가 왜 중요한지 등등을 늘 생각해봐야 합니다.

항상 이런 생각을 하는 게 어떻게 가능하냐고 반문할 수도 있겠지만 우리가 정보를 평가할 수 있는 방법은 의외로 많아요. 예를 들어 어떤 정보를 대했을 때 이 정보가 반정부적이냐 아니면 친정부적이냐 또는 이 정보는 어떤 기업과 아주 밀접한 관계가 있구나 하는 식으로 한 번 더 생각해보는 거예요. 이처럼 미디어 리터러시는 정보의 질을 평가한다기보다는 독자들이 정보의 본질이나 성격에 대해 생각할 수 있도록 하는 도구가 되어주죠."

'미디어 리터러시'를 향상시키기 위해서는 어떻게 해야 하나요?

"우선 소스source, 즉 어떤 매체에서 누가 다루고 있는지를 봐야 합니다. 예를 들어 〈허핑턴 포스트The Huffington Post〉라면 맨 먼저 그 매체가 미국 공화당에 대해 우호적이지 않다는 걸 염두에 두는 거죠. 어떤 텔레비전 매체가 도요타로부터 제작 지원을 받고 있다면 도요타에 대해 비난하기는 어렵겠구나 하는 것도 생각해봐야 합니다. 특히 미디어 산업의 비즈니스 모델은 기본적으로 광고에 기반을 두기 때문에 기업과 미디어의 관계는 항상 고려 대상이 되죠. 오늘날 미디어들은 광고를 위한 공간을 어떻게 극대화해서 수입을 올릴지 고민하고 있어요. 텔레비전 쇼를 만들 때도 중요한 것

"기사에서 다뤄지지 않은 부분은 무엇인지까지 생각해볼 필요가 있죠.
그래야 세상에서 진짜 일어나고 있는 일들에 대해 제대로
파악할 수 있으니까요."

은 얼마나 많은 광고를 끌어들여 돈을 벌 수 있느냐 하는 것이고, 신문도 얼마나 많은 지면을 광고로 채울 수 있을까가 주요한 고려 대상이죠. 예전에는 특정 주제를 발굴해 더 많은 독자를 확보하는 것이 중요하게 여겨졌다면 지금은 상황이 많이 달라졌어요. 때문에 CNN을 시청할 때도 각 기자가 다루는 정보의 성질은 대체로 어떻고, 그 기자가 특히 전달하려고 하는 바는 무엇인지, 그 기자 개인의 관심사 또는 비관심사는 무엇인지 인식하는 게 좋습니다. 가장 중요하게는 기사에서 다뤄지지 않은 부분은 무엇인지까지 생각해볼 필요가 있죠. 그래야 세상에서 진짜 일어나고 있는 일들에 대해 제대로 파악할 수 있으니까요. 사람들은 말하고자 하는 바에 대해서만 말하는 경향이 있기 때문이에요."

이 이야기를 들으니 기자로서 좀 더 의구심이 생겼다. 그래서 각도를 조금 달리하여 물었다.

그렇다면 정보 생산 주체로서 언론인 또는 언론사가 해야 할 일은 무엇인가요?

"해당 기자의 정치적 성향이 어떻고 관심사는 어떤 분야인지 등을 독자들이 파악할 수 있도록 공개한다면 좋겠죠. 또 그 기자가 기사를 쓰기 위해 특정인을 인터뷰했다면 기사에는 일부만 소화될지라도 인터뷰 전체를 링크해서 온라인상에 실어줄 수 있다면 더 좋을 거예요. 요즘엔 그렇게 하기도 훨씬 쉬워졌잖아요. 기자 스스로도 자신이 다루는 정보에 대해 최대한 있는 그대로 전달할 수 있고, 왜 그런 편집 과정을 거쳤는지까지 보여줄 수 있다면 어떨까요? 실제로 한 사안에 대해서도 누가 그것을 다루고 기사화하느냐에 따라 각기 다른 각도의 접근이 이뤄지는 예는 쉽게 찾아볼 수 있죠. 따라서 '비교'가 중요합니다."

요즘은 정보 생산 주체가 언론인이나 언론사에 국한되진 않죠.

"맞아요. 예전에는 권한을 가진 몇몇 소수의 사람들만이 무엇을 말하고 쓸지 결정했다면 소셜 미디어가 대세인 오늘날에는 그렇지 않죠. 물론 여전히 매스미디어의 역할은 큽니다. 하지만 이제 사람들은 자기 자신의 생각을 표현하기가 훨씬 쉬워졌어요. 요즘은 페이스북이나 트위터가 왜 인기인지 생각 중인데 여러 가지 이유들이 복합적으로 작용하겠지만 저는 일단 사람들이 '휴식'을 필요로 하기 때문이라고 봐요. 또는 인터넷상에 자신의 고민을 표현하고 공유함으로써 기분이 나아지는 경향도 이유가 될 수 있겠죠. 물론 소셜 미디어를 이용하는 동기는 이보다 훨씬 복잡하겠지만 분명한 것은 이제 우리 개개인 모두가 공공의 영역에 목소리를 내고 기여하는 부분이 생겼다는 사실이에요. 그래서 저는 개인적인 동기들이 우리가 접하게 되는 정보의 종류를 어떻게 바꿔가는지 살펴보고 있습니다."

대중에게 '미디어 리터러시'라는 개념을 소개하고 일깨우는 과정에서 어려움은 없었나요?

"만약 당신이 논문을 쓴다면 모든 걸 시험해보고 정보로 처리하는 과정을 거친 뒤에 글을 쓰겠죠. 하지만《미디어 리터러시》의 경우는 집필 의도가 조금 달랐어요. 독자들이 저와 함께 미디어 리터러시의 세계를 탐험하도록 하는 거였죠. 그래서 단순히 미디어 리터러시를 소개하기보다는 좀 더 세세한 부분들에 천착해 쓰고자 했어요. 사진도 평소 여행 가서 찍은 것 같은 사진을 넣고 그렇게 일부러 비전문가처럼 썼죠. 그래야 미디어 리터러시라는 개념이 주는 메시지가 더 잘 전달되기 때문이에요. 언론인이 아닌 사람들이 언론을 보면 그것이 마치 세상의 전부인 양 완벽해 보이죠. 하지만 실은 절대 그렇지 않아요. 마찬가지로 이 책 또한 미디어 리터러시에 대한 저의 한 가지 견해라는 사실을 알려주고 싶었을 뿐 이게 바로 미디어 리터러시의 정답이자 전부라고 단정 지어 이야기하고 싶지는 않았습니다."

미국과 캐나다 등 서양의 미디어 교육 현장을 직접 취재하고 글을 쓰셨는데, 가장 인상 깊었던 점은 무엇인가요?

"'비판적 사고'예요. 한국과 일본 등 동아시아 문화권에서는 선생님이 가르치는 대로 받아들이도록 배웁니다. 그렇기 때문에 비판적 사고에 대해서는 별로 배울 기회가 없죠. 또 비판적 사고를 하려고 하면 건설적이 되기보다는 비난으로 흘러버립니다. 저는 이 책을 쓰기 위해 서구 문화를 직접 취재하고 경험하면서 창조적으로 또는 건설적으로 비판하는 게 얼마나 중요한지 깨달았습니다. 게다가 일본 같은 경우는 제2차세계대전을 겪으면서 경제 재건과 성장에만 초점을 맞췄기 때문에 비판적이거나 창조적인 사고가 필요 없는 제품들을 주로 생산했죠. 그 결과 지금은 경제가 답보 상태입니다. 비판적 사고는 사람들의 생각을 다양하게 만들죠. 옛것을 무작정 따라 하고 윗사람의 생각을 무조건

받아들이면 젊고 생기 있는 사회를 만들지 못해요.

저의 집필 의도 역시 일차적으로는 미디어와 정보의 성질을 이해시키려는 데 있었지만 동시에 아시아의 젊은이들이 좀 더 비판적인 사고를 할 수 있도록 독려하는 교육 개혁의 중요성을 설파하는 데도 있었습니다."

당신의 책이 베스트셀러가 될 줄 예상하셨나요?

"저는 전문 작가가 아니라서 그 정도로 반향이 클 줄은 생각지도 못했어요. 그렇지만 이 주제가 우리 모두가 생각해봐야 할 매우 중요한 문제라는 확신이 있었죠. 그런 믿음은 책을 내기 위해 5년 동안 자료를 수집하고 인터뷰를 하고 연구를 진행하는 과정에서 점점 더 강해졌어요. 게다가 시기도 적절했죠. 책이 나온 이후 많은 사람들이 이 주제에 더욱 관심을 가지고 더 많은 글을 쓰기 시작했고, 이 책은 일본 국정교과서에까지 실렸어요. 일본 문부과학성은 학생들에게 미디어 리터러시 교육을 실시했고 방송국들도 큰 관심을 보였습니다. 때마침 온라인상에서 정보의 홍수가 일어나면서 비판적 사고의 중요성이 점점 커지고 있던 때라 반향은 더 컸죠. 이런 현상은 단순히 미디어 리터러시와 연관되어 있다기보다는 우리가 세상을 어떻게 보고 어떻게 생각하는가 하는 문제와도 맞닿아 있었고 크게는 교육이란 측면에서 서로 다른 견해를 가진 다양한 사람들을 '독자'로서 아우를 수 있었어요. 그래서 이 주제가 사회적으로 더 큰 반응을 일으키지 않았나 싶네요.

다시 한 번 말하지만 이 책은 선생님이라기보다는 가이드로서 미

스가야 아키코의 저서 《미디어 리터러시》와 《미래를 만드는 도서관》

디어 리터러시의 세계를 여행하자는 일종의 초대였습니다. 그렇게 독자의 입장에서 쓴 접근 방식이 미디어 리터러시를 다룬 기존의 책들과 차별화되었던 것 같아요. 더구나 5년이란 긴 시간을 들여 우리가 사는 이 시대의 다른 나라들에서는 무슨 일이 일어나고 있는지 상세히 보여줬고 제가 직접 관찰하고 경험한 바를 기록했습니다. 관련 분야에서 활동하고 있는 사람들도 인터뷰했고요. 가보지 않고 이론적으로만 설명하는 것과는 달랐어요. 그런 책들은 사회과학 분야에서 양서일 순 있지만 대개의 경우 일반 독자들은 별로 애정을 느끼지 않죠. 사회에 반향을 일으키고 싶다면 효과적인 방법을 알아야 된다는 걸 깨달았습니다. 이는 좋은 책의 주제는 바로 우리 주변에 있다는 뜻도 돼요. 중요한 건 독자와의 관계 맺음이죠. 독자들로 하여금 생각하게 하는 것, 제 책들도 그렇게 했기 때문에 성공할 수 있었다고 믿습니다."

스가야는 그러면서 요즘은 SNS의 발달로 모두가 '정보의 발신자'라는 점을 강조했다. 또 이제는 단순히 그런 미디어를 어떻게 활용할 것인가 하는 고민에서 한 걸음 더 나아가 남에게 또는 사회에 어떻게 기여할 수 있을까에 대한 관점을 가져야 한다고 역설했다. 자신이 생산하거나 퍼뜨린 정보에 대해선 마땅히 책임질 수 있어야 한다는 것이다.

"'어떤 정보가 대중의 삶을 풍요롭게 할 것인가? 무엇이 사회에 나와 남들의 삶에 의미 있는 기여를 할 것인가?' 쉽지는 않겠지만 트위터를 하거나 페이스북을 할 때도 아무 생각 없이 하는 게 아니라 이런 부분에 대해 먼저 생각하는 습관을 들여야 합니다. 그래야 내가 생산하는 정보가 비로소 가치 있게 되고 우리가 세상을 이해하고 살아가는 데 보탬이 될 수 있으니까요. 우리 모두는 자신이 어떤 정보로 사회에 기여할 수 있는지 생각해봐야 합니다. 또 정보의 생산과 전달에 있어서는 어떻게 책임질 수 있을까를 항상 진지하게 고민해야 합니다."

민주주의와 시민사회를 연결하는 다리, 도서관

스가야와의 인터뷰는 보스턴에서 함께 지내는 동안 여러 차례에 걸쳐 이뤄졌다. 인터뷰를 하기 위해 작정하고 만난 적도 있었지만 그냥 차를 마시거나 편하게 만나 대화하는 자리에서 틈틈이 나눈 이야기들도 많았다. MIT나 하버드대 캠퍼스 부근에서 주로 만났지만 가끔 보스턴 공공 도서관이나 시내 서점들에도 같이 놀러 가곤 했는데 그러면서 자연스럽게 《미래를 만드는 도서관》에 대한 이야기를 나눌 기회가 있었다. 한번은 내가 이렇게 운을 뗐다.

© Richard Cavalleri / Julien Hautcoeur
보스턴 공공 도서관의 외부 경치와 내부

"처음 미국에 왔을 때 제일 부러웠던 것 중에 하나가 보더스Borders나 반스앤드노블Barnes & Noble 같은 서점이었어요. 우리나라의 백화점을 연상케 하는 넓은 공간에 향긋한 커피 향기, 앉아서 함께 책을 읽는 엄마들과 아이들……. 지금은 우리나라에도 그런 공간이 있고 서점이 복합문화공간으로 자리 잡았지만 미국에서 그런 서점을 처음 봤을 땐 얼마나 부러웠는지 몰라요. 그런데 격세지감이라고 그런 서점들이 제가 미국에 있는 3년 동안 문을 닫기 시작했네요. 2011년 보더스가 파산 신청을 했다는 뉴스가 나오고 보스턴의 가장 번화가인 백 베이Back bay 지점이 문을 닫고 여기저기서 문을 닫는 서점들 소식을 접하며 이러다 대형 서점들이 모두 문을 닫아버리는 날이 오지 않을까 걱정되기도 해요. 사진이 어떻게 나왔을까 현상과 인화를 기다리던 동네 사진관이 사라지고 좋아하는 가수의 앨범 발매를 줄 서서 기다리던, 낭만 가득한 동네 레코드 가게가 없어졌듯 말이죠. 언젠가는 '옛날에는 서점이라는 게 있었단다'라며 후세들에게 일일이 설명해줘야 할 날이 오는 게 아닌가까지 생각이 미치면 문득 서글퍼져요. 디즈니 애니메이션 〈미녀와 야수〉에서 야수가 미녀에게 선물한 서재처럼 평생에 걸쳐도 다 못 볼 것 같은 장서가 가득하고, 커피 향이 코를 감싸며, 아이들과 엄마들이 재잘재잘 대화하며 정겹게 책을 읽는 그곳이 분명 그리울 것 같아서요."

"동감이에요. 서점도 그렇고 도서관도 마찬가지죠. 요즘 같은 인터넷 시대에 도서관이 왜 필요하냐고 주장하는 사람도 있을 거예요. 하지만 전 오히려 도서관 같은 물리적인 공간이 더 중요해졌고 꼭 필요하다고 생각해요. 서점이야 공공 기관이 아니라 어쩔 수 없이 수익성 측면에서 존폐가 결정될지 몰라도 도서관은 그렇지 않잖아요. 전에는 도서관에서 단순히 책을 빌려주고 정보의 주요 원천 몇 가지만 다뤘다고 한다면 오늘날에는 기술의 발달과 함께 도서관에서 그런 기술을 어떻게 사용할 수 있는지 가르쳐주고 직접 경험해볼 수도 있어요. 다시 말해 지금의 도서관은 정보의 공급처일 뿐 아니라 정보를 현명하게 사용하고 평가하는 방법을 배울 수 있는 장소로서의 역할도 하는 거죠. 미디어 정보 기술을 다루는 곳이랄까요. 도서관도 유연하게 역할을 변화시켜나가야 하는 거예요. 근본적으로 도서관이라는 물리적 공간은 여전히 존재 가치가 있고 어쩌면 그 가치가 더 커지고 있다고 봐도 좋겠어요."

'미래를 만드는 도서관'도 그런 의미인가요?

"사실 일본에서 공공 도서관이라고 하면 아주 정적이고 단조롭고 퀴퀴하고 어둡고 생동감이 하나도 없는 그런 곳을 떠올리게 돼요. 그래도 지식의 습득은 사회의 미래를 만드는 것이기 때문에 제목을 그렇게 지었어요. 제가 도서관에 관심을 갖게 된 계기는 아주 구체적이고도 단순합니다. 저는 컬럼비아대학교에서 석사를 마친 후 프리랜서 기자로 활동했어요. 그러면서 《미디어 리터러시》를 쓰고 있었는데 수도 워싱턴에 갔을 때였죠. 우리가 큰 회사에 직원으로 소속되어 있다면 값비싼 데이터베이스를 얼마든지 회사 계정으로 접속해 이용할 수 있고, 복사도 할 수 있고, 인쇄도 가능하겠지만 프리랜서는 그런 모든 혜택에 접근하는 것 자체가 어려웠어요. 전에 《뉴스위크》 등에서 일할 때 자유롭게 이용하던 데이터베이스를 쓰려니 2천 달러를 내야 하는 식이었죠. 그러면서 큰 조직의 일원일 때와 한 개인일 때 정보에 접근할 수 있는 권리에서조차 그토록 큰 차이가 난다는 것을 처음 깨닫게 되었습니다. 도서관에 가서 그런 비싼 데이터베이스를 이용하면서 도서관이 단순히 책만 빌리는 곳이 아니라는 걸 실감하게 됐다고나 할까요. 도서관을 새롭게 바라보게 됐어요. 그리고 집 대신 주로 도서관에서 글을 쓰면서 다른 사람들이 어떻게 도서관의 다양한 자원들을 이용하는지도 알게 됐죠. 어떤 이들은 사무실 대신 일하는 공간으로 이용하고, 어떤 이들은 돈으로는 살 수 없는 진귀한 자료들을 열람하러 오는 등 사람마다 이용 방식이 정말 가지각색이었습니다. 그렇게 도서관은 소속된 조직이 없어서 조직의 힘을 빌리거나 혜택을 볼 수 없는 개미 같은 개인들에게 든든한 안식처가 되어주면서 사회를 경제적으로나 문화적으로 살찌우고 있었죠.

일본만 봐도 옛날에는 직업을 얻으면 평생직장이었고 따라서 정보에 대한 접근 권한 유무 같은 건 걱정할 필요가 없었어요. 그러나 지금은 상황이 달라졌잖아요? 평생직장도, 평생직업도 없습니다. 자연히 정보 접근이 제한되어 정보 격차가 나타나죠. 누구나 그런 상황에 처할 수 있어요. 그럴 때 뒷받침을 해줄 수 있는 안정적인 수단이 필요합니다. 정보를 많이 가져야 현재와 미래에 대한 선택의 폭도 넓어지니까요. 그래서 그런 사회 기반 시설의 필요성을 강조하려 책을 썼는데 전문 연구가가 아니니까 쓰는 방식을 독자의 눈높이에 맞췄던 거죠. 마치 도서관을 탐험하는 것처럼요."

이 책이 십 년 정도 지난 요즘에 출간된다고 한다면 내용이 어떻게 달라질까요?

"요즘 같으면 공공 도서관에서 트위터를 어떻게 쓰는지 링크드인Linked-In이나 페이스북 사용법은 어떻게 되는지 등을 가르칠 것이고 책에도 그런 내용들을 담아내겠죠. 세상엔 정말 다양한 처지에 있는 사람들이 살지만 우리는 늘 주변만 보기 때문에 컴퓨터도 쓸 줄 모르고, 이메일도 없고, 트위터나 페이스북은 두말할 나위 없는 그런 처지의 사람들을 자주 잊고 살아요. 하지만 이런 정보 격차는 정말 심각한 문제입니다. 직장을 구할 때나 포트폴리오를 만들 때를 생각해보세요. 그렇기 때문에 정보의 문턱을 낮춰서 절박한 상황에 놓인 사람들에게도 '기회'를 제공하고 그들도 소셜 미디어의 도움을 받아 더 나은 삶을 살 수 있도록 이끌고 배려해야 해요. 그것이 공공 도서관이 할 일이자 이 시대 도서관의 존재 이유가 될 겁니다."

스가야가 도서관을 민주주의와 시민사회를 뒷받침하는 매개체로 보는 시각이 흥미로웠다. 상대적으로 어려운 환경에 놓인 사람들의 정보에 대한 접근권이라는 관점도 그렇고 말이다. 그러나 스가야는 그런 시각이 전혀 새로운 것이 아니라고 했다.

"미국에서는 흔히 '정보는 민주주의의 통화通貨'라고 해요. 그만큼 정보에 대한 접근 권한을 얻는 게 얼마나 중요한지를 절감하고 있죠. 아시아 문화권에선 그런 관념이 상대적으로 많이 부족한데 현대 정보화 시대에 도서관을 민주주의의 근간을 이루는 요소로 보는 관점은 사실 굉장히 중요합니다. 단순히 공짜로 책을 빌려 보는 곳이 아닌, 정보로써 국민 개개인에게 힘을 실어주는 곳 그리고 정보화 교육을 하는 미디어 리터러시의 체험장으로서 도서관을 이해해야 하죠. 정보를 현명하게 소비하는 사람들은 분명히 사회에 많은 변화를 가져올 거예요. 저는 기회만 되면 도서관 종사자들이나 관계자들에게 이런 점을 설파하곤 하지만 별로 공감을 얻지는 못했어요. 특히 사서들은 단지 책을 좋아한다는 이유로 그 직업을 갖게 된 경우가 많거든요. 그래서 '정보'를 바라보고 대하는 도서관 관계자들의 관점을 넓혀주기 위해서도 이 책을 썼습니다."

적극적인 독서의 힘

스가야는 이렇게 베스트셀러 책도 두 권이나 내고 자신의 이름으로도 우뚝 섰지만 저명한 학자 남편을 두었고 다소 늦은 나이에 결혼해 아직 어린 두 딸도 있다. 그래서 평소에는 육아와 살림을 하며 아이들을 여기저기 데려다주고 데려오느라 바쁜 전형적인 열혈 엄마이자 주부이다. 한국으로 돌아오기 바로 전 그를 만났을 때 나는 언제나 궁금했지만 아껴뒀던 질문을 꺼냈다.

육아와 살림, 내조, 그리고 일을 어떻게 모두 잘 병행하실 수 있나요?

"겉으로는 그렇게 보일지 몰라도 그건 사실이 아니에요. 여성으로서 겪는 어려움도 똑같죠. 제가 항상 도서관이나 카페에 가는 건 그런 이유에서입니다. 집에 있으면 살림 생각에 아무리 의지가 강해도 일할 시간을 확보하기가 쉽지 않으니까요. 집에서 일할 때도 있지만 가능하면 집에서 나와 도서관이나 카페에서 좀 더 시간을 효율적으로, 제가 원하는 일을 하는 데 집중하며 보내려고 해요. 사실 《뉴스위크》라는 안정적인 직장을 떠나 프리랜서가 되기로 결심하기까지 엄청 고민했어요. 하지만 직장인이 안정적이라고는 해도 조직의 일원이다 보니 원하지 않는 일들도 해야만 하잖아요. 저는 '미디어 교육'의 사회적 중요성에 집중해서 집필 활동을 하고 싶었기에 비록 결정하기까지 오랜 시간이 걸렸지만 결국은 제가 원하는 것에 집중하기로 했습니다. 제 아이들도 그들이 원하는 걸 찾고, 하면서 살았으면 좋겠어요. 그래서 지금 제가 행복하니까요. 부모로서 자신감과 사랑을 심어주어 아이들이 행복한 삶을 살고 그 사랑을 다른 사람들에게 나눠줄 수 있는 존재로 성장하길 바랍니다.

제가 이것저것 다 잘하는 것처럼 보인다면 역설적이게도 그 해답은 정반대에 있습니다. 저는 동시에 많은 걸 하려고 하지 않거든요. 천성적으로 멀티태스킹을 못해요. 그래서 두 딸을 키우는 동안 일에서는 별로 진전이 없었죠. 가장 최근에 책을 낸 것도 벌써 거의 십 년 전 일이잖아요. 하지만 멈추지는 않았습니다. 소셜 미디어에서 현재 무슨 일들이 일어나고 있는지 최신 지식들은 늘 습득하려고 애썼고 비록 좋아하는 일을 할 수는 없어도 계속 관심을 가졌어요. 그리고 엄마 역할 또한 앞으로 5년 정도만 즐길 수 있는 특권일 테니 최대한 최선을 다하려 해요. 저는 언제나 그때그때 삶에서 가장 중요한 것에 초점을 두죠. 청소는 별로 중요하지 않으니 차라리 아이들과 놀

아주는 데 더 많은 시간을 쓰겠다는 식이에요. 그렇게 우선순위를 몇 개, 가능한 한 최소로 정하고 그것에 집중하는 겁니다. 한꺼번에 너무 많은 일을 하려고 하지 않는 게 핵심이죠."

스가야는 자신만의 자기 관리법도 들려줬는데, 그를 지켜주는 '소중한 새벽'에 대한 이야기였다.

"저는 매일 저녁 8시 반에서 9시 사이에 잠자리에 들고 새벽 3시에서 3시 반 즈음 깨요. 그때만이 온전히 저 자신을 위해 쓸 수 있는 시간이기 때문이에요. 어떨 때는 따뜻한 물로 목욕을 하기도 하고, 책을 읽기도 하고, 트위터를 하기도 하면서 시간을 보내죠. 새벽의

이 세 시간이 저에겐 안정감을 주고 정체성을 일깨워줘요. 엄마, 아내, 주부로서의 역할이 모두 중요하지만 가장 중요한 건 '나 자신'이라고 생각합니다. 그래서 그 누구의 방해도 받지 않고 온전히 저만을 위해 쓸 수 있는 이 시간이 저를 지켜준답니다."

스가야는 일본 사람들이 독서량은 많지만 책 내용에 대해 깊이 생각하며 읽지는 않는 '수동적인 독서'를 하고 있다고 지적했다. 그러면서 단순히 책을 읽는다는 행위 자체가 아니라 이런 주장은 타당한가, 왜 이런 주장이 나왔나, 나의 관점과는 어떻게 다른가 등등을 생각하는 '능동적인 독서'를 권했다. 이러한 능동적이고 비판적인 독서의 예로 그저 한 책을 첫 장부터 마지막 장까지 읽는 데만 급급한 게 아니라 같은 주제의 책들을 여러 권 사서 각기 다른 저자들의 관점과 견해를 비교해볼 수 있을 거라고 조언했다.

넘쳐나는 정보 그리고 소셜 미디어를 통한 너무나도 다양한 소통이 시시각각 펼쳐지는 오늘날이기에 가치 있는 정보를 가려내고 잘못된 판단을 막아주는 '분별력'은 꼭 필요하다. 올바른 정보를 모으고 다시 한 번 판단하고 의미 있게 조합해 미래를 위한 지식을 쌓아갈 것. 그리고 그 정보를 남들에게 전달할 때는 막중한 책임감을 가질 것. 도서관 같은 공공시설의 역량을 키워 정보에 취약한 처지에 놓인 사람들도 미디어의 도움으로 행복해질 권리를 누릴 수 있는 정보 민주주의를 만들어가는 것. '보다 나은 시민사회'를 꿈꾸는 스가야의 바람들이 오늘도 세상 여기저기서 울림을 내며 진행되고 있길 바라고 기대를 담아 응원한다.

Sugaya Akiko _스가야 아키코

스가야 아키코는 2011~2012년 하버드 니먼 펠로로, 미국 케임브리지에 거주하는 프리랜서 언론인이다. 니먼 펠로로 있으면서 특히 소셜 미디어가 시민 저널리즘에 기여하는 방안과 민주주의를 향상시키는 방법 등을 연구했다. 일본과 미국에서 《뉴스위크》 기자로 일했고 미디어와 커뮤니케이션, 새로운 기술과 그러한 기술이 사회에 미치는 영향에 대해 광범위하게 집필했다. 일본 도쿄대에서 미디어와 저널리즘 관련 강의를 했고 일본 경제산업연구소RIETI에서 근무했다. 일본은 물론 미국과 영국, 캐나다 등에서 연구하고 취재한 경험을 바탕으로 출간한 책 《미디어 리터러시》는 일본에서 베스트셀러가 되었으며 한국어로도 번역되었다. 이 책은 미디어 교육의 중요성을 다루면서 학교와 시민단체, 미디어 업계와 정부 기관들에게 미디어 교육에 동참할 것을 호소한다. 또 《미래를 만드는 도서관》이라는 저서도 국내에 번역되어 큰 호응을 얻었다. 미국 컬럼비아대 대학원에서 석사 학위를 받았고 일본 도쿄대학교에서 박사과정을 수료했으며 세계적인 컴퓨터 과학자인 MIT 미디어랩 이시이 히로시 교수의 아내이기도 하다.

© Tom Fitzsimmons

감성 지능

Emotional Intelligence

Joseph Nye Jr.
조지프 나이
하버드 케네디 스쿨 교수 | 국제정치학자

공감과 화합을 이끌어내는 힘

진정한 리더의 자질은 무엇인가?

"자기 자신을 알고 '감성 지능'을 갖출 것, 이것이 리더의 덕목이다."

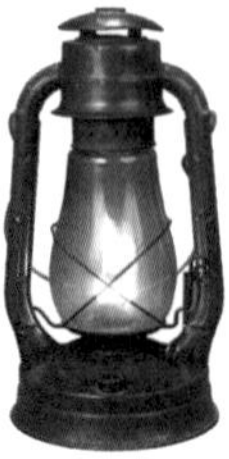

○
○
○

어떤 분야에서 일가를 이룬 대가를 만나면 '눈빛이 다르다'는 것을 종종 느끼곤 한다. 게다가 눈가엔 깊은 주름이 잡히고 돋보기를 쓴 노인임에도 불구하고 그 너머로 보이는 두 눈에서 반짝이는 광채가 느껴질 땐 그의 젊은 시절 '꿈꾸는 소년'의 모습이 생각나면서 그 동안 그가 지나온 인생에 대해 호기심과 경의까지 갖게 된다.

조지프 나이 교수도 그랬다. 보스턴에 가기 전부터 워낙 명성이 자자해 그의 수업을 듣는다는 것은 일종의 로망이자 꿈의 실현과도 같았다. 하버드 케네디 스쿨에서 일 년에 한 번, 그것도 학생 수를 30여 명으로 엄격히 제한하는 나이 교수의 강의(당시 강좌명은 '리더십과 20세기 미국 외교정책'이었다)를 듣기 위해서는 '내가 리더십 선택

과목으로 왜 이 강의를 들어야 하는가'에 대한 설득력 있는 이유가 먼저 필요했다(하버드대에서는 경영대 마이클 포터Michael Porter 교수의 수업과 케네디 스쿨 조지프 나이 교수, 데이비드 거겐David Gergen 교수의 수업처럼 워낙 유명해 학생들이 몰리는 경우 수업 지원 에세이를 써서 통과되어야만 들을 수 있는 강좌가 여럿 있다). 게다가 당시 나는 하버드대 학적이 없는 MIT 학생 신분이었기에(나는 나이 교수의 강의를 MIT 슬론 경영대학원의 필수과목인 윤리 대신으로 교차 수강했다) 신청자 우선순위에서도 밀려나 있었다. 그런데 이웃 터프츠대학교의 이름 모를 한 학생이 고민 끝에 자신의 자리를 양보해주면서 가까스로 또는 운명처럼 전설적인 국제정치학의 대가 나이 교수의 수업에 들어가게 되었다. 그리고 그 한 학기 내내 노신사의 강렬한 눈빛에 매료되었다. 세월을 통해 쌓이고 다져진 총기와 통찰력, 지성과 확신이 깊게 느껴지는 눈빛, '안광眼光이라는 게 저런 것일까?' 수업을 들을 때마다 내리 세 시간 동안 지식과 지혜의 바다에서 마음껏 헤엄치다 나오는 것 같은 이제껏 한 번도 느껴보지 못한 벅찬 희열을 맛보았다.

"누구나 자기 인생의 리더이다."

나이 교수는 범접하기 어려운 아우라를 가지고 있지만 학생들에게는 한없이 자애로운 할아버지 같은 면모도 있었다. 하지만 수업 시간에는 물론이고 소규모 그룹 미팅이나 세미나에서도 좀처럼 개인적인 이야기를 들을 기회가 없었기 때문에 한국에 돌아오기 직전에 작별 인사도 드릴 겸 면담을 신청했다. 나는 늘 품고 있었던 질문들 가운데 수강했던 '리더십' 과목과 관련된 것부터 시작했다.

많은 사람들이 '리더'가 되고 싶어 합니다. 그런데 모든 사람이 꼭 리더가 되어야 하는 건 아니지 않을까요?

"리더십에는 여러 레벨이 존재합니다. 모두가 대통령이 될 수는 없지만 원한다면 모두가 리더는 될 수 있죠. 지역사회에서일 수도 있고, 가족 안에서일 수도 있고, 비영리 활동을 하는 단체 내에서일 수도 있어요. 특히 민주 사회에서는 리더가 되는 방법이 여러 가지가 있습니다. 따라서 리더가 되고자 하는 것은 아주 좋은 바람이자 포부입니다. 리더가 된다는 게 반드시 대통령이 되어야 한다는 걸 의미하지만 않는다면요. 왜냐하면 대통령은 한 사람만 될 수 있으니까요. 가장 중요한 것은 자기 인생의 리더가 되는 겁니다."

'자기 인생의 리더'라고? 무언가 머리를 치는 느낌이었다. 이제까지 '리더', '리더십'이라고 하면 나도 모르게 항상 '지도자'라는 개념을 상정하고 연관시켜 버릇했기에 나와는 꽤 거리가 있는 혹은 먼 훗날의 이야기라고 안이하게(?) 생각하고 있었구나 하는 반성이 들었다. 하지만 '누구나 자기 인생의 리더'라는 이야기를 듣자 '리더'라는 말을 대하는 마음 자세부터가 달라졌다. 훨씬 좁혀진 개념이 되었으나 그만큼 더 명확히 다가온 것이다.

"가장 중요한 것은
자기 인생의 리더가 되는 겁니다."

'감성 지능'의 힘

그렇다면 자기 인생에서, 나아가 사회에서 리더가 되려는 사람들이 새겨야 할 필수 조건은 무엇일까요?

"자신을 잘 아는 것, 그리고 감성 지능emotional intelligence을 갖추는 것이 가장 중요합니다. 제가 가장 존경하는 리더에 대한 이야기를 해볼까요. 미국 대통령으로는 프랭클린 루스벨트Franklin Roosevelt를, 국제적으로는 남아프리카공화국의 넬슨 만델라Nelson Mandela를 제일 존경합니다. 우선 만델라 전 대통령은 그가 속한 지역사회의 통합을 이뤄냈다는 점이 대단하죠. 사람들을 서로 대립하고 반목하게 함으로써 통치하는 건 쉽습니다. 하지만 사람들을 하나로 뭉치고 스스로 더 큰 집단의 일원으로서 정체성을 재인식하게 하는 것은 보기 드문 리더십이죠. 만델라는 그런 점에서 매우 인상적입니다. 제가 만델라를 존경하는 가장 큰 이유는 27년의 길고 긴 수감 생활 후에도 '복수' 대신 '용서'를 택했다는 겁니다. 이는 인간으로서 정말 어려운 '선택'이자 '실천'이에요. 그리고 루스벨트 전 대통령은 국가가 위기에 처했을 때 정권을 잡아 미국 경제와 정치를 재건했다는 점에서 존경할 만하죠. 그는 경제 위기의 시기를 활용해 그것이 정치적인 위기로 이어지지 않도록 했습니다.

조금 다른 이야기로 제가 몸담고 있는 곳이 하버드 케네디 스쿨이기 때문에 케네디John F. Kennedy 전 대통령에 대해서 어떻게 평가하냐는 질문도 종종 받는데요, 케네디는 젊음과 변화의 이미지를 가지고 대통령이 되었죠. 그리고 뛰어난 연설로 국민들을 '미래'라는 지향점에 모이게 했습니다. 그러나 너무 일찍 세상을 떠났기 때문에 다른 사람들과 비교하기는 어렵습니다. 그의 리더십을 충분히 발휘할 시간이 없었으니까요. 대부분의 대통령들은 평균 8년 동안 '봉사'했지만(미국에선 통치rule라는 단어 대신 봉사serve라는 단어를 쓴다) 케네디는 불과 2년 반 동안만 재임했거든요. 그렇기 때문에 리더로서 전체적인 판단을 하기에는 어려움이 있습니다. 하지만 그럼에도 그가 암살당한 지점에 세워진 기념관에 가면 '요절하는 불운을 타고난 사람들에게 역사는 영감을 주는 사람이라는 역할을 부여한다To those who have the misfortune to die young, history assigns the role of inspirer'라는 문구가 있을 만큼 여전히 많은 사람들에게 '비전 있는 리더'로서 영감을 주고 있죠."

나이 교수와의 대화 주제에선 좀 벗어나지만 대통령들의 이야기가 나오니 문득 한 미국 친구가 했던 말이 생각났다. "나는 오바마 대통령을 존경하지는 않지만 그의 대통령직은 존중한다." 오바마의 경제정책을 신랄하게 비판하던 끝에 이 말을 덧붙이는 걸 들으며 참 신선하다고 느꼈다. 사람과 자리, 즉 대통령 개인과 또 국민이 그에게 부여한 직위를 따로 생각할 수 있다는 것. 그만큼 미국 민주주의가 성숙해 있다는 말로도 들렸다. 나이 교수 역시 이에 대해 "민주주의 국가에서 대통령은 다수결의 원칙에 의해 선출되고 그렇기 때문에 그 자리는 마땅히 존중받아야 하며 그것이 바로 진정 성숙한 민주주의다"라고 강조했다.

"제가 넬슨 만델라를 존경하는 가장 큰 이유는
27년의 길고 긴 수감 생활 후에도
'복수' 대신 '용서'를 택했다는 겁니다.
이는 인간으로서 정말 어려운 '선택'이자 '실천'이에요."

'감성 지능'이라고 하니 여성 리더십이 생각나는군요.

"제가 쓴 책《조지프 나이의 리더십 에센셜》에도 나오지만 일반적으로 여성들은 '소프트 파워soft power'를 더 많이 쓰는 경향이 있고 그럼으로써 사람들을 더 잘 융화시킵니다(소프트 파워는 군사력이나 경제제재 등의 물리적 힘으로 표현되는 '하드 파워hard power'에 대응하는 개념으로 학문이나 예술 같은 문화적 영향력을 뜻한다. 강제력보다는 매력을 통해 명령이 아닌 자발적 동의에 의해 얻어지는 능력이다. 나이 교수는 소프트 파워란 한마디로 '내가 원하는 것을 다른 사람이 원하도록 만드는 힘'이라고 설명한다). 반면 남성 지도자들은 하드 파워와 명령을 더 많이 쓰죠. 좋은 리더는 이 두 가지를 다 쓸 줄 알아야 합니다. 특히 21세기에는 사람들을 화합시켜 네트워크 안에서 '인화人和'를 이뤄내는 게 더욱 중요해질 것이고 그런 점에서 여성들은 분명히 강점이 있습니다."

사실 나이 교수가 존경하는 만델라나 루스벨트의 경우 감성 지능, 즉 소프트 파워를 갖춘 지도자였다. 이 둘은 자신의 정책을 펼치기에 앞서 지금 국가가 처한 어려움의 이유가 무엇인지, 국민들은 어떤 어려움을 겪고 있는지, 어떻게 극복해야 하는지를 헤아리고 고민했다. 특히 만델라의 경우 수십 년의 세월 동안 자신의 정치 철학을 몸소 실천함으로써 자국민을 넘어 세계인의 리더가 될 수 있었다. 덧붙여 말하자면 "리더는 하드 파워와 소프트 파워를 모두 다룰 줄 알아야 한다"라는 나이 교수의 주장은 '스마트 파워smart power'라는 개념으로 수렴되는데 이는 오바마 행정부 외교정책의 근간이 되기도 했다.

옳은 답을 찾아 호기심을 따라 퍼즐을 풀어라

분위기가 조금 부드러워진 것 같기도 하고 다시없을 기회라는 생각도 들어서 슬쩍 개인적인 질문을 꺼냈다. 어린 시절부터 특출했고 탁월함의 대명사로 평생을 살아온 사람에게도 어려운 시절이 있었을까?

당신도 인생에서 정말 힘든 순간이 있었나요?

"1977년 만 40세의 나이로 지미 카터 Jimmy Carter 행정부에 처음 들어갔을 때(카터 행정부에서 나이 교수는 국가안전보장회의NSC 비핵확산그룹 의장을 맡았었다) 서는 정말 아무 경험도 없는 애송이였죠. 수영하는 법도 모르는데 수영장에 내던져진 기분이었다고 해야 할까요? 살기 위해 수영하는 법을 배우든지 아니면 물에 빠져 죽는 것 외에는 방법이 없었습니다. 그래서 새로운 도시로 이사 와 정착하고 새로운 일을 배워가는 그 몇 주 동안 — 주위 사람들은 모든 걸 다 아는 것처럼 보이는데 저만 아무것도 모른 채 무엇이든 혼자서 헤쳐 나가야 했던 때 — 개인적으로는 참 어려운 시기였어요. 하지만 운 좋게도 저는 수영하는 법을 익혔고 살아남았습니다."

세계 최고의 석학으로서 지식을 습득하고 지혜를 쌓는 최선의 방법도 알려주세요.

"학문을 한다는 것은 언제나 '옳은 답'을 찾으려고 노력하는 과정입니다. 타이밍이나 정치적인 것들은 부차적인 거예요. 옳은 것을 구하고 그것을 이해하려는 노력, 자신이 생각하는 옳은 답을 얻기 위해 호기심을 따라 퍼즐을 풀려고 하는 의지가 가장 중요합니다. 동시에 그렇게 얻은 지식과 지혜를 다른 사람들에게 전수하는 것, 즉 가르치는 일도 중요하죠."

나이 교수의 대답은 장황하지 않고 항상 간단명료했다. 그렇게 짤막하게 요점만 말하고 난 뒤에 다음 질문을 기다리는 식이었다.

그러면 어떻게 당신의 천직, 즉 삶의 목적을 찾으셨나요?

"원하는 게 무엇인지 늘 알고 있었다고 말할 수 있으면 좋겠지만 실은 저 역시 원래 계획했던 일을 한 경우는 아니랍니다. 옥스퍼드대 석사를 마치고 박사과정을 밟기 위해 하버드대에 왔을 때 저는 장차 외교관으로 일하고 싶은 꿈을 가지고 있었어요. 그런데 하버드대에서 강의를 해보지 않겠냐는 제안을 받게 되었고, 일단 얼마 동안만 해보자고 했던 게 이렇게 길어져버렸네요. 학생들을 가르치고 논문을 쓰는 동안 '내가 이 일을 즐기는구나!'라고 느끼게 되면서 계속하게 되었습니다. 저는 글 쓰는 걸 무척 좋아하고 가르치는 것도 참 좋아하는데 이 두 가지는 교수 생활의 핵심이죠. 게다가 교수 활동 외에 학교를 5년 동안 떠나서 미 국무부와 국방부에서 실무 경험도 쌓을 수 있어 좋았습니다. 하지만 이 모든 것들이 제가 원래 계획했던 건 아니라는 사실을 이야기해주고 싶군요."

나지막하게, 또박또박 힘주어 말하던 나이 교수의 말이 지금도 머릿속을 맴돈다. "교수로서 논문을 쓰고 학생들을 가르치는 것을 그 자체로서 좋아하고 즐겨야 합니다. 그로써 영향력 있는 사람이 될지 아닐지는 이후에 자연스레 결과로 나타나게 되는 겁니다."

자기가 좋아하는 일을 찾아 인생의 길을 걸으면서 동시에 주어진 일들을 그 자체로서 즐겁게 받아들이고, 옳은 답을 찾아 언제나 호기심을 잃지 않는 태도. 그리고 강한 힘보다 따뜻한 감성으로 사람들의 화합을 이끌어내고 공존을 모색하려는 이 시대 석학 중의 석학, 조지프 나이 교수. '진정한 권위란 어떻게 만들어지는가?'를 다시금 생각해보게 하는 소중한 만남이었다. 오늘날에는 소프트 파워에 이어 스마트 파워를 강조하지만 그 본질은 역시 감성 지능에 있다는 것도, 그리고 우리는 감성 지능을 바탕으로 자신의 삶과 더불어 사는 삶을 동시에 '리드'할 수 있다는 것도, 나이 교수와의 만남이 준 선물 같은 깨달음이었다.

Joseph Nye Jr. _조지프 나이

조지프 나이는 국제정치학계의 세계적 석학으로 하버드 케네디 스쿨의 특별 공로 교수Distinguished Professor이다. 1937년생인 그는 프린스턴대학교에서 학사과정을 마친 후 옥스퍼드대 대학원에서 정치학 석사 학위를, 하버드대 대학원에서 정치학 박사 학위를 받았고 하버드 행정(정책)대학원인 케네디 스쿨의 학장을 역임했다. 1970년대 후반 미 국무부 차관보, 핵무기 비확산 국가안전보장회의 의장, 1990년대 초 국가정보위원회 의장과 미 국방부 국제안보 담당 차관보를 거쳤고 1989년부터 1993년까지는 유엔사무국 군축위원회의 미국 대표였다. 하버드대에서는 '20세기 미국 주요 대통령의 외교정책과 리더십', '미국 외교정책에 있어서 리더십과 윤리' 등의 강의를 맡고 있으며 '소프트 파워', '스마트 파워' 개념의 창시자로도 유명하다. 저서로는 《권력의 미래》, 《국제분쟁의 이해》, 《조지프 나이의 리더십 에센셜》, 《소프트 파워》, 《미국의 세기는 끝났는가》등이 있다.

© IESE Business School

비전

Vision

Steve Jarding

스티브 자딩

하버드 케네디 스쿨 강의교수 | 선거 전략 전문가

타인과 사회를 품으며 산다는 것

최고의 리더는 어떻게 만들어지는가?

"부富와 기회를 일으켜 사회를 더 나은 방향으로 이끌 수 있다는
신념을 가진 사람이 바람직한 리더이다."

○
○
○

자딩 교수는 하버드 케네디 스쿨에서 가장 튀는 강의를 하는 교수 가운데 한 명이다. 우선 강좌명부터! 많은 학생들이 '정치가 배출하기The Making of a Politician'와 '출마하기와 선거 치르기Running for Office and Managing Campaigns'라는 강좌가 대체 뭘 가르치는지, 수업 방식은 어떤지, 어떻게 정치인을 만들고 선거에서 이길 수 있다는 말인지 궁금해했다. 그래서 정치를 하고 있거나 앞으로 정치를 지망하는 학생은 물론이고 그렇지 않은 사람들조차도 순전히 호기심에 강의를 듣는 경우가 많았다. 나도 자딩 교수의 강의를 들을 기회가 있었는데 매 시간 교실이 떠나갈 만큼 우렁찬 목소리로 펼치는 자딩 교수의 열정적인 실전 강의와 그에 상응하는 학생들의 진지함과 열의에 놀랐다.

'이래서 미국에서 정치가다운 정치가들이 나오고 선거다운 선거가 치러지는구나!' 하는 생각이 들 정도였으니까. 그리고 그런 인재들을 가르치고 키워내는 한가운데에 자딩 교수가 있었다.

자딩 교수는 '정치 교육(정치인을 키우는 교육)'을 담당하고 있다. 학원이나 아카데미도 아니고 대학원에서 어떻게 '선거 실습'이 한 학기 강좌로 존재할 수 있을까 싶지만 그의 수업 시간에는 학생들이 실제로 진영을 짜고 역할을 분담해 모두가 보는 앞에서 출마 연설을 하고 유세전도 펼친다. 동영상과 포스터, 구호까지 완벽히 갖추고 연설에 임하는 그 모습이 어찌나 열정적이며 실감 났던지 학생들의 인상은 한동안 뇌리에 박혀 떠나질 않았다.

그리고 한국에 돌아와 2012년 버락 오바마와 미트 롬니Mitt Romney의 대선전이 한창일 때였다. 두 후보에 대한 호불호를 떠나 서로 치열하게 경쟁하고 대결하던 모습부터 선거가 끝나고 결과에 깨끗하게 승복하는 모습에 이르기까지 그들이 보여준 성숙한 '선거 문화'가 깊은 인상을 남겼는데 그때 자딩 교수가 떠올랐다. 어쩌면 자딩 교수가 가르치고 있는 선거와 관련된 전문적이고 체계적인 '교육'이 바탕이 되어 그렇게 합리적이고 수준 높은 선거전도 가능한 것이 아닐까? 오바마와 롬니도 젊은 시절부터 '정치인이 되기 위한 교육'을 받을 기회가 있지 않았을까?

자딩 교수의 경험담을 듣기 위해, 다른 한편으로는 정치인도 '만들어진다'면 유권자로서 '속지 않고 현명한 판단을 내리기 위해' 어떤 점들을 염두에 두어야 하는지 묻기 위해 두 차례에 걸쳐 면담을 요청했다.

죽을 때 가장 후회하는 것

자딩 교수는 누구보다 정치가들을 많이 만나는 사람이다. 이른바 지도자이거나 지도자를 꿈꾸는 이들은 자딩 교수에게 종종 승리를 위한 자문을 요청한다. 그래서 나는 '리더'라는 사람들의 '민낯'을 누구보다도 가까이서 보고, 그들의 솔직한 필요를 들어온 자딩 교수에게 리더십에 대한 질문부터 꺼냈다. 그리고 보물 같은, 확신에 가득 찬 답을 듣게 되었다.

당신은 많은 지도자들을 만나셨을 겁니다. 그들을 만나며 직접 경험한 리더십에 대한 생각도 남다를 것 같은데요?

"당신도 알고 있겠지만 리더십이란 그 지도자의 가치관과 밀접하게 연관되어 있어요. 제가 수업 시간에 자주 하는 이야기가 있습니다. 인생에서 가장 비참한 게 뭔 줄 아나요? 질병도, 이혼도, 파산도 아닙니다. 물론 그것들도 다 견디기 힘든 일이긴 하죠. 하지만 그럼에도 불구하고 가장 딱한 일은 당신이 죽을 때가 되어 인생을 돌이켜봤을 때 '나에겐 참 많은 재능이 있었는데 그걸 제대로 활용하지 못했구나'라고 후회가 드는 겁니다. '나의 잠재력을 발휘하지 못했구나, 세상에 기여한 것보다 받고 가는 게 더 많구나'라는 '미련'과 '후회' 말입니다. 그리고 그것이 바로 리더십의 기초가 된다고 생각합니다.

결국 리더는 자신을 넘어서 생각해야 해요. 자기만 생각하는 사람은 리더가 될 수 없죠. 돈을 얼마나 많이 벌 수 있을까, 어떻게 하면 힘을 가질 수 있을까, 사람들이 나를 얼마나 좋아하나, 이런 것들은 리더가 할 고민이 아닙니다. 리더십이란 개인을 위하는 이기심이 아니기 때문이에요. 그런 물음들로부터 자유로워지는 순간, 다시 말해 내가 하는 일이 더 이상 나만을 위한 것이 아니게 되는 순간 진정한 리더십의 세계가 열리게 됩니다. 제가 생각하는 리더의 정의는 '사회 전체를 더욱 이롭게 하는 사람, 주변 사람들의 삶을 향상시키고 그럼으로써 사람들이 세상으로부터 가져가는 것보다 남기고 가는 게 더 많을 수 있도록 기회를 만들어주는 사람'이에요."

그런 리더의 기초와 자질은 어떻게 닦을 수 있나요?

"'자아 성찰', 즉 나 자신이 누구인지 계속해서 내면을 들여다보고 심사숙고하는 자세가 필요해요. '내가 이대로 가면 진정 사회에 무언가 족적을 남길 수 있는가?' 끊임없이 스스로에게 묻고 또 물으며 나아가는 겁니다. 자신이 가진 재능을 파악하고 그 재능을 나와 남을 위해 어떻게 쓸지 고민하는 책임감 있는 삶의 자세가 요구되죠. 그런 자아 성찰의 과정을 거치면 의외로 대다수의 사람들은 자신의 삶이 올바른 방향으로 나아가고 있지 않다는 걸 깨닫게 됩니다. 그러고는 삶의 자세를 다잡아 제대로 살아보겠다고 다짐하게 돼요. 그래서 정치가의 길로 나아가게 될 수도 있고, 사회 공헌이나 봉사의 길로 나아갈 수도 있고, 그러면서 자신의 길을 찾는 겁니다. 죽기 직전 '나는 인생에서 기회들을 다 날려버렸고 모험을 시도해보지도 않았다'라고 느끼게 된다면 생각만 해도 뼈아프지 않겠어요? 그러니까 언제나 자아 성찰을 하면서 '어떻게 하면 나에게 주어진 재능을 활용해 이 세상을, 우리 모두를 이롭게 할까?' 고민해야 합니다. 그러면 리더로서 기초 자질이 갖춰진 것이고 그렇게 나아가다 보면 길이 보일 거예요."

하지만 현실에서는 정치인이나 권력자들이 부패하는 경우가 많습니다.

"안타깝게도 그게 현실이죠. 많은 사람들이 권력 때문에 정치를 하고 싶어 하는 건 사실이에요. 그리고 정치는 자신이 가진 꿈을 이루는 데 실제로 많은 자원들을 제공해줍니다. 하지만 오로지 자신만을 위해서 권력을 얻으려 한다면 '권력 남용'이 되겠죠. 정치인 또는 권력자에게 주어진 기회와 특권을 활용해 진정한 '국민의 대변자'가 되려고 노력할 때만 세상으로부터 인정받을 수 있어요. 오늘날 컴퓨터가 이만큼 발전한 게 실은 달 탐사와 밀접하게 연관되어 있다는 걸 아나요? 다시 말하면 '달에 가보자'는 시도처럼 인간의 생각과 의지를 100% 발휘해보자는 자세가 지금의 과학 발전을 가져왔습니다. 그리고 그런 자세라면 매사에 불가능한 일이 없을 겁니다. 정치인이 국민의 대변자가 되려고 노력하는 측면에서도요."

많은 사람들이 정치를 하고 싶어 하고 아울러 정치는 권력이 주는 매력뿐만 아니라 자신이 가진 꿈을 이루는 데 많은 자원들을 제공해준다라고 한다면 자딩 교수가 스스로 정치를 하겠다고 뛰어들지 않고 조언가로서만 머무는(?) 이유가 궁금했다. 그런데 그 답은 깜짝 놀랄 만치 단순하고 명료했다.

"리더가 되기 위해서는 '자아 성찰'
즉 나 자신이 누구인지 계속해서 내면을 들여다보고
심사숙고하는 자세가 필요해요."

자신의 열정을 어떻게 타인에게 전달할 수 있을까?

당신은 왜 정치를 하지 않으시나요?

"아내가 정치를 싫어하거든요. 그게 한 가지 이유이고 다른 하나는 '가르치는 일'이 좋아서예요. 그럼으로써 세상에 기여하고 있다고 생각하니까요. 제가 세상에 무언가를 돌려주는 방법은 교육을 통해서인 것 같습니다. 이제 막내까지 고등학교를 졸업했으니 상황으로 볼 때는 제가 무엇이든 해도 됩니다(자딩 교수는 태어난 지 넉 달이 되었을 때 아버지를 여의었기에 자녀들이 적어도 고등학교를 졸업할 때까지는 곁에 있고 싶었다고 한다). 원하기만 한다면 정치를 해도 되죠. 실제로 지난 수년간 많은 사람들이 저에게 정치를 하라고 권했습니다. 저로서는 대단한 칭찬이라고 생각합니다만 동시에 그만큼 부담도 됩니다. 어찌 되었든 현재는 가르치는 게 즐겁고 '아메리칸드림'에 관한 새로운 책도 준비 중이에요."

어떻게 하버드 케네디 스쿨에서 선거 전략과 정계 진출에 관련된 과목을 가르치게 되셨나요?

"제가 이 수업을 맡기 전부터 케네디 스쿨에는 이미 강좌가 개설되어 있었어요. 정계 진출을 희망하는 학생들을 위한 실용적인 강좌가 필요하다는 생각에서였죠. 정부가 어떻게 구성되는지, 의회는 어떻게 움직이는지, 정책은 어떻게 입안되는지 등에 대해서는 가르쳤지만 막상 어떻게 하면 그 자리까지 갈 수 있는지에 대해서는 가르치는 수업이 없었거든요. 어떻게 하면 선출될 수 있고 선거에서 이길 수 있는지 등에 대해서 말이죠. 그런 수요와 필요에서 '선거 전략'과 '정치인이 되는 법'에 관한 강의가 만들어졌는데 강의 적임자를 찾지 못해 초반에 굉장히 어려움을 겪었다고 합니다. 그래서 학교 측은 그 분야에서 활발하게 활동 중인 실무자를 찾아 나섰고 그렇게 해서 저와 인연이 닿았어요. 지금은 두 강좌 모두 훌륭히 자리 잡았습니다.

아시다시피 하버드대는 세계에서 가장 우수한 교육기관 중 하나예요. 우리는 이곳 학생들이 미국은 물론이고 세계 어느 곳이든 자신의 나라에 돌아갔을 때 리더가 되길 바랍니다. 바로 그런 목적을 위해 하버드대가 존재하죠. 따라서 이런 수업을 통해 지도자가 되고 싶고 자질도 충분하지만 선출 과정이 두렵고 막막해서 망설이고 있는 학생들을 '도울' 수 있다면, 그래서 그런 학생들이 정계 입문이라는 꿈을 향해 나아갈 수 있다면, 그리하여 궁극적으로는 가장 적임자들이 공직에서 일하게 된다면 그걸로 우리가 하는 일의 가치는 충분하다고 생각해요."

자딩 교수는 이렇게 자신이 하고 있는 일의 의미에 대한 확신을 드러냈을 뿐만 아니라 미국 선거 문화의 현주소에 대해서도 자신 있게 이야기했다.

"미국이 제대로 하고 있는 것들 중 하나가 선거예요. 그만큼 선거에 많은 돈을 쓰고 있으니까요. 어떻게 하면 더 나은 후보자들을 낼까, 어떻게 하면 그 후보자들이 당선되도록 더 나은 조직을 만들까,

이런 문제들을 해결하기 위해 오랫동안 수십 억 달러를 써왔고 미국에서 이런 분야는 모두 민간이 맡고 있습니다. 정부 규제도 없어서 후보자들은 원하는 만큼 마음대로 선거 비용을 쓸 수 있고요. 그러니까 후보자들은 자신에게 도움이 될 여론조사, 연구, 미디어 트레이닝 같은 기술적인 부분에도 많은 투자를 하게 되고 그 결과 미국은 선거를 어떻게 하면 잘 치를 수 있는지에 관해서는 전문가가 되었습니다. 어떻게 하면 유권자에게 더 다가갈 수 있고 마음을 사로잡을 수 있는지, 또 부동층은 어떻게 다뤄야 하는지, 나의 지지 기반은 누구이고 경쟁자의 지지 기반은 또 어떤지, 내가 어디에 전략과 자원을 집중해야 하는지 등등을 판단하는 데 아주 선수가 되었죠. 무척 과학적이에요."

넉넉하고 푸근한 모습으로 항상 웃음과 여유를 잃지 않으면서도 한순간의 망설임도 없이 마치 준비된 듯 술술 의견을 개진하는 자딩 교수의 모습은 수업 시간에 보던 그대로였다. 이윽고 나는 화제를 개인적인 쪽으로 돌렸다.

당신에게선 언제나 '열정'이 느껴집니다. 그런 열정은 어디서 오나요?

"연설을 할 때도 열정이 있어야 해요. 열정이란 무언가에 대한 확신을 갖는다는 뜻이기도 하죠. 열정이 있어야 남들도 설득시킬 수 있습니다. 목소리, 말하는 톤, 사용하는 단어나 보디랭귀지와 같은 지엽적인 것들은 교육과 훈련으로 개선될 수 있지만 그 모두를 뒷받침하고 힘을 발휘하도록 해

○
○

"열정이 있으면 어느 순간 모든 기술과 능력들이 제자리를 찾으며 힘을 발휘하게 돼요. 결국 답은 자기 자신 안에 있는 겁니다."

주는 건 결국 열정이에요. '당신은 한 개인이 한 나라의 국민들을 위해 더 나은 삶을 만들어줄 수 있다고 믿는가'와 같은 물음, 그리고 그것을 믿는 게 바로 '열정'입니다. 그런 열정이 있으면 어느 순간 모든 기술과 능력들이 제자리를 찾으며 힘을 발휘하게 돼요. 결국 답은 자기 자신 안에 있는 겁니다. 당신이 믿는 그 무엇, 당신이 상대와 싸울 만한 가치가 있다고 믿는 그 무엇, 그것을 위해 나 자신을 포기하고 희생해도 좋다는 믿음, 그리고 그것을 위해 기꺼이 자신을 바칠 준비가 되어 있다면 반드시 성공하게 될 거예요.

제 열정이 어디서 왔냐는 물음에 대한 답은 '어머니의 가르침'입니다. 저희 어머니는 일찍 남편을 여의고 8남매를 혼자 키우셨어요. 집에 가전제품도 없어서 빨래부터 밥 짓는 일까지 모두 직접 하시면서 어렵게 사셨죠. 하지만 언제나 희망을 잃지 않으셨고 여덟 자녀에게 '우리는 모두 각자의 고유한 은사를 타고난다. 그게 어떤 은사이든 사는 동안 신이 주신 재능을 최대한 발휘해 우리가 세상에서 쓰고 가는 것보다 남기고 가는 게 더 많도록 해야 한다'라는 가르침을 주셨습니다. 어머니는 아버지의 죽음을 겪으시면서 인생이 얼마나 짧은지 깨달으셨던 것 같아요. '단 한 번뿐인, 결코 길지 않은 인생을 어떻게 최고로 살아낼 것인가?'라는 어머니의 깨달음이 저에게도 저절로 체화되었어요. 한때는 신부神父가 될까도 생각했는데 그즈음 평소 정치에 대해 냉소적이시던 어머니가 사람들의 삶에 정치가 얼마나 중요한 역할을 하는지, 정부가 얼마나 좋은 일을 할 수 있는지에 대해 말씀하시기 시작했죠. 그렇게 해서 저는 정치와 선거에 관련된 일에 발을 들여놓게 되었어요. 그런데 일을 하다 보니까 정부가 너무 목소리 큰 사람 편만 드는 거예요. 민주주의 사회에서 정부가 진짜로 위해주어야 할 사람들은 '목소리조차 없는 사람들'인 경우가 대부분인데 말이죠. 그런 문제의식이 생기자 제 나름대로 그 문제를 해결하는 데 기여할 수 있는 방법을 찾게 되었고 35년이 넘는 세월 동안 선거운동도 하고, 가르치기도 하고, 글도 쓰고, 책도 내면서 살고 있습니다."

수업 시간에 자딩 교수의 지식을 전수받을 기회는 있었어도 이처럼 개인적인 이야기를 듣는 건 좀처럼 쉽지 않은 일이었다. 그리고 어렵게 기회를 마련하더라도 마음을 열고 대화에 임해주지 않으면 불가능한데 마음에서 우러난 자신의 이야기를 선뜻 들려주어 감사한 생각이 들었다. 나는 다시 자딩 교수의 전문 분야로 화제를 돌렸다.

당신은 정치인이 되는 법을 가르치고 기성 정치인들에게 전략 컨설팅을 해주고 계십니다. 그럼 '이미지 정치'의 우려에 대해선 어떻게 생각하시나요?

"정치인들이 트레이닝을 받고 특히 언론을 대하는 능력을 키운다고 해서 유권자가 속을 것이라고는 생각하지 않습니다. 다만 정치인이나 후보자가 여러 변수들을 좀 더 '통제'할 수 있게 되겠죠. 그 역시도 부정적인 의미에서의 통제는 아닙니다. 제가 저의 소신을 청중들에게 전하고 싶다고 칩시다. 저는 이 소신이 사람들을 움직일 거라고 확신하고 또한 저에 대해서도 가장 잘 알릴 수 있는 것이라고 생각하고 있습니다. 그렇다면 왜 그런 걸 놔두고 인터뷰어나 기자가 대중이 별로 관심 있어 하지도 않을 방향으로 대화를 이끌어가게 놔두나요? 누군가를 대표하고 대변한다는 건 굉장한 책임이 따르는 일이에요. 유권자들에게 직접적인 영향이 없을 문제들에 대해 답하느라 정작 유권자들에게 중요하고 자신에게도 중요한 문제들에 시간을 할애하지 못한다면 안타깝지 않을까요?

정치는 서로 떨어져 있는 두 개의 섬을 오가는 것과 같습니다. 이 섬에서 저 섬으로 가고 싶은데 건너가려면 사이에 놓인 물길이 험하고 어둡고 위험해요. 그런 늪과도 같은 곳을 헤엄쳐 건너야 하는 겁니다. 관료가 되는 것과 정치인이 되는 것은 많이 달라요. 그래서 저는 학생들에게 종종 이렇게 말합니다. '선거에서 이길 수 있는 방법을 가르쳐줄 테니 동시에 여러분이 성숙한 리더십도 갖추게 되기를 바랍니다. 때로는 어쩔 수 없이 스스로에게 유리하게 메시지를 꾸며야 하는 경우도 있을 것이고 때로는 선거 전과 후의 메시지가 다를 경우도 생긴다는 걸 이해할 수 있을 만큼 성숙한 리더십을 말하는 겁니다.' 그런 시스템은 우리가 어떻게 할 수 없는 성질의 것이에요. 저도 정치인들에게 매일 진실만 말하라고 할 수 있으면 좋겠습니다. 물론 그렇다고 해서 거짓말을 해도 좋다고 말하는 건 절대 아닙니다. 거짓말은 안 했으면 좋겠어요. 한번 거짓말을 하게 되면 끔찍한 결과를 낳게 되고 정치생명이 끝날 수도 있거든요. 하지만 저는 사람들이 유연해졌으면 좋겠어요. 내가 어떤 정책을 지지하는데 선거구민들이 그 정책을 원하지 않는다면 어떻게 해야 할까요? 그럴 경우 선출되기 위해선 그 정책을 부각시키지 않는 게 좋겠죠. 그건 선거에서 이겨서 권한과 자원들을 갖게 된 다음에 해도 늦지 않을 겁니다. 정말로 그것이 선거구민들에게 유익을 가져다줄 수 있다고 생각한다면 선출된 다음에 주민들을 설득하는 게 훨씬 효과적이죠. 후보자가 정책을 만드는 경우는 어디에도 없으니까요. 뽑혀서 권한을 갖게 된 다음에야 정책을 만들 수 있는 거잖아요? 따라서 후보일 때 선출된 사람처럼 행동하지 말라고 조언합니다. 후보 시절에는 뜻을 이루기 위해 사용할 수 있는 자원도, 힘도 아직 없을뿐더러 그런 권한을 위임받기도 전 아닌가요? 그런 것들을 다 갖춘 다음에 용기를 내어 설득 작업에 나서도 늦지 않아요. 오히려 더 효과적이죠. 다시 한 번 말하지만 제가 항상 강조하는 것은 '후보 시절에 마치 선거에서 이긴 사람인 양 행동하지 말라'는 거예요. 그 둘 사이에는 분명한 차이가 있으니 그걸 인식하고 똑똑하게 행동하라는 거죠."

자딩 교수는 '시스템은 우리가 어떻게 할 수 없는 것'이라고 말할 정도로 정치라는 냉혹한 현실에 대해서도 감안하고 있었다. 하지만 그러한 현실 속에서도 자신이 원하는 승리를 거둘 수 있으면서 자기 자신이나 유권자들을 속이거나 현혹하지 않을 수 있는 현명한 리더십을 가르치고 싶은 것이다. 그런데 나는 여전히 마음에 걸리는 부분이 있었다.

그럼 반대로 유권자 입장에서는 '이미지 정치'에 휩쓸리지 않기 위해 어떻게 똑똑하게 선택할 수 있을까요?

"'이미지 정치의 우려'도 일리 있는 말입니다. 결국 제가 가르치는 것의 일부는 '연기'나 마찬가지이고 어떤 의미에선 정치인도 연기를 하는 사람으로 해석될 수 있습니다. 연기자들은 청중이나 시청자와 가까워져서 마음(인기)을 얻고, 그런 점에선 정치인들도 연기자와 다르지 않죠. 그러나 다시 이야기를 시작한 맨 처음으로 돌아가 봅시다. 청중이나 시청자와의 유대를 위해 좋은 연설 또는 발표를 하려면 우선 스스로가 자신의 연설이나 발표를 통해 전달하고자 하는 바에 대한 믿음과 확신이 있어야 하지 않을까요?

가장 중요한 점은 바로 이겁니다. 제가 당신이 달변가가 되도록 가르쳐주고 이끌어줄 수는 있어도 최종 승부는 당신 자신이 얼마나 내면의 진정한 자아에 도달해 당신의 열정을 일깨우고 그것을 듣는 사람들에게 전달하느냐에 달렸다는 거죠. '이것이 진정 내가 믿는 신념인가?' 일단 당신이 그 '내면으로부터의 진정한 원동력'을 찾게 되면 사소한 것들은 더 이상 중요하지 않게 되고 어느새 당신은 유권자들의 마음을 움직이는 위대한 웅변가가 되어 있을 겁니다. 연기는 할 수 있어도 내면으로부터 우러나오는 열정은 결코 속일 수 없죠. 그것은 스스로도 느낄 수 있고 남들도 다 압니다. 그리고 바로 거기에서 승부가 결정되죠. 연설을 얼마나 잘하고 발표를 얼마나 능숙하게 하는가는 부차적인 문제이고 당신이 진정성이 없다고 느껴지는 순간 당신의 정치생명은 끝이 납니다. 회복 불가능하죠."

내가 아닌 남을 위한 비전을 열어라

그렇다면 바람직한 지도자상은 무엇인가요?

"아주 간단해요. 당장 내 눈앞의 선거와 그다음 번 선거보다 다음 세대를 더 걱정하고 염려하는 사람이죠. 비전이 있어야 합니다. 정치란 또는 정부란 정치를 하는 사람들보다 국민들을 우선해야 한다는 사실을 이해하는 사람, 선거도 '나'를 위한 것이 아니라 '너'를 위한 것이며 내가 부富와 기회를 일으켜 사회를 더 나은 방향으로 이끌 수 있다는 신념을 가진 사람, 그런 사람이 바람직한 지도자입니다. 질병을 근절하고, 기술로 인한 인간소외 문제를 해결하고, 그렇게 크고 어려운 '인류의 과제'를 해결하는 데 있어서도 힘을 합치면 못 할 것이 없다는 믿음과 자신감을 갖춘 사람 말이에요. 그 꿈과 비전이 당장 실현되지 않는다 하더라도 후세에 그런 사회를 물려주기 위해 초석을 놓는다고 생각하는 사람들이 최고의 지도자라고 생각해요. 비록 그 꿈을 위한 나의 노력과 노동이 내 생애에는 결실을 맺지 못하더라도 후대에 더 나은 사회로 나아가는 데 기여하리라 믿고 노력하는 사람, 그런 사람이 진정한 지도자입니다."

감탄이 절로 나올 정도로 멋지고 이상적인 말이었다. 하지만 과연 그런 정치인들이 현실에서 얼마나 될까? 존재한다면 그런 사람을 어떻게 가려낼 수 있을지도 궁금했다. 역시 한순간의 망설임도 없이 나온 대답은 무척 적극적이었다.

"요구해야 합니다. 그래서 선거라는 제도가 있는 거잖아요. 민주주의 제도에서는 '투표라는, 권한인 동시에 의무'가 존재합니다. 결국 투표로써 참여하고 권리를 행사하는 게 '의무'라는 말입니다. 목소리를 내야 해요. 당신들을 진정으로 대변할 사람을 뽑아야 합니다.

○
○

"나의 노력과 노동이 내 생애에는 결실을 맺지 못하더라도
후대에 더 나은 사회로 나아가는 데 기여하리라 믿고 노력하는 사람,
그런 사람이 진정한 지도자입니다."

다른 고려가 있어선 안 되죠. 절대로 무관심하거나 냉소적인 태도로 무시해서도 안 됩니다. 투표도 하지 않으면서 그저 정부가 마음에 들지 않고 제대로 일하지도 않는다고 비판만 하는 건 아무 데도 쓸모가 없어요. 만약 미국 국민 모두가 투표에 참여한다면 지금과는 아주 다른 제도를 갖게 되었을 겁니다. 정치인이란 유권자들의 표심에 신경 쓰기 마련이니까요. 그들은 자리를 지키고 싶어 하고 계속 힘을 유지하고 싶어 합니다. 지도력을 발휘하고 기회를 창출하고 싶어 하죠. 투표로 국민들의 마음을 읽고, 더 잘하기 위해서 피드백을 받고 싶어 합니다. 그런 게 바로 진정한 리더십이죠. '내가 뽑혔으니 내 마음대로 하겠다, 사회가 잘되든 말든' 식의 리더십은 절대 용납되어선 안 됩니다. 무조건 최선, 최상을 요구하세요. 선출된 사람들이 당신의 요구와 필요, 바람에 맞게 움직일 수 있도록 말이에요. 그래야 갈수록 더 나은 대변자들을 얻게 됩니다.

한국을 포함해 세계 어느 나라든 결국은 '당신들의 정부'입니다. 선출된 정권은 당신을 위해 일해야 하고요. 다시 한 번 강조하지만 많이 요구하세요. 잠자코 있지도 말고 결코 냉소적인 태도를 취하지도 말고 무관심해서는 더더욱 안 됩니다. 돈이 아주 중요한 부분을 차지하는 미국의 정치가들에게 있어서도 돈보다 더 중요한 건 유권자들의 표예요. 하지만 당신이 자신의 목소리를 내지 않고 다른 누군가가 당신을 지배하도록 놔두면 당신은 힘을 잃는 겁니다. 그래서 저는 언제 어딜 가나 '바로 당신들의 정부이다'라고 '경고'하곤 하죠. 원하는 정부를 세우고, 그 정부를 자랑스럽게 여기고, 그 정부로 하여금 국민을 위해 일하게 만드세요. 정당한 기회를 요구하고 사람의 힘과 정신을 믿으세요. 올바른 사람들이 모이면 사람으로서 진정 해야 할 올바른 일들을 할 수 있고, 계속 그렇게 요구하면 그런 기대에 따라서 살 수 있게 됩니다. 이것이 제가 해줄 수 있는 최선의 조언이에요. 국민들이 최상의 것을 요구하며 적극적으로 목소리를 내고 정치에 참여할 때 정치인들도 국민의 소리에 더욱 귀를 기울입니다. 그리고 그렇게 하지 않는 정치인들은 곧 도태될 겁니다."

이 이야기를 들으며 "정치에 무관심한 대가代價는 자기보다 못한 사람의 통치를 받는 것이다"라는 플라톤의 말이 생각났다. 한국에 돌아와서 몇 년 후, 박근혜 대통령이 당선되었을 때 우리나라에 첫 여성 대통령이 나왔다고 메일을 보냈더니 자딩 교수로부터 이런 답변이 돌아왔다. "축하합니다. 이제 당신도 여성으로서 후보자로 나설 수 있는 길이 뚫렸네요!" '영감'과 '동기 부여'는 자딩 교수의 첫 번째 교육 철학이자 덕목이다.

Steve Jarding _스티브 자딩

스티브 자딩은 미국 정계에서는 물론 국제적으로도 널리 인정받고 있는 선거운동 전문가이자 정치 전략가이다. 30년이 넘게 정치인들과 일해왔고 정치와 관련한 집필 활동을 해오고 있으며 하버드 케네디 스쿨에서 '선거 전략'과 '정치인이 되는 법' 두 과목을 가르치고 있다. 톰 대슐Tom Daschle, 밥 케리Bob Kerrey, 짐 웹Jim Webb, 존 에드워즈John Edwards 등 여러 상원 의원들의 선거 전략을 이끌었으며 정당 선거 위원회의 자문위원으로도 활약했다. 정치인이 아님에도 1996년 워싱턴에서 가장 영향력 있는 정계 인물 50인에 뽑혔고 2002년에는 《뉴욕타임스 매거진》에 의해 '전혀 예상치 못한 승리를 이끌어내는 인물'로도 선정되었다. 이 같은 명성을 바탕으로 현재는 유럽에까지 활동 영역을 넓혀 스페인 이에세IESE 경영대학원에서도 가르치고 있으며 인도 등 아시아 지역과 남미 지역에서도 선거 관련 자문을 하고 있다. 미국 사우스다코타 주에서 아내와 세 명의 자녀들과 살고 있으며 《*Foxes in the Henhouse*(닭장 속의 여우들)》의 공저자이다.

© Martha Stewart

열린 마음

Open-mindedness

Nick Burns

닉 번스
하버드 케네디 스쿨 교수 | 전 미 국무부 정무차관

타인의 의견을 존중하는 힘

편견 없는 존중과 배려는 어떤 관계를 만들어내는가?

"나와 의견을 달리하는 사람으로부터 배울 수 있고
때로는 그들을 토론이나 논쟁에 끌어들여야 하며
그럼으로써 스스로 생각을 더 날카롭게 할 수 있다."

○
○
○

하버드대에 있으면서 새 학기 시간표를 짜는데 어디서 많이 들어본 듯한 교수명이 눈에 띄었다. 닉 번스……. 얼핏 북한 이슈와 관련해 기사에서 본 기억이 나 찾아보니 역시 맞았다. 그리고 수업을 듣게 되기를 고대하던 중 한 세미나에서 처음으로 만나게 되었다. 번스 교수는 관료 출신답게 깔끔한 정장 차림이었다. 마치 그 모습 그대로 백악관이나 국제 협상장에 가도 전혀 손색이 없을 것 같았다. 이후로도 그의 옷차림은 한 번도 흐트러짐이 없었다. 번스 교수는 주로 외교, 협상과 관련한 과목들을 가르치면서 정규 수업 외에도 학생들과 토론하는 시간을 정기적으로 가졌다. 언젠가 국무부 장관을 할 인물이라는 말이 있을 정도로 학계에서뿐만 아니라 외교가에서도 여전히 인정받으며 활발히 활동하는 그였지만 누구보다 열정적으로 또 프로페셔널하게 학생들을 가르쳤다. 한번은 수업 시간에 역시 관료 출신인 메건 오설리번Meghan O'Sullivan 교수를 초대해 둘이서 번갈아 미국 대통령 역할을 하며 백악관 관료가 대통령에게 브리핑하는 상황을 보여준 적이 있었는데 어찌나 명료하면서도 힘이 있던지 학생들은 탄성을 연발했다.

번스 교수는 외교관 출신답게 자기 관리에 있어서는 냉정하다고 느껴질 정도로 철저했다. 한 학기 수업이 끝나고 인터뷰를 잡았을 때도 조교를 통해 사전에 철저하게 주제를 확인했고, 개인적인 이야기는 삼가려고 했으며, 인터뷰가 끝난 뒤 감사의 뜻으로 한국에서 가져온 작은 기념품을 건넸을 때도 자신의 원칙이라면서 극구 사양했다.

워낙 유명인이라 인터뷰를 잡기도 어렵지 않을까 예상했지만 때마침 발간된 콘돌리자 라이스Condoleezza Rice 전 미 국무부 장관의 회고록 《*Extraordinary, Ordinary People*(비범한, 동시에 평범한 사람들)》을 화두로 삼아 그가 라이스 전 장관과 함께 일하며 겪은 여성 리더십에 대해 이야기를 듣고 싶다고 했더니 의외로 쉽게 성사되었다.

교육의 힘

당신은 콘돌리자 라이스 전 장관을 직속 상사로 모셨는데, 그를 어떻게 생각하시나요?

"콘디(콘돌리자 라이스의 애칭)와 저는, 그가 가족 회고록인 《*Extraordinary, Ordinary People*》을 출간했을 때 JFK(케네디) 도서관에서 열린 대담에 제가 대담자로 나섰을 만큼 특별한 인연이에요. 안 지 오래되었고 1990년대에 백악관에서 같이 일했었죠. 우리는 구소련을 담당하는 팀이었고 국가안전보장회의 자문단이었습니다. 그런 연유로 잘 알게 되었는데 지금까지도 좋은 친구로 지내오고 있지요. 따라서 콘디가 어렸을 때 흑인으로서 어떻게 자랐고 어떤 시련을 겪었는지 당연히 잘 알고 있었지만 그의 자서전을 읽으면서 더욱 자세히 알게 되었어요. 1960년대 초 미국에서 인종차별이 극심했던 때 그가 어떤 차별을 당했고 어떻게 극복했는지에 대해서 말이에요. 그의 개인적인 증언과 부모님 그리고 가족들에 관한 이야기를 듣고 있자니 감동하지 않을 수 없었습니다. 그의 이야기는 미국 역사에서 아주 중요한 장章에 관한 훌륭한 증언이에요."

라이스 전 장관에게서 가장 깊은 인상을 받았던 건 어떤 점인가요?

"친구로서 다양한 주제에 관해 서로 많은 이야기들을 나눴지만, 자서전을 통해 그가 태어났을 때부터 현재까지의 삶을 따라가 보니 결국 '교육의 힘'이더군요. 책에서 여실히 드러나듯 그의 부모님, 조부모님, 이모, 삼촌들이 신념을 가지고 자녀를 키워서 비록 흑인이지만 암담한 현실 속에서도 마땅한 권리를 주장하고 미래에 대한 비전을 가지고 자라날 수 있게 해줬어요. 1940년대와 1950년대, 1960년대까지 미국은 엄청난 인종차별 국가였습니다. 그런 상황에서 부모 세대가 후세에게 미래를 꿈꾸도록 가르쳤다는 건 아주 힘 있는 메시지죠. 그리고 콘디에게서 볼 수 있는 또 다른 힘 있는 메시지는 '변화는 가능하다'라는 거예요. 심지어 노예제도 같은 아주 극단적인 것조차도 변할 수 있죠. 개인의 힘으로도 가능해요. 마틴 루터 킹Martin Luther King Jr. 목사를 보세요. 이것은 특히 젊은이들에게 중요한 메시지입니다.

저는 콘디의 부모님을 직접 뵌 적은 없지만 매우 훌륭한 분들일 거라고 확신합니다. 책 속의 이야기들에서 보거나 자녀 교육에 대한 신념과 헌신만 봐도 그렇지요. 흑인 인권 운동의 소용돌이와 혼란 속에서 딸을 보호하고 지켜주려는 노력, 그러면서도 언제나 남보다 두 배 더 나은 사람이 되라고 엄하게 가르쳤던 것까지 정말 인상적입니다. 그분들은 늘 '너는 흑인이기 때문에 인정받기 위해선 남보다 두 배 더 잘해야 한다'라고 말씀하셨대요. 성적도 좋아야 하고 운동 방면에서도 — 콘디는 스케이트와 음악에서 두각을 나타냈죠 — 다른 아이들보다 두 배 더 뛰어나야 한다고 항상 주문하셨다는군요. 흑인들에게는 미국 사회가 공평하지 않기 때문이라는 현실을 강조하시면서 말이죠. 그래서 저는 그의 자서전을 읽으면서 특히 악을 이기고 결국 승리하는 인간 정신의 강인함과 더불어 주어진 악조건을 극복하는 의지력에 대해 깨닫곤 했습니다."

그럼 당신이 직접 경험하고 느낀 라이스 전 장관은 평범한 사람인가요, 비범한 사람인가요?

"물론 비범한 사람이죠. 일단 매우 똑똑하고 또 다재다능하잖아요. 음악가이면서 러시아 전문가이고 취미도 다양합니다. 미식축구광이며 다른 운동들도 좋아하죠. 그리고 무엇보다 그는 아주 전인적인 사람이에요. 특히 비범한 면은 그의 리더십과 전략적 비전인데 이것은 특히 그가 국무부 장관으로 재직하던 시절에 빛을 발했죠. 그에게는 평범한 면도 있어요. 일단 전혀 거리감이 느껴지지 않는 사람입니다. 만나보면 아시겠지만 지극히 인간적이고 친근하게 다가갈 수 있는 사람이죠. 절대 건방지거나 자만하거나 하지 않습니다. 모르는 사람들에게도 언제나 친절하고 상냥하죠. 그래서 그의 책 제목 '비범한, 동시에 평범한 사람들'처럼 그 또한 두 가지 면을 함께 갖추고 있어요. 다시 말해 그는 우리 사회에서 '비범한' 리더지만 '평범한'이라는 단어가 지니는 가장 좋은 뜻으로 아주 '평범한' 사람이기도 하죠. 그는 또 사회 각계각층의 사람들을 두루 알고 있어서 인맥도 대단합니다."

라이스 전 장관과 관련한 구체적인 일화를 들려주실 수 있나요?

"물론이죠. 콘디가 국무부 장관이던 시절 제가 바로 아래 정무 담당 차관으로 있을 때의 일이에요. 제가 본 그는 아주 복잡다단한 일련의 이슈들을 통찰력 있게 꿰뚫는 능력을 가지고 있었습니다. 정확한 분석력과 빠른 판단력으로 주요 현안을 간단명료하게 설명하는 능력이 아주 탁월했죠. 그런 능력은 특히 중요합니다. 왜냐하면 대부분의 경우 사람들은 복잡한 일이 터지면 금세 혼란스러워하고 위축되기 때문이에요. 하지만 그는 무엇이 조국을 위해 옳은 일인지 본능적으로 간파했고 어떻게 대처해야 하는지도 알고 있었습니다. 당시 우리가 다루던 문제들은 아주 어렵고 복잡한 쟁점들이 많았는데 — 그와 저는 2006년 레바논 사태나 인도와의 관계 개선 문제, 핵 문제, 이스라엘 원조 문제, 그리고 한반도 문제와 같은 사태들에 직면해 있었어요 — 그런 상황 속에서 그가 특히 감탄스럽

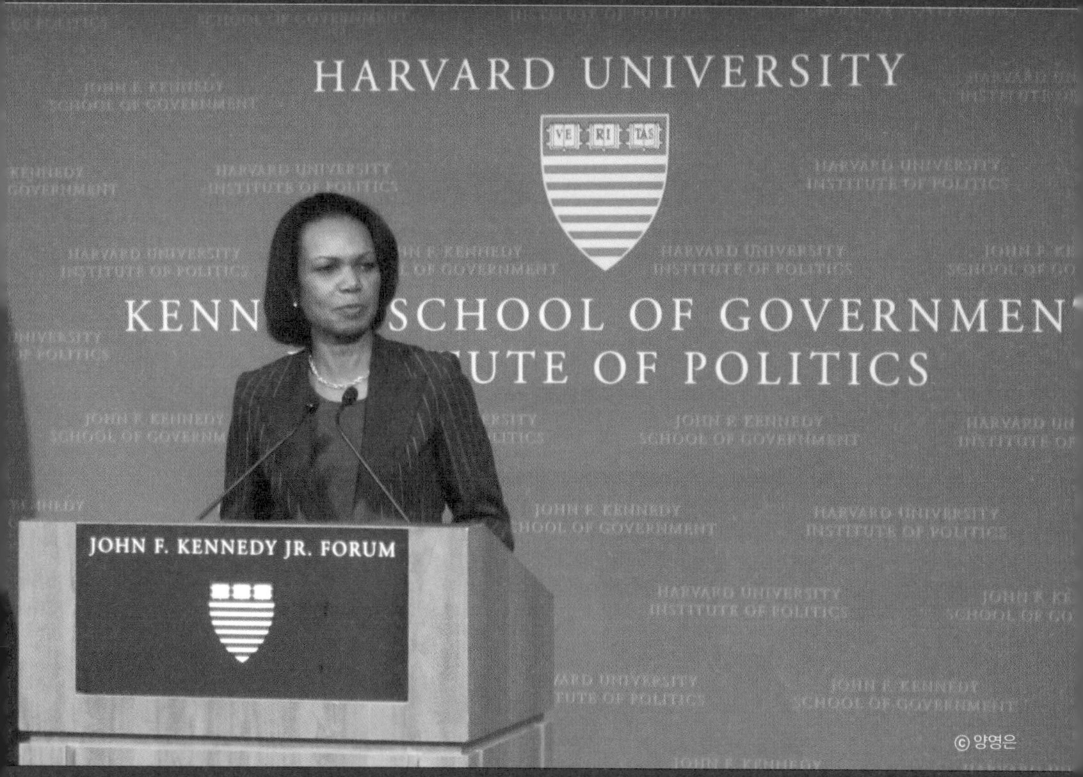

ⓒ양영은

"제가 본 콘디는 아주 복잡다단한 일련의 이슈들을
통찰력 있게 꿰뚫어 보는 능력을 가지고 있었습니다."

고 존경스러웠던 건 언제나 아주 날카롭고 명민했다는 점이에요. 그는 매우 빠르게 사태의 본질을 파악했고 멀리 내다볼 줄 알았으며 그렇다고 해서 현실성이 결여되어 있는 것도 아니었습니다. 저 멀리 앞을 내다보면서도 현재 실행 가능한 실천 방안들을 도출해냈죠. 바로 그래서 그가 비범하다고 생각하는 거예요.

콘디는 인성도 훌륭했어요. 국무장관으로 재직할 당시 종종 부하 직원들을 초대해서 회의를 열곤 했는데 고위직뿐만 아니라 아주 말단 직원들까지 초대했어요. 그러고는 어느 특정 주제에 대해 토의하곤 했습니다. '자, 중동 문제든 아시아 문제든 유럽 문제든 서로 마음을 터놓고 토론해봅시다. 스스로 자아비판을 해보면 좋겠습니다. 우리 정책을 놓고 어떤 점이 더 개선의 여지가 있고, 어떤 점이 제대로 잘되고 있는지 찬찬히 생각해봅시다'라고 말하면서요. 그 모습을 보면서 저는 그가 진정 열린 사람이라고 느꼈고 정말 똑똑한 사람이라고 생각했습니다. 그렇게 몇 시간 동안 부하 직원들과 둘러앉아서 '여기 사안 A에 관한 정책 B가 있습니다. 우리가 제대로 잘하고 있는 거 맞나요? 맞게 생각하고 있는 건가요? 한번 의심을 가지고 질문해봅시다'라고 '초대'하곤 했어요. 저는 그런 학문적인 접근, 그리고 비판을 유도하는 모습이 관리로서 매우 건강한 자세라고 느꼈고 특히 현재 최고위직에 있는 사람으로서는 더할 나위 없이 건강한 접근이라고 생각했습니다."

최고위직에 있는 사람이 말단 직원들과 정기적으로 만나고 그들로부터 의견을 구하는 시간을 가진다? 이상적인 소통이라고 할 수 있겠지만 이것은 윗사람의 엄청난 의지가 아니고서는 결코 성사되기가 쉽지 않은 일이다. 설사 그런 자리가 마련된다고 해도 부하 직원들이 기탄없이 마음속 생각과 의견을 내놓게 되기까지는 또 얼마나 많은 노력이 필요한가? 나는 라이스 전 장관이 어떻게 그와 같은 능력과 자세를 갖게 되었는지 궁금했다.

라이스 전 장관은 1990년대에 스탠퍼드대학교 최연소 부총장을 지냈습니다. 학계에서의 그런 경험이 정부에서 일하는 데 도움이 되었을까요?

"제가 알기로 콘디는 6년 반 동안 스탠퍼드대학교 부총장을 맡았었습니다. 미국 최고 대학의 부총장으로서 예산을 다루면서 중요하고 실질적인 경영에 관여했죠. 그토록 크고 복잡한 기관을 경영한다는 건 결코 쉬운 일이 아닙니다. 국무부 일도 마찬가지예요. 그에게는 국무부의 수장으로서 경영 능력이 요구되었습니다. 정책적인 능력은 물론이고 — 예를 들어 북한 문제를 올바르게 볼 수 있어야 하고, 남한 정부와 협업하는 것 같은 문제도 있지만 — 동시에 규모가 5만 명이 넘는 정부 부처를 이끌려면 그런 개인적인 통찰력 외에도 다른 종류의 기량과 경험이 필요한데 그는 그 모든 것을 두루 갖추고 있었어요. 아마 그래서 국무부 장관으로서도 더 성공할 수 있지 않았나 싶어요. 스탠퍼드대 부총장으로서의 경영 경력 그리고 관리자 경험 덕분에 말이에요."

나는 석지영 교수의 경우처럼 라이스 전 장관의 예술적인 경험이 현재의 그를 만드는 데 도움이 되었는지도 궁금했다.

라이스 전 장관은 피아니스트이기도 하고 대학 1학년까지는 음악을 전공하려 했다고 알고 있습니다. 그런 음악적 경험도 그의 성공과 연관 지어볼 수 있을까요?

"아주 좋은 질문이네요. 그는 세 살 때부터 피아노를 배우기 시작했는데, 그렇다면 글을 배우기도 전에 음악을 먼저 배웠다는 뜻이에요. 제 생각에는 아마도 그러면서 몸에 밴 '훈련'과 '극기'가 큰 힘을 발휘하지 않았나 싶습니다. 어려운 자리에서도 자기 자신을 잃지 않고 지켜갈 수 있는 능력 말이에요. 어떤 것이든 한 분야에서 일가를 이루려면 엄청난 훈련과 극기, 희생이 필요하죠. 그런데 콘디는 그런 요소들을 다 갖추고 있었습니다. 그는 일상생활에서도 철저한 완벽을 추구하는데 하루도 빠짐없이 운동하고 늘 건강한 몸을 유지하고 있죠. 항상 에너지가 넘치고 여성으로서 국무부 장관직을 수행하면서도 지치는 법이 없었어요. 보통은 아침 7시까지 출근하는데 더 일찍 출근하는 경우도 많았고 퇴근은 저녁 7~8시가 되어야 할 수 있었죠. 해외 출장 중에는 말할 것도 없고요. 그렇게 긴 일과시간 동안 수많은 회의와 의제의 연속 가운데서도 그는 한 가지 한 가지에 온전히 집중하고 몰입했어요. 그런가 하면 그는 미국 문화를 보여주기 위해서 피아노를 치기도 했는데 백악관 국가안보 보좌관이자 국무장관 재직 시절 워싱턴 케네디 센터에서 연주회를 연 적이 있었죠. 무대도 엄청 크고 부담도 클 터였어요. 게다가 당시는 국무부 장관으로서 회의를 하루에 보통 10개에서 12개씩 참석하곤 했죠. 그런데도 그는 연주회 준비를 위해서 몇 주 동안 따로 시간을 내어 브람스의 어렵고 복잡한 곡들을 연습하고 소화해냈습니다. 이처럼 그는 모든 걸 다 잘해냈는데 저는 그것이 그가 음악교육을 받으며 익힌 훈련과 극기, 그리고 무엇을 먼저 해야 할지 우선순위를 가려낼 줄 아는 능력에서 온다고 믿어요. 그리고 그는 엄청난 자신감이 있었죠. 건방지다거나 자만한다거나 하는 것과는 달라요. 콘디는 절대 오만하지 않습니다. 언제나 상냥하고 친절하죠. 그러면서도 항상 자신감에 차 있었는데 그럴 수 있는 것이 그의 아주 큰 장점이에요. 특히 정치인으로서는 말이죠."

어려서 예체능을 배운 경험이 커서 다른 분야의 일을 수행하게 될 때에도 큰 도움이 된다는 것은 이제 더 이상 새로운 이야기가 아니다.

여성 상사를 존경하는 당신의 태도 또한 매우 인상적입니다. 혹시 상사가 여자이기 때문에 조금이라도 부족해 보인다거나 미덥지 않았던 적은 한 번도 없었나요?

"단 한 번도 없었습니다. 미국에서도 아주 최근에 이르러서야 여성이 남성과 동등한 권리를 갖게 되었죠. 아직까지도 남자와 여자에게 완벽한 기회의 평등이 존재한다고는 할 수 없어요. 당연히 평등해야 하지만 말이에요. 아마 제가 세 딸을 둔 아버지이기 때문에 그럴지도 모르지만 세상이 여성에게 완벽하게 공평하면 좋겠어요. 그래서 제 딸들이 제가 젊었을 때 남자로서 누렸던 모든 기회를 누릴 수 있기를 바랍니다. 저 스스로 이런 마음이고 입장이기 때문에 여성 상사를 모신다는 게 한 번도 불편했던 적은 없습니다. 오히려 그 반대죠. 미국에서 여성들은 아주 많은 진보를 이뤄냈어요. 국무부 장관을 지낸 여성만도 여럿입니다. 우리는 힐러리 클린턴Hillary Clinton이 보여주듯 미국 역사상 마침내 여성에게도 동등한 기회의 문이 열리는 위대한 시기를 살고 있어요. 그리고 제 생각에는 미국에서 첫 여성 대통령이 나오는 것도 시간문제입니다. 그날은 역사상 아주 위대한 날이 될 거예요.

여성들은 일터에서 기여하는 바도 크죠. 저는 그것을 정부에서 일하면서 많이 목격했습니다. 특히 콘디나 매들린 올브라이트Madeleine Albright 전 장관과 일하면서 그들이 어떻게 훌륭하게 장관직을 수행해내는지 가까이서 직접 보고 경험했습니다. 둘 다 비슷한 환경에서 자랐는데 공통적으로 어려운 어린 시절을 보냈죠. 콘디는 인종차별 때문에, 올브라이트 전 장관은 가족이 체코슬로바키아 공산주의에서 도망쳐 나왔기 때문에 그랬습니다. 올브라이트 전 장관의 아버지는 체코슬로바키아 외교관 출신이었는데 공산주의를 피해 조국을 떠나야만 했어요. 그렇게 어려움을 겪은 후 그들은 미국에서 성공했고 그러한 성공은 그들의 지적인 능력과 교육이 빚어낸 결과였습니다. 콘디와 올브라이트 전 장관 둘 다 대학교수가 되었고 외교정책에 매력을 느껴 그 방면의 직업을 갖게 되었죠. 그들이 직업에 입문하던 1970년대에는 여성에 대한 차별이 아주 심했지만 그들은 물러서지 않고 싸웠고, 버텼으며, 지성으로서 본보기가 되었습니다. 탁월한 리더십도 발휘했죠. 그렇기 때문에 저는 그 둘을 상사로 모시며 매우 자랑스럽고 뿌듯하게 일했습니다. 또한 미국 사회가 그렇게 열린 마음으로 여성들의 성공을 받아들이고 응원할 수 있다는 걸 아주 높이 평가하고 있습니다."

번스 교수가 세 딸의 아버지라는 건 처음 듣는 이야기였다. 이렇게 열린 마음을 가지고, 여성을 있는 그대로 받아들이고 존중하며 응원하는 남성이 있기에 미국에서 수많은 여성 위인들이 나온 게 아닐까?

열린 마음으로 상대를 존중하고 세상을 바라보라

한국 여성들에게도 큰 격려가 되는 말씀이네요.

"사람은 누구나 인생을 살면서 롤모델이 필요하죠. 제 롤모델은 케네디 전 대통령과 마틴 루터 킹 목사였어요. 제가 어렸을 적인 1960년대에 그리고 제가 고등학생 시절이었던 1970년대에 두 사람은 로버트 케네디Robert F. Kennedy 상원 의원과 더불어 저의 우상이었죠. 배우고 본받을 만한 누군가를 찾는 건 매우 중요합니다. 특히 국가와 민족을 위해 공직에서 봉사하고 싶다면 더욱 그렇죠. 지금은 젊은 여성들에게도 기회의 문이 활짝 열려 있잖아요? 콘디와 힐러리 클린턴, 매들린 올브라이트가 유리천장을 깨준 사람들이죠. 그들 덕분에 지금 젊은 여성들에게는 기회가 훨씬 더 많아졌어요. 이제 여성들은 자신감도 가질 수 있고, 똑똑하고 열심히 일하기만 한다면 얼마든지 성공할 수 있다는 것도 스스로 잘 알고 있죠."

언젠가 협상과 관련한 번스 교수의 토론 수업에서 한 학생이 여성 협상가의 유리한 점에 대해 이야기한 적이 있다. 하지만 아직도 세계 여러 나라에서 여성 협상가는 찾아보기 힘든 것도 현실이다. 나는 '한국에서도 요즘에는 국가고시를 비롯해 각종 시험에서 여성 지원자들의 성적이 훨씬 우수하다는 보도가 종종 나오지만 여성은 결혼과 출산, 육아로 인해 경력 단절이 예상되기 때문에 남녀 성비율을 맞춰야 하나 말아야 하나 하는 문제로 사회적 고민이 많다'는 이야기도 들려줬다.

"미국은 벌써 여성 국무부 장관이 세 명이나 나왔고 여성 대사도 수없이 많습니다. 심지어 여성에 대한 차별이 심한 국가에 미국의 여성 외교관들이 발령받아도 아무런 문제 없이 임무를 수행해내고 있죠. 남녀유별을 강조하는 쿠웨이트, 이집트의 대사를 여성들이 역임한 경우도 있습니다. 어떤 나라가 여성 대사를 파견하는 건 주권국가로서의 엄연한 권리입니다. 그것도 아주 중요한 권리죠. 그리고 별로 장애가 된다고 생각하지 않아요. 대사는 남녀에 상관없이 한 나라를 대표하는 사람이기 때문에 임지에 해당하는 나라들은 여성 대사들과도 일하는 것을 받아들여야 합니다. 제 생각에는 바로 그런 점이 오히려 상대 국가들에게도 도움이 되는 것 같아요.

미국보다 사정이 더 나은 나라들도 많죠. 노르웨이와 스웨덴을 보세요. 또한 영국 총리였던 고 마거릿 대처Margaret Thatcher 수상이나 라이베리아의 엘런 존슨 설리프Ellen Johnson Sirleaf 대통령 등 위대한 여성 세계 지도자들이 얼마나 많나요. 물론 그들은 분명히 남성과는 다른 역경을 감내해야 했을 겁니다. 하지만 어쨌든 성공해서 우뚝 섰잖아요? 바로 그런 게 국가를 대표하는 여성의 성공으로서 바른 정의가 아닐까요?"

"미국은 벌써 여성 국무부 장관이 세 명이나 나왔고 여성 대사도 수없이 많습니다.
심지어 여성에 대한 차별이 심한 국가에 미국의 여성 외교관들이 발령받아도
아무런 문제 없이 임무를 수행해내고 있죠."

성공한 외교관이자 멘토, 교수로서 한국에서 외교관이 되고자 하는 여성들에게 해주고 싶은 말씀으로는 무엇이 있을까요?

"한국이든 미국이든 민주국가에 태어난 사람들은 조국을 더 나은 나라로 만들 수 있도록 봉사할 의무가 있어요. 그리고 이곳 케네디 스쿨은 그런 사람들, 즉 공직으로 나아갈 사람들을 교육하는 데 헌신하고 있죠. 세계 어느 나라에서든 국민들은 좋은 정부 아래서 그들의 삶을 더 나은 방향으로 만들 수 있어야 합니다. 그러려면 가난이든 전쟁이든 정치 문제든 사회적 쟁점들이 해결되어야 하죠. 따라서 우리는 모든 학생들이 그들 삶의 일부는 공직 임무를 수행하는 데 헌신해야 한다고 생각하고 또 그러기를 바라고 있습니다. 여기엔 남녀가 따로 없어요. 정계에서 일하는 여성들에 대한 차별도 갈수록 사라지길 바랍니다. 아마 10년, 20년 후에 지금을 돌이켜 생각하면 '막 변화하기 시작한 때'로 회고될 거예요. 남녀에게 기회의 평등이 이뤄지기 시작한 아주 중요하고 의미 있는 때로 말이지요."

그렇다면 나는 그런 상황 속에서 여성들이 어떻게 해야 하는지 보다 구체적인 조언을 듣고 싶었다. 그래서 다시 화제를 라이스 전 장관으로 돌렸다.

라이스 전 장관의 일하는 방식, 특히 결단을 내리는 방식에 대해서도 듣고 싶네요.

"콘디는 자신의 지식과 본능에 입각해 아주 확신에 찬 판단을 내립니다. 하지만 동시에 다른 의견들도 주의 깊게 듣죠. 그런 태도는 매우 중요합니다. 예를 들어

중동 문제에 대한 해결책을 모색할 때 한 사람의 의견을 청취하는 게 아니에요. 아마도 그런 자세는 그가 오랫동안 학교에서 생활했기 때문이 아닐까 싶은데 학교에서 자유로운 토론과 아이디어를 교환하는 환경에 익숙해졌을 테니 말이죠. 그는 대학에서의 오랜 경험을 통해 나와 의견을 달리하는 사람으로부터 배울 수 있고, 때로는 그들을 토론이나 논쟁에 끌어들여야 하며, 그럼으로써 스스로 생각을 더 날카롭게 할 수 있다는 걸 깨달았을 겁니다. 제가 본 콘디는 언쟁이나 비판에 대해서도 대단히 열려 있었어요. 만약에 누군가가 그의 집무실에 들어가 '조금 다른 접근법을 생각해봐야 할 것 같습니다' 라고 재고를 요청하면 절대 거부하거나 거절하는 법이 없었습니다. 대신 언제나 '말해보세요' 또는 '좀 더 얘기해봅시다'라고 말했죠. 그렇게 열려 있는 모습이 '지적인 정직성'으로 보였고 정말 똑똑하다고 느껴졌습니다. 당신이 만약 국무부 장관이거나 한국의 지도자라면 북한 문제같이 아주 어렵고 복잡한 쟁점들이 많을 터인데 이럴 때 리더로서 절대 피해야 할 것이 오직 한 방향만 옳다고 믿고 다른 의견들은 들으려고도 하지 않는 태도거든요. 때로는 대안이 될 수 있는 다른 의견들을 통해 정부 내에서 어떤 결정이 내려질 때 그 과정이나 결과가 훨씬 더 좋아질 수 있기 때문이에요. 콘디는 정말이지 전혀 저항이나 거부감을 드러내는 일이 없었고 저는 그런 점이 국무부 장관으로서 그의 크나큰 장점이었다고 생각합니다."

나는 미국에 있는 동안 라이스 전 장관의 강연을 세 번 들을 기회가 있었다. 하버드 케네디 스쿨 포럼과 하버드 교육대학원 포럼, 그

리고 그의 책 출간을 기념해 열린 JFK 도서관 대담에서였다. 그때 그가 남긴 많은 명언들 가운데서 가장 기억에 남는 말은 이것이었다. 한 학생이 그가 걸어온 길과 현재의 성공이 어떻게 연결되는지 묻자 그 질문에 대한 대답으로 나온 말이다. "정말 하고 싶은 게 있다면 곰곰이 생각한 후 자신 있게 내딛어야 합니다. 그리고 너무 멀리 바라보고 주저하기보다는 그 한 걸음이 바로 다음에 당신을 어디로 이끌어주는지 기대하면서 지금 눈앞에 열린 길을 따라가세요." 번스 교수가 말한 라이스 전 장관의 열린 자세가 또 한 번 여실히 드러나는 대목이었다.

'라이스 전 장관은 앞으로 무엇을 할까?' 궁금해하는 나에게 번스 교수는 이렇게 말했다.

"재능이 매우 많은 사람이므로 원하는 건 무엇이든 할 수 있을 겁니다. 벌써 많은 흥미로운 일들을 하고 있지 않나요? 스탠퍼드대에서 학생들을 가르치고, 외교정책에 관한 책도 내고, 음악도 계속하고 있지요. 여행도 많이 다니고 미국 전역을 돌아다니며 강연이나 연설도 하고요. 지금 아주 잘하고 있는 것 같은데요. 무엇보다 콘디는 행복해하면서 성공을 이어나가고 있어요."

번스 교수는 라이스 전 장관을 보좌하며 일했던 시간을 축복받은 경험이었다고 이야기했다. 특히 그는 국무부에서 둘이 한팀을 이뤄 일하던 시절에 대통령과의 관계는 물론 백악관 관료들과도 사이가 아주 좋았으며 그런 관계가 국무부 전체에 큰 힘이자 자산이 되었다고 회고한다. 27년 동안 외교관 생활을 했던 경험에 비춰보면 백악관과 국무부가 서로 신뢰하며 함께 발을 맞춰갈 때 전략이나 정책도 가장 좋은 결과가 나올 수 있었다고 말이다. 그러면서 라이스 전 장관이 백악관과 대통령의 전폭적인 지지를 받았기에 그들은 자신감을 가지고 일할 수 있었고 해외에 나갔을 때도 자신들의 입장이 곧 미국 대통령과 백악관의 입장이라고 바로 인정받았다고 설명했다. 다시 말해 라이스 전 장관의 성공 비결은 정부와 대통령 사이에 엇박자가 나지 않게 잘 조율했다는 점이다.

이처럼 여성 상사를 높이 평가하고 그의 장점을 인정하면서 여성이라는 점은 전혀 개의치 않는 듯 공통의 업적과 공功마저도 상사에게 먼저 돌리는 번스 교수의 모습이 그를 오히려 더 빛나게 만들어주는 것 같았다. 한 발짝 뒤에서 여유롭게 상대를 배려하는 멋진 신사의 모습이랄까?

Nick Burns _닉 번스

닉 번스는 하버드 케네디 스쿨 교수로 조지 W. 부시 행정부 시절 백악관 참모로 활약했던 메건 오설리번 교수와 함께 정부 고위직에서 일한 경험이 있는 실무자 출신 인기 교수이다. 미국-인도 간 민간 핵협정 당시 협상을 이끌었던 명망 있는 전직 외교관으로 국제 관계 분야 강의를 주로 맡고 있으며 특히 임지였던 중동은 물론 인도 등 남아시아 관련 강의를 주도하고 있다. 학교로 오기 전 27년 동안 외교관으로 일하면서 미 국무부 정무차관까지 올랐고 미국과 이란의 핵협상도 이끌었다. 미국 정부를 대변해 북한 문제와 관련해서도 종종 입장을 밝힌 바 있다. 주북대서양조약기구NATO 대사와 주그리스 대사, 국무부 대변인 등 요직을 거쳤으며 미국 국가안전보장회의에서 러시아(구소련) 담당으로 활약하며 조지 H. W. 부시와 클린턴 전 대통령을 최측근으로서 보좌했다. 〈보스턴 글로브〉 등에 외교와 관련된 칼럼을 정기 기고하고 있다.

ⓒ Kiyoshi Ota [Getty Image]

도전

Out of the Comfort Zone

Anne Sweeney

앤 스위니

전 디즈니 미디어 네트웍스 공동 회장 겸 디즈니-ABC 텔레비전 그룹 대표이사

내 안의 창의성을 발휘한다는 것

나는 왜 익숙한 것과 결별하는가?

"당신을 가장 두렵게 만드는 일을 하라."

○
○
○

종종걸음으로 하버드 케네디 스쿨 포럼의 계단을 뛰어 올라가던 나의 눈에 저 멀리 있는 포스터 한 장이 확 들어왔다. 하버드대 캠퍼스의 주요 행사 일정은 매일 이메일로도 오지만 정말 중요한 행사는 게시판이나 강의실 등 여기저기에 포스터가 붙는 경우가 많기 때문에 게시판은 대학생 때처럼 항상 내 요주의 관찰 대상이었다. 하지만 그런 대상이 아니었더라도 그 포스터는 한눈에 들어올 만했다.

영화배우 빰칠 듯한 매력적인 외모, 그리고 'TV 테크놀로지 : 창의성의 진화와 시청자 경험에 있어서 기술의 역할'이라는 주제까지. 앤 스위니의 강연회는 포스터만으로도 그날을 손꼽아 기다리게 만들었다. 그런데 나의 무지를 용서하시라. 기숙사로 돌아와 인터넷 검색을

© 양영은
하버드 케네디 포럼 : 케네디 스쿨 중앙에 위치한 사방이 확 트인 공간으로 평소에는 카페테리아와 휴게 공간으로 사용되지만 저녁 때에는 수시로 각종 강연회가 열린다.

통해 확인한 그는 '디즈니의 여왕'이라고 불리는 미국 미디어계의 거물이었을 뿐만 아니라 하버드 교육대학원을 나온 교육학 전공자였다. 그런데 교육학 전공과 스위니가 하고 있는 미디어 일과는 대체 어떤 연관이 있는 거지? 게다가 기술에 대한 이야기라고? 강연회에 가기 전부터 궁금증이 꼬리에 꼬리를 물었다.

호기심이 나를 이끌었다

교육대학원 대강당에서 강연회가 성황리에 끝나고 강의실로 옮겨 소규모로 질의응답 순서가 진행되었다. 여러 학생들이 참가했으므로 나에게는 단 한 번의 질문 기회가 어렵사리 주어졌다. 하고 싶은 질문들이 뭉게뭉게 떠올랐지만 강연회 전부터 품어왔던 질문으로 결정했다.

교육대학원에서 석사까지 마치고 어떻게 미디어 쪽에서 일하게 되었나요?

그의 답은 아주 쿨했다.

"교육대학원에서의 공부는 제 인생 여정의 한 부분으로서 정말 좋은 경험이었어요. 그때의 경험 덕분에 제가 지금 여기 있는 거라고 생각해요."

비록 더는 상세한 설명이 없어 궁금증을 완벽히 해소할 수는 없었지만 그의 태도에서 진정 그 경험을 소중히 생각하고 현재의 밑거름으로 삼고 있음을 느낄 수 있었다. 게다가 전공과 다른 길을 가는 사람들이 얼마나 많은가. 그리고 2014년에 디즈니 미디어의 수장이라는 정점의 자리에서 돌연 사퇴 의사를 밝히고 텔레비전 프로그램 감독TV Director 일을 하기 위해 현장으로 돌아갔다. 또 한 번 새로운 진로를 택한 것이다. "늘 하고 싶던 일이었고 보다 더 직접적으로 창조에 관여하는 일을 하고 싶다"라는 말을 남긴 채…….

스위니는 '교육'과 '호기심', '창의', '창조성', '새로운 기술' 등에 대해 남다른 관심을 가지고 있었다. 이런 그의 생각은 미디어란 결국 학교라는 환경을 벗어난 어른들을 교육하는 역할을 한다는 보편적인 믿음과도 맞닿아 있는 듯했다. 특히 그는 그런 역할을 하는 대중매체의 수장으로서 선구자이자 개척자의 마음을 가지고 있었다.

성공 비결을 묻는 한 청중의 질문에 그는 '끊임없이 호기심을 발휘했기 때문'이라며 언제나 '이 다음은 뭘까?'를 생각한다고 답했다. 또 그래서 새로운 기술에도 관심이 많고, 텔레비전 프로그램의 소재가 되는 '사람들의 이야기'도 궁금하다고 설명했다. 호기심과 스토리에 대한 갈망은 미디어의 필수 요소이기도 하다. 그는 또 타고난 호기심에 입각해 지금까지 자신의 모든 결정이 이뤄졌다며 남들이 신기해하는 자신의 경력도 그렇게 해서 만들어졌다고 설명했다. 직업이나 회사를 선택하고 일을 바꿀 때도 자신의 호기심을 따랐다는 것이다.

스위니는 특히 요즘 자신이 호기심을 두는 대상으로 '디지털 원주민Digital Native 세대'라고 부르는 아이들을 꼽았는데 자신의 두 자녀도 그 세대에 포함된다고 했다. 1980년부터 2000년 사이에 태어난 신세

© Kiyoshi Ota [Getty Image]

"어떤 여성들은 다른 사람들보다 더 많은 도전에 직면하게 되기도 합니다.
그런 여성들에게는 더 강건하고, 지혜롭고, 용감하며, 대담한 태도가 요구됩니다."

대, 즉 아날로그에서 디지털로 넘어가는 기술적 격변기를 몸으로 겪은 그 아이들을 관찰하고 그들의 소비 패턴에 맞게 미디어를 고안하고 변화시킨다는 것이다. 더 엄밀히 말하면 그렇게 해야만 미디어가 살아남을 수 있다고 했다. 미디어 경영자로서 굉장히 절박한 이야기였지만 그는 특유의 쿨함으로 "자녀들로부터 보고 배운 것들, 그렇게 터득한 것들을 자신의 일에 적용할 뿐"이라고 말했다. 단, 기술이 우리의 삶을 더욱 풍요롭고 이롭게 할 수 있는지 항상 되묻고 깊이 성찰하고 점검한다고 강조했다. 내게는 이 말이 기술이 인간성을 지배하지 않도록 적정 수준을 지키려 한다는 이야기로 들렸다.

스위니는 특히 디즈니에서 일하는 동안 워치Watch 앱을 도입하고 에이비시닷컴ABC.com을 만들고 아이튠즈iTunes 계약을 성사시키는 등 TV와 기술을 접목시킨 것으로 유명하다. 지금은 이런 것들이 당연시되지만 맨 처음에 이런 결단을 내리기까지는 분명히 위험 부담을 감수해야 하는 도전과 모험의 과정이었을 것이다. 아니나 다를까 한 학생으로부터 관련 질문이 나왔다. "디즈니 텔레비전을 아이튠즈 같은 새로운 플랫폼으로 옮기는 데도 큰 역할을 하셨는데 위험 부담은 없었나요?" 스위니는 여기서 스티브 잡스 이야기를 꺼냈다.

"하루는 제 상사가 스티브 잡스가 보자고 한다면서 저를 불렀어요. 잡스가 새로운 기기를 가져왔다면서요. 저는 잡스를 꼭 한번 만나보고 싶었기에 '좋아요!'라고 설레며 호출에 응했죠. 당시 잡스는 비디오 아이팟iPod을 가지고 왔는데 비디오물을 고를 수 있는 아이튠즈 스토어의 베타 버전도 같이 보게 됐어요. 한눈에 보기에도 제품이 너무 훌륭하고 탐이 나서 잘될 거라는 느낌이 왔고 저는 그걸 기회로 봤어요. 이전에도 항상 '우리 방송을 다른 데서도 볼 수 있다면 얼마나 좋을까?'라고 생각하고 있었거든요. 돌이켜 생각하면 그때가 결정적인 순간이었고 그 새로운 발명품들로 인해 엄청난 변화가 왔죠. 아이튠즈 계약 이후에 우리는 온라인 방송http://www.abc.com을 하는 첫 번째 텔레비전 네트워크가 되었어요."

마치 우연에 의한 결과 같지만 잡스에 대한 호기심에서 비롯된 자리가 텔레비전 업계 전체의 지형을 바꾸는 '결정적 순간'으로 발전하게 되기까지 사실 스위니는 이미 준비가 되어 있었다. 그 어느 산업보다도 빨리 변하는 미디어 업계에서 앞서 가기 위해 그는 잡스 같은 '혁신가'들에게 꾸준히 관심을 두고 있었던 것이다. 그래서 미디어 업계에서 일하는 사람으로서의 장점과 인맥을 십분 활용해 기회가 닿을 때마다 그런 혁신가들을 만나며 친분을 쌓고 있다고 들은 기억이 났다. 뿐만 아니라 그는 그런 만남을 통해 얻게 된 아이디어와 통찰을 자신의 팀원들에게도 전파하고 리더로서 조직 내에서 혁신을 일으키도록 장려했다. 바로 이런 점이 업계에서 그를 능력 있는 리더로서 존경받게 했던 것이다.

하지만 업계에서의 인정만으로 승승장구할 수는 없을 터. 비즈니스라는 치열한 환경에 몸담고 있는 처지인 만큼 소비자로부터의 인정과 그로 인해 발생하는 수익이라는 지표는 어쩌면 업계 사람들의 인정보다도 생존에 훨씬 더 결정적인 영향을 끼칠지도 모른다. 이와 관련한 질문에서 스위니는 "가장 중요한 건 시청자들의 현주소에 끊임없이 주의를 기울이는 것"이라고 단언했다. 그러면서 "단순히 시청자들이 현재 어떤 기술을 사용해 텔레비전을 시청하는지뿐 아니라 어떤 쇼를 주로 시청하는가와 나아가서 그들이 지금 삶을 어떻게 살고 있는지, 일상생활에서 어떤 기술들을 어디에 이용하고 있는지, 우리 쇼를 어떤 방식으로 시청하고 있고 그 반응은 어떠하며, 어떻게 실생활에 활용하는지 등을 지속적으로 파악해가며 소비자들의 상태와 상황에 귀를 기울이는 것이 제일 중요하다"고 강조했다. 텔레비전 시청에 수상기가 아닌 컴퓨터나 휴대폰, 아이패드 같은 새로운 플랫폼을 적용시킬 때도 스위니는 단순히 새로운 기술을 텔레비전에 접목시킨다는 차원이 아닌 '소비자로서의 호기심', 그리고 새로운 기기들과 텔레비전 프로그램을 시청하는 방식에 있어서 '자신도 한 사람의 소비자로서 그러한 새로운 방식을 원하고 있다'는 필요에 착안해 결정을 내렸다고 했다. 스위니는 언제나 철저하게 소비자, 사용자의 입장에서 고민하고 결단해온 것이다.

스티브 잡스의 아이디어를 발전시키다

그렇다면 '여성'이라는 점은 스위니의 성장과 성공에 어떻게 작용했을까? 성공한 지금은 '여왕'으로 불리며 더 많은 주목을 받고 특별하게 대우받지만 여성이라는 점이 늘 좋게만 작용했을까? 예를 들어 소비자들의 현주소를 파악하는 데 모성애를 지닌 여성이라는 점이

스위니는 언제나 철저하게 소비자,
사용자의 입장에서 고민하고 결단해왔다.

도움이 되었을까? 이 질문에 대한 답은 뜻밖이었다. 그는 순간순간 자신이 할 일에만 집중했다면서 스스로가 여성이라는 점은 별로 떠올린 적이 없었다고 했다. '이 다음에는 뭐가 있을까, 앞으로 어떻게 될까'를 생각하는 것만으로도 시간이 모자랐다고. 어려운 상황이 닥쳤을 때는 그냥 그 일을 해결하는 데에만 몰두했다고 말이다. 다만 인화人和와 자율을 중요하게 여겨 최고로 똑똑한 인재들을 채용하고 그 인재들이 스스로 일을 찾아 하도록 격려했다고 덧붙였다. 회사의 목적이 무엇인지 모두에게 분명히 인지시키면서 정기적으로 회사의 목표와 가능성에 대해 직원들과 공유하는 기회를 갖고 그런 다음에는 최대한 믿어주고 기대와 힘을 실어줬다는 것이다.

그는 결코 혼자서 모든 걸 잘할 수 없고, 그렇기 때문에 주변에 정말 똘똘하고 반짝이는 아이디어로 가득한 사람들이 필요하다는 것을 절감하고 있었다. 아울러 위험 부담을 감수하는 걸 두려워하지 않는 사람들을 찾는다고도 덧붙였다. 이 또한 교육학 전공자다운 면모였다.

스위니는 스티브 잡스가 아이패드를 처음 공개했을 때 그 발표 현장에서의 경험도 들려줬다. 잡스는 수차례 "당신의 손 안에 인터넷을 쥐고 있다고 상상해보세요"라고 이야기했는데 그 말이 뇌리에 박혀서 떠나질 않았다는 것이다. 그래서 바로 다음 날 회의 때 "어제 제가 잡스의 아이패드 발표를 봤는데 여러분이 지금부터 해줬으면 하는 일이 있습니다. 만약 손 안에 인터넷을 갖게 된다면 그걸 가지고 무엇을 하겠는지 생각하는 겁니다. 그것이 바로 지금부터 우리가 해야 할 일입니다"라고 팀원들을 격려했다. 며칠 뒤 새로운 아이디어들이 쏟아져 나왔고 그 첫 번째 결과물이 아이패드로 ABC 쇼를 보기에 최적화된 ABC 앱이었다.

익숙한 것과 결별하고 새로운 것에 도전하다

스위니는 2014년 디즈니-ABC 텔레비전 그룹 회장직 3년 연장 계약을 거절하고 텔레비전 프로그램 감독으로 돌아가겠다고 밝혔다. 그의 발표가 있던 날 디즈니 주가는 전날보다 1.12% 하락할 정도로 여파도 적지 않았다. 게다가 당시 그의 나이는 57세. 스위니는 이런 용단을 내리게 된 이유에 대해 "커다란 책상 앞에 계속 앉아 있으면 창의적인 일에는 접근하기 어렵겠다는 생각이 들었다"라며 "나 자신에게 새롭게 도전할 기회를 주고 싶다"라고 밝혔다. 그러면서 "앞으로 제작 현장에서 다시 차근차근 일을 배워볼 계획에 설레고 행복하다"라는 소감도 밝혔다.

18년 가까이 일했던 직장, 그것도 디즈니-ABC 텔레비전 그룹 회장이라는 어마어마한 타이틀을 내려놓고 떠나는 그에게 언론에서 무수한 호기심이 쏟아졌을 때 그는 한 잡지와의 인터뷰를 통해 이렇게 말했다.

"디즈니에서 임원으로서 보낸 시절이 정말 좋았지만 언제나 제 마음속에 가시지 않는 소리가 있었어요. 익숙한 환경에서 벗어나 좀 더 직접적으로 창의성을 발휘하며 일할 수 있는 현업에 뛰어드는 거요. 마침내 저는 그 목소리에 귀를 기울이기로 했고 지금이 아니면 언제 하겠느냐는 생각이 들었어요. 지금까지 이뤄놓은 것들을 뒤로 하고 새로운 도전을 감행한다는 게 놀랍게 들릴 수 있다는 것을 잘 압니다. 하지만 저에게는 '오랜 꿈'이었습니다. 저는 대본을 읽고 직접 컷 편집을 하면서 보다 창조적인 일을 하고 싶어요. 두렵지 않냐고요? 왜 아니겠어요. 57세라는 나이, 그리고 120억 달러의 미국 텔레비전 제국을 떠나서 도전하는 일인데요. 하지만 저는 항상 '당신을 가장 두렵게 만드는 일을 하라'고 사람들에게 이야기해왔습니다. 이제 그 말을 제가 몸소 실천할 차례네요."

삶이란 살아가는 내내 배움의 연속이고 결코 스스로를 가두거나 스스로의 능력을 한정하면 안 된다고 했던가? 늘 마음의 소리에 귀를 기울일 수 있어야 하고 열정을 발휘할 수 있는 열린 자세를 가져야 한다고? 바로 그렇기 때문에 자신의 열정을 따라 다시 현장에서 배우는 사람으로 돌아가겠다는 스위니를 보며 그가 왜 교육학을 전공했는지 그리고 강연회 때 왜 "교육학을 전공한 것은 인생이라는 여정의 한 부분이었다"라고 대답했는지 비로소 알 수 있을 것 같았다. 두려움을 받아들이고 바닥부터 다시 배우겠다는 자세, 그런 배움의 자세를 뼛속 깊이 간직한 그는 다른 사람들이 커리어의 정점이라고 생각하는 '디즈니의 여왕'이라는 자리도 '인생의 한 부분이자 좋은 경험'이었다고 쿨하게 이야기할 수 있을 테니까.

멋있게 은퇴하기보다 새로운 도전을 택한 스위니, 한편 그는 사임 의사를 왜 실제 사임 시점보다 훨씬 앞서 발표했냐는 한 언론의 질문에 이렇게 답했다. “물론 더 나중에 발표할 수도 있었습니다. 하지만 결심을 한 이상 저는 조금이라도 먼저 알려서 회사에 이후 수순을 생각하고 준비할 충분한 시간을 주고 싶었어요. 디즈니라는 회사에는 제 뒤를 이을 인재들이 많이 있습니다. 그런 인재들은 자신이 일하는 직장을 위해서 스스로 할 일을 찾아내죠. 만약에 인재들이 그렇게 하지 못한다면 그것은 회사에 엄청난 손해입니다. 훌륭한 인재들에게 자신의 역량을 발휘할 수 있는 합당한 기회를 제대로 주지 못하고 있다는 얘기니까요.”

Anne Sweeney _앤 스위니

앤 스위니는 케이블 채널인 니클로디온Nickelodeon과 에프엑스 네트웍스FX Networks를 경영하다가 1996년 디즈니 채널(디즈니 그룹의 어린이 전문 방송 채널) 사장으로 부임했고 2014년까지 디즈니 미디어 네트웍스의 공동 회장이자 디즈니-ABC 텔레비전 그룹의 대표로 일했다. 그러다 돌연 사직 의사를 밝히고 자신의 오랜 희망이었던 현업, 텔레비전 프로그램 감독으로 돌아갔다. 마이클 아이스너Michael Eisner 월트 디즈니 전 회장 겸 최고경영자는 스위니가 디즈니 채널의 성공에 가장 크게 기여한 인물이며 실질적인 창업자나 다름없다고 말한 바 있다. 스위니는 여성 시청자층이 두텁지만 고위직에는 주로 남성들이 포진하고 있는 미국 엔터테인먼트 업계에서 회장 자리에 오를 만큼 뛰어난 기업가로 특히 애니메이션 영화 제작과 대중화를 바탕으로 디즈니 그룹을 성공적으로 이끌었다. 이러한 공로를 인정받아 《포브스Forbes》가 선정한 '세계에서 가장 영향력 있는 여성 100인'에 이름을 올렸고 '미국 엔터테인먼트계의 여왕'으로 불리기도 한다. 하버드대와는 교육대학원에서 교육학 석사 학위를 받은 인연이 있다.

© TEDxBoston

믿음과 기대

The Power of Expectation

Mark Churchill

마크 처칠

엘 시스테마 USA 창립자 | 전 뉴잉글랜드 컨서버토리 학장

가능하다고 생각하고 노력할 수 있는 '자유'

어떻게 절망을 희망으로 바꾸는가?

"엘 시스테마의 핵심은 '지식의 자유로운 공유'에 있다.
아이들끼리도 서로를 가르치고,
친구가 더 잘하면 우리 모두에게 이롭다고 생각한다."

누군가의 말 한마디가 듣는 사람의 마음을 움직이고 그의 인생을 바꾸는 경우가 있다. 특히 어떠한 상황에서도 '온전히 믿어줄' 때 사나웠던 사람이 한순간에 온순해지기도 하고 자신의 삶을 대하는 태도가 근본적으로 바뀌기도 한다. 대표적인 예가 '엘 시스테마El Sistema'이다.

이 감동 실화는 〈기적의 오케스트라-엘 시스테마〉라는 영화로까지 만들어졌다. 엘 시스테마는 남미 베네수엘라에서 국가 지원을 받아 운영되는 국립 청년 및 유소년 음악교육(오케스트라 육성) 재단으로 호세 안토니오 아브레우Jose Antonio Abreu라는 경제학자가 처음 만들었다. 헌신적인 보살핌이 있는 따뜻한 가정이 아니라 범죄나 마약을 자연스레 접하게 되는 폭력적인 환경에 노출되기 쉬운 빈민가 아이들을 보호하고 격려하여 미래를 꿈꿀 수 있도록 하자는 뜻에서 음악 교육이 시작되었다. 맨 처음 11명의 빈민가 아이들이 차고에 모여서 연주했다는 엘 시스테마는 지금은 베네수엘라 전역으로 확대되어 베네수엘라의 의대생 네 명 가운데 세 명이 엘 시스테마 출신이라는 통계가 있을 정도로 수많은 청소년들을 음지에서 양지로 끌어냈다. 또 현재 LA필하모닉 음악감독이며 천재 지휘자로 알려진 구스타보 두다멜Gustavo Dudamel 같은 세계적인 음악가들도 여럿 배출했다.

엘 시스테마의 이러한 취지와 정신은 국경을 넘어 전 세계로 퍼져 나가며 번성했고 미국으로도 이어져 명문 음악대학들이 몰려 있는 보스턴에서도 '음악을 통한 사회적 나눔과 변화'의 좋은 사례로 종종 강연 주제가 되곤 했다. 특히 뉴잉글랜드 컨서버토리 학장이었던 첼리스트 마크 처칠이 '엘 시스테마 USA'를 만들고 이끌면서 그 기적 같은 이야기는 더욱 널리 퍼져 나갔다.

보스턴에서는 강연이나 세미나로만 접했던 엘 시스테마 이야기였는데 귀국 후 처칠을 인터뷰할 기회가 생겼고 그제서야 나는 비로소 한 사람을 180도 변하게 하는 엘 시스테마의 힘이 무엇인지 구체적으로 느낄 수 있었다. 그것은 바로 '믿음, 그리고 기대의 힘'이었다. 그 누구도 관심을 가져주거나 기대를 해주지 않아 방황하는 영혼을 본 적이 있지 않은가? 엘 시스테마는 그런 어린 영혼들에게, 버려지고 방향을 잃었다고 느끼는 여린 아이들에게 스스로 부응하고 싶어지는 '기대'를 심어주어 삶을 주체적으로 열심히 살도록 동기를 부여해준다. 누군가에겐 따뜻한 위로가, 누군가에겐 미래에 대한 희망이, 누군가에겐 삶의 동기가 되어준 위대한 '믿음', 한 사람을 구하고 살린 그 '기대'를 처칠은 어떻게 구현했으며 구현해가고 있을까?

삶에서 무엇이든 가능하다고 생각하고 노력할 수 있는 '자유'

처칠은 2013년 세종 꿈나무 하모니 오케스트라의 초청으로 방한했다. 그는 남북 아메리카 청소년 오케스트라YOA, Youth Orchestra of the Americas를 만들어 젊은 음악인들의 교류를 통해 남미와 북미 지역의 격차를 줄이려 노력해온 인물이기도 하다. 그는 서로 다른 문화적 배경을 지닌 다양한 국적의 학생들을 모아 오케스트라를 만들고 이끌면서 특히 음악이 아이들의 삶에 미치는 긍정적인 영향에 대해 자연스레 접하게 되었다고 했다.

당신은 미국에 엘 시스테마를 만들었고 그 비결을 한국에도 전수하고 계시죠?

"예. 사실 한국에도 엘 시스테마에서 영감을 받아 만들어진 오케스트라가 여럿 있습니다. 엘 시스테마는 정말 신비해요. 음악을 통해 개인뿐 아니라 사회에도 가져올 수 있는 변화가 정말 많거든요. 그 변화를 직접 목격하다 보면 그저 놀라울 뿐입니다. 사람들은 엘 시스테마가 한 젊은이의 인생을 바꾸는 비결을 종종 묻곤 하는데, 그 답은 가장 기본적으로는 아이들이 모여서 아주 집중적이고 강도 높은 지도를 받게 하는 겁니다. 콘서트도 열고 늘 곁에서 지도해주는 선생님들도 있지요. 소위 '엘 시

© TEDxBoston

°
°

"엘 시스테마는
음악을 통해 아이들을 있는 그대로 존중하면서
온전히 사랑하는 겁니다."

스테마다운 강도와 수준'이라는 게 있습니다."

엘 시스테마다운 강도와 수준이란 어떤 건가요?

"대부분의 사람들은 불가능하다고 여길 정도의 높은 목표와 큰 성취입니다. 평범한 음악교육자라면 이런 어려운 환경의 아이들이 개인 지도도 받지 않고 연습해서 드보르자크를 연주할 거라고는 상상도 못 할 거예요. 하지만 엘 시스테마는 정식 음악교육이 아니더라도 높은 음악적 성과를 이뤄내는 게 가능하다는 것을 보여주고 있습니다."

그렇다면 다른 사람들이 불가능하다고 생각하는 것을 가능하게 하는 비결은 무엇인가요?

"크게 세 가지예요. 첫째, 앞서 말했듯이 보통 사람들이 '이건 이런 아이들이 도저히 할 수 없을 것'이라고 생각하는 것을 상상하는 겁니다. 가난한 환경의 아이들이 석 달 만에 말러 교향곡을 연주할 수 있을 거라고 누가 상상이나 하겠습니까. 하지만 엘 시스테마는 일단 '가능하다'고 상상합니다. 이처럼 남들은 불가능할 거라고 믿지만 당신은 가능하다고 믿는 그 무언가를 상상하는 게 중요합니다. 그러고 나서는 '정말 할 수 있다'고 아이들을 믿어줍니다. 아주 작은 의심조차 버리고 말이죠. 물론 아이들은 진짜 할 수 있습니다. 그리고 세 번째가 중요한데 가능한 모든 지원을 다 해주는 겁니다. 개인적 지원, 시간, 에너지, 지역사회의 관심, 가족의 응원, 금전적 지원 등 가능한 모든 자원을 끌어다가 아이들을 도와서 그들이 정말로 당신이 꿈꿨던 목표를 실현할 수 있도록 하는 거죠.

그러니까 남들이 불가능하다고 여길 정도의 높은 목표 의식과 그것을 아이들이 정말로 이뤄낼 수 있다는 확고한 믿음, 그리고 모든 자원과 지원이 뒷받침되어야 해요. 한국의 세종 꿈나무 하모니 오케스트라도 그런 경우인데 믿을 수 없을 정도의 노력과 헌신적인 희생이 없으면 불가능한 일이죠.

여기서 짚고 넘어가야 할 흔한 오해(?)가 하나 있는데 사실 엘 시스테마에서 활동하는 베네수엘라 아이들은 전 세계 누구보다도 열심히 강도 높게 연습합니다. 하루 네댓 시간씩 주 6일 동안 연습하는 건 기본이고 그보다 더 할 때도 많지요. 엘 시스테마는 그 아이들의 삶의 전부인 동시에 가족과도 같습니다. 그들은 음악에서 삶의 동기를 부여받고 그 안에서 얻는 유대감으로 살아가며 또 엘 시스테마를 통해 얻어지는 지역사회에 대한 소속감과 성공 경험으로 자라납니다. 그리고 이런 것들은 아이들에게 일종의 '내재화된 동기 부여'가 되어주죠. 가난하거나 장애가 있거나 정신적으로 문제가 있거나 폭력단체나 범죄에 연루되어 감옥에 다녀오는 등 비록 인생에서 이른 시기에 드라마틱한 경험을 한 아이들이라 할지라도 누군가가 '너는 이런 놀라운 일을 할 수 있어. 네가 할 수 있다는 걸 믿고 또 그럴 수 있도록 우리가 힘닿는 데까지 도와줄게'라고 한다면 그 아이들에게는 엄청난 자극제이자 의욕, 삶의 원동력이 됩니다. 엘 시스테마의 창시자 아브레우의 말처럼 '음악은 기쁨이고 모든 아이들은 그들이 속한 사회의 귀중한 자산'이죠. 정말 신기하게도 아이들은 주변에서 그들을 온전히 믿어주고 또 스스로가 그런 기대를 받고 있다는 걸

“너는 이런 놀라운 일을 할 수 있어.
우리는 네가 할 수 있다는 걸 믿고 있단다.
또 그럴 수 있도록 힘닿는 데까지 도와줄게.”

몸으로 느끼면 진짜로 달라집니다. 게다가 여유 있는 가정의 아이들 처럼 경제적 지원까지 받게 되면 어려운 환경의 아이도 자유로워질 수 있습니다. '삶에서 무엇이든 가능하다고 생각하고 노력할 수 있는 자유'를 얻게 되는 것이죠."

'삶에서 무엇이든 가능하다고 생각하고 노력할 수 있는 자유'라……. 어찌 보면 너무도 당연한 그 자유가 태어날 때부터 환경적인 제약으로 인해 원천 봉쇄되었다가 아이들에게 되돌려졌을 때 아이들의 잠재력은 폭발하게 된다는 것이다.

:

온전한 사랑의 힘

아이들 누구나가 갖고 있는 성취욕이 발휘된다는 말씀인가요?

"맞습니다. 그리고 그러한 엘 시스테마의 방식과 원리는 음악 말고 다른 분야에도 적용될 수 있어요. 물론 음악은 노력을 정말 많이 해야 하고, 감정을 울리는 측면도 있고 더구나 오케스트라는 함께 연주하는 경험이기 때문에 아이들에게 긍정적인 영향이 더 크죠. 이 세상에 장애가 있는 영혼이란 없습니다. 단지 상황이 그렇게 만들 뿐이죠."

그런데 한 사람의 인생을 바꿔놓을 정도의 고강도 연습을 아이들이 과연 '기쁘게' 받아들일 수 있을까? 어릴 적 피아노 연습이 하기 싫어 몸살을 앓던 생각이 떠올라 다시 물었다.

연습 강도와 기쁨의 조화가 가능한가요? 왜 아이들에게 혹독할 정도로 연습을 시키시나요?

"왜냐하면 그것이 바로 '사회적 변혁'을 만들어내기 때문이죠. 설사 '사회적 변혁'까지 가진 않더라도 아이들은 그렇게 하려고 노력하고 그러는 과정에서 성취감을 느끼게 됩니다. 이미 알려진 대로 음악을 잘하게 되면 그 과정에서 얻게 된 극기나 끈기 등을 인생의 다른 부분에도 얼마든지 적용할 수 있어요. 감정적 자아와 교감하는 법도 알게 되고 미美에 대한 감각도 갖게 됩니다. 베네수엘라 의대생의 75%가 엘 시스테마 출신인 이유도 그런 것과 연관이 있죠.

다시 말하지만 음악을 통해 아이들의 삶이 바뀌는 걸 보고 싶다면 우선 절대적으로 많은 시간을 들여야 하고, 주변에서 헌신적으로 아이들을 도와주려는 사람들이 있어야 하며, 음악을 가르치는 과정에서 아이들에게 긍정적 기운을 불어넣을 수 있는 사람들이 있어야 합니다. '개인'보다는 '집단'을 가르칠 사람들 말이에요. 그래서 누군가가 기술적인 실수를 좀 하더라도 그보다는 큰 메시지가 훨씬 더 중요하다는 것을 가르치면서 음악을 '느낄' 수 있도록, 그래서 배우는 아이들이 음악을 정말 제대로 표현하고 싶다는 생각이 들도록 — 선생님에게 칭찬받기 위해서가 아니라 — 해야 합니다. 친구들과 함께 연주할 수 있다는 사실이 그저 신나고 자기도 공동체에 기여하고 싶다는 생각이 들도록 말이죠. 그런 과정이 아이들로 하여금 더 빨리 그리고 더 우수하게 배우도록 합니다. 정말 놀라울 정도예요. 기적 같죠."

부유한 환경의 아이들과 비교하면 다다르고자 하는 음악적 수준은 비슷해도, 거기까지 가는 방식은 엄연히 다른 것 같군요.

"중요한 것은 '재미'가 있어야 합니다. 아이들은 그저 친구들과 어울리는 게 좋아서 옵니다. 연습하는 모습을 보면 정말 열심히 하는데 그러면서도 경쟁하지 않아요. 실수를 해도 그냥 웃고 말죠. 선생님들도 '다시 해보자'라고 용기를 북돋워 줄 뿐이에요. 실수가 아니라 목표 달성에 초점을 두니까요. 그 차이가 별것 아닌 것 같아도 굉장히 큽니다. 엘 시스테마의 핵심은 '지식의 자유로운 공유'에 있습니다. 아이들끼리도 서로를 가르치고 친구가 더 잘하면 모두에게 이롭다고 생각해요. 선생님들도 강한 소속감을 가지고 아이들과 많은 시간을 같이 보내며 봉사하고요. 학생들이 학교에서 많은 시간을 보내야 하고 시험 성적이 최우선시되는 경쟁적 환경에서는 그런 게 가능하지 않지만 엘 시스테마의 아이들은 친구가 잘되면 경쟁심이 아니라 자부심을 느낍니다. 또 잘된 아이들은 자신의 노력도 물론이지만 집단의 지원이 뒷받침되었기에 성공할 수 있었다고 여기죠."

친구가 잘되면 경쟁심이 아니라 자부심을 느낀다? 그리고 잘된 아이들은 자신의 노력보다도 집단의 지원이 있었기에 자신의 성공이 가능했다고 느끼며 고마운 마음을 갖는다? 어떻게 그런 이상적인 교육이 가능하단 말일까? 하지만 분명 어릴 적부터 그런 교육을 받고 자라 그와 같은 사고방식과 태도가 몸에 밴 아이들과, 남들과 경쟁해 이기는 것만이 최선이라고 교육받고 익숙해진 아이들과는 성인이 되어서도 인생을 살아가는 데 하늘과 땅 차이가 날 것이며 사회의 분위기도 극단적으로 다를 것이란 확신이 들었다. 한참 이런 생각으로 씁쓸해지려고 할 때 처칠은 조심스럽게 한국 이야기를 꺼냈다. "잘은 모르지만 교육 방식에 문제가 있어 보인다"라고 운을 뗀 그는 이렇게 덧붙였다.

"엘 시스테마는 '음악이라는 도구를 통한 사회운동'입니다. 아이들의 삶의 수준을 높여주고 자존감, 가능성, 상상력, 자유, 창조성, 심미관審美觀, 시민의식을 심어주는 게 목표죠. 차이콥스키 콩쿠르 우승을 위해서가 아니라 인간적인 삶을 위한 도구로서 음악을 가르치게 되면 상황은 완전히 달라집니다. 엘 시스테마는 음악을 통해 아이들을 있는 그대로 존중하면서 온전히 사랑하는 겁니다."

시험과 대학 합격 같은 천편일률적인 목표가 아니라 아이들 한 명 한 명이 가진 개성과 잠재력을 최대한으로 발휘하도록 이끌어주고 그러기 위해 필요한 근육들을 키워주는 것, 이것이야말로 진정 올바른 교육이 아닐까? 또한 어려운 사람들에게 있어서는 즐기기는커녕 접할 수 있는 기회조차 제한되어 있는 음악을 더 많은 사람들과 나누고자 하는 것, 그래서 음악이 선사하는 가치와 훈련의 혜택을 누릴 수 있는 기회를 공유하는 것. 이러한 노력이야말로 진정 우리가, 우리 사회가 지향해야 하는 삶이 아닐까?

Mark Churchill _마크 처칠

마크 처칠은 교육자이자 지휘자, 그리고 첼리스트이다. 보스턴 지역의 뉴잉글랜드 컨서버토리에서 예비·평생 교육원 학장을 역임했다. 30년 넘게 이곳에서 가르치면서 예비 음대생들에게 수준 높고 전문적인 트레이닝을 받게 해줬을 뿐 아니라 특히 지역사회와 연계된 다양한 프로그램을 만들어 미국은 물론 국제적인 파트너십까지 모색하며 발전시키고 있다. 1992년부터 2010년까지 보스턴 발레단의 지휘자로도 활동했고 남미 청소년들과 북미 청소년들의 음악 교류도 주선했으며 고 예후디 메뉴인Yehudi Menuhin이 설립한 홍콩 아시아 청년 관현악단의 지휘자로 십여 년 간 봉사하며 아시아 지역에서도 꾸준히 활동을 이어왔다. 현재 엘 시스테마 USA의 창립자이자 총감독으로 봉사하면서 베네수엘라에서 시작된 엘 시스테마 운동을 미국에도 확산시키고 있으며 이를 바탕으로 여러 음악 관련 NGO에서도 활발히 활동 중이다.

| 사진 제공 |

※사진 제공처가 표시되지 않은 사진은 저자가 직접 촬영했거나 유료 사진 사이트에서 구입한 사진들입니다.

'생각의 렌즈'를 조절하라 _네리 옥스먼

–16, 23, 31, 33쪽 사진 : MIT Media lab

시도하기를 멈추지 않는다면 실패는 없다 _프라나브 미스트리

–38, 55쪽 사진 : 프라나브 미스트리

100%보다 98%가 더 어려운 이유 _클레이튼 크리스텐슨

–102, 104쪽 사진 : 클레이튼 크리스텐슨

'정해놓은 길'이 아닌 '열리는 길'을 가라 _드루 파우스트

–168, 176쪽 사진 : 이화여대

당연하다고 생각하지 말고 무엇이 옳은지 계속 고민하라 _니코 멜레

–212, 217쪽 사진 : 니코 멜레

능동적 독서가 세상을 바꾼다 _스가야 아키코

–226쪽 사진 : 스가야 아키코

공감과 화합을 이끌어내는 힘 _조지프 나이

–250, 255쪽 사진 : Harvard University

타인과 사회를 품으며 산다는 것 _스티브 자딩

–264, 275쪽 사진 : 스티브 자딩

타인의 의견을 존중하는 힘 _닉 번스

–286, 304쪽 사진 : Harvard University

가능하다고 생각하고 노력할 수 있는 '자유' _마크 처칠

–324, 329쪽 사진 : TEDxBoston

나를 발견하는 시간

하버드 · MIT 석학 16인의 강의실 밖 수업

초판 1쇄 발행일 2016년 1월 22일
초판 5쇄 발행일 2022년 12월 23일

지은이 | 양영은

발행인 | 박재호
주간 | 김선경
편집팀 | 강혜진, 이복규, 허지희
마케팅팀 | 김용범, 권유정
총무팀 | 김명숙

표지 디자인 | GINO DESIGN 이승욱
본문 디자인 | 북디자인 경놈
종이 | 세종페이퍼
인쇄·제본 | 한영문화사

발행처 | 생각정원
출판신고 | 제25100-2011-000320호
주소 | 서울 마포구 양화로 156(동교동) LG팰리스 814호
전화 | 02-334-7932 **팩스** | 02-334-7933
전자우편 | 3347932@gmail.com

ISBN 979-11-85035-24-6 03320

* 이 도서의 국립중앙도서관 출판시도서목록(CIP)은 서지정보유통지원시스템 홈페이지(http://seoji.nl.go.kr)와 국가자료공동목록시스템(http://www.nl.go.kr/kolisnet)에서 이용하실 수 있습니다. (CIP 제어번호 : cip2015014213)

* 책값은 뒤표지에 있습니다. 잘못된 책은 구입하신 곳에서 바꿔드립니다.
* 이 책은 한국언론진흥재단 저술 지원으로 출판되었습니다.